中国低碳决策治理系列丛书

Low carbon development
from the perspective of urbanization

城镇化视角下的低碳发展

郭 巍◎著

经济管理出版社
ECONOMY & MANAGEMENT PUBLISHING HOUSE

图书在版编目（CIP）数据

城镇化视角下的低碳发展／郭巍著. —北京：经济管理出版社，2023.10

ISBN 978-7-5096-9363-6

Ⅰ. ①城… Ⅱ. ①郭… Ⅲ. ①城市经济—低碳经济—研究—中国 Ⅳ. ①F299.21

中国国家版本馆 CIP 数据核字（2023）第 215329 号

组稿编辑：杨　雪
责任编辑：杨　雪
助理编辑：付姝怡　王　蕾
责任印制：黄章平
责任校对：张晓燕

出版发行：经济管理出版社
　　　　　（北京市海淀区北蜂窝 8 号中雅大厦 A 座 11 层　100038）
网　　址：www.E-mp.com.cn
电　　话：(010) 51915602
印　　刷：唐山玺诚印务有限公司
经　　销：新华书店
开　　本：720mm×1000mm /16
印　　张：17
字　　数：306 千字
版　　次：2023 年 12 月第 1 版　2023 年 12 月第 1 次印刷
书　　号：ISBN 978-7-5096-9363-6
定　　价：88.00 元

序言

　　碳达峰碳中和是党中央统筹国内国际两个大局作出的重大战略决策，是我们对国际社会的庄严承诺，也是推动经济结构转型升级、形成绿色低碳产业竞争优势、实现高质量发展的内在要求，对加快促进生态文明建设、着力解决资源环境约束突出问题、践行推动可持续发展具有重大意义。

　　中共中央、国务院印发的《中共中央　国务院关于完整准确全面贯彻新发展理念做好碳达峰碳中和工作的意见》《2030 年前碳达峰行动方案》指出，要坚持系统观念，处理好发展和减排、整体和局部、短期和中长期的关系，统筹稳增长和调结构，把碳达峰碳中和纳入经济社会发展全局。

　　城市既是碳排放产生的主体责任区，也是我国低碳决策治理的主要目标对象，伴随城镇化进程，人类经济社会活动带来了以二氧化碳为主的温室气体上升。纵观人类城镇化发展历程，世界各地的碳排放变化趋势与城市发展的规律息息相关，我国不同城市的发展情况也刻画出了截然不同的碳排放水平特征。面向复杂而艰巨的碳达峰碳中和战略目标，科学有效的城市低碳决策治理成为我国推动治理体系和治理能力现代化的重要阵地。这需要各地政府对城市发展和碳排放的相关关系形成科学理性的规律性认识，处理好发展和减排等方面重要关系，进而因地制宜、量体裁衣，制定契合自身发展实际的低碳发展路径。

城镇化是反映城市发展规律的重点研究领域，是研究城市问题的主要抓手之一。将城镇化与碳排放决策治理纳入同一研究框架下，深入挖掘城市发展与碳排放的内在关系和相互作用方式，是对城市可持续发展内生机制的深入剖析，有利于城市更为科学地开展分析研判，制定各地不同城镇化形态与城镇化模式的碳减排路径，更加积极稳妥地推动碳达峰碳中和，对我国实现高质量发展具有重要的现实意义。

我国幅员辽阔、人口众多，各地在战略定位、自然条件、资源禀赋、发展阶段、产业模式、城镇密度、人口规模、空间布局等方面具有显著差异特征，这对我国绿色低碳发展的科学布局、精准实施提出了更高的决策要求。面向碳达峰碳中和目标，各地无法齐步走，也不能齐步走，需要制定特色化和差异化的碳减排路径，从而实现全国"一盘棋"的总体碳达峰。

为此，清华大学气候变化与可持续发展研究院、中国城市和小城镇改革发展中心等机构研究团队围绕碳达峰碳中和工作实际需要，积极开展城市低碳决策重要问题研究，共同组织丛书编写工作。

清华大学气候变化与可持续发展研究院(以下简称"清华大学气候变化研究院")作为国内以气候变化与可持续发展为核心的专业研究机构，以能源系统与能源战略、能源与气候政策、环境管理科学与工程专业为核心，同时兼容公共管理、国际关系等相关专业，针对国家和全球气候变化与可持续发展的重大议题，开展跨学科的前沿性研究，贡献创新的思想和建议，研究和制订长期发展战略规划。

中国城市和小城镇改革发展中心作为国家发展改革委直属事业单位，是研究城镇发展和城市问题的专业机构，多年来参与了党中央、国务院及有关部委大量政策文件的研究与起草，近年来围绕城市低碳转型发展等议题形成了一批高质量的科研成果。

在清华大学气候变化研究院院长李政教授指导和带领下，丛书编写组通过将学术理论研究与工程实践创新相结合，围绕城市发展的客观规律，较为深入地分析了我国不同类型城市在低碳决策过程中面临的重难点挑战，识别关键问题、抓住主要矛盾，聚焦城镇化高质量发展和数字化转型等研究视角，相对系统地对城市低碳转型开展思路研究，依托数字新兴技术在城市低碳决策治理中的创新应用开展前沿探索，具有不断持续和深入研究的重要价值，有望培育打造积极应对气候变化的经典范式。

应对气候变化任重而道远，期待更多科研攻关力量投身到这项与人类命运息息相关的重要工作中来，为各地稳妥有序推进碳达峰碳中和贡献力量，为全球的可持续发展塑造中国典范！

解振华

2023 年 12 月

前言

　　城镇化是现代化的必由之路，是推动我国经济社会高质量发展的强大引擎，是助力区域协调发展的有力支撑，也是推动产业优化升级的重要抓手，对于我国全面建成小康社会、加快推进社会主义现代化建设，具有深远历史意义和重大现实意义。城镇化进程深刻反映了城市发展和运行的规律特征，成为研究城市发展和城市治理问题的重要抓手，长期并广泛受到学界的关注。

　　当前，我国已经步入工业化中后期和推进城镇化高质量发展的关键阶段，既要迎接转型升级带来的重要发展机遇，也要克服城镇化快速发展带来的一些现实挑战，以二氧化碳为主的温室气体排放即是伴随城镇化进程的重要产物。在这一过程中，城镇化不仅会带来城市人口规模与结构的变化，还将影响城市经济水平、产业模式、技术要素、土地利用和空间布局情况，塑造了各区域的碳排放总量水平与结构特征。在几十年城镇化历程的深刻影响下，我国不同地区形成了各具特色的碳排放格局现状，碳排放变化趋势和碳减排目标路径也呈现显著差异。

　　2020 年 9 月，我国明确提出了力争 2030 年前实现碳达峰、2060 年前实现碳中和的目标，对我国经济社会发展全面绿色转型和新时期城镇化高质量发展提出了更深入的要求。此后，我国碳达峰碳中和"1+N"政策体系不断完善，各地各部门先后出台工业、能源、建筑、交通等领域政策与规划文件几十项，对推进碳达峰工作作出具体部署，科学、精准、有效的低碳决策成为国家层面和各地方政府的普遍关切。

本书的主要特色是以城镇化为主要切入点，从城市发展的规律特征着手，研究低碳决策治理相关问题。通过梳理城镇化与碳排放之间的相互作用方式，厘清两者的相关关系，结合我国城镇化现状和绿色低碳发展实际，形成城镇化视角下低碳决策治理的基本思路判断，进而针对我国不同类型地区城镇化与绿色低碳发展进程中面临的机遇与挑战，探索城镇化低碳发展的新机制、新途径，为推动实现碳达峰碳中和战略目标提供有益思考。

本书分为十一章。第一章主要论述我国城镇化发展的历史进程及政策演变、碳达峰碳中和目标提出的现实背景、城镇化视角下低碳发展的重要意义。第二章主要梳理了现阶段我国城镇化与碳达峰碳中和工作的重点任务，并对城镇化视角下的低碳发展开展重点问题识别。第三章从城镇化发展对碳排放的影响因素分析入手，探讨碳达峰碳中和战略目标对城镇化发展带来的新机遇、新要求，进而提出城镇化视角下低碳发展的有益路径宏观思考。第四章依托发达国家城镇化与碳达峰的国际经验，分析探讨碳排放水平和结构伴随城镇化进程变化的规律特征，以典型案例阐述不同城镇化模式对碳排放特征的影响，进而从宏观层面对照分析我国城镇化进程与碳排放变化的总体趋势，并从省级层面开展定量分析研判，分类提出差异化推动实现碳达峰的思路建议。第五章至第九章分别以上海、江苏、内蒙古、海南、青海五类典型省级行政单元为案例，分析其城镇化视角下绿色低碳发展的现状特征、重要挑战和发展机遇，并分类提出面向碳达峰碳中和的对策建议。第十章聚焦碳排放的主体责任区，以城市群、都市圈这一城镇化高级形态为视角，分析集约高效的城镇化低碳发展策略，以国内外典型案例梳理总结有益经验，剖析挑战与不足，提出城镇化高质量发展背景下的低碳发展协同路径。第十一章面向国家和地方科学、精准、有效开展低碳决策治理的现实需要，结合笔者当前正在承担的前沿科研攻关研究项目，针对现阶段各地低碳决策治理可能面临的重点、难点、堵点，依托互联网、大数据、云计算、物联网等新兴技术，创新性地提出城市低碳决策治理的思路展望。

实现碳达峰碳中和是一场广泛而深刻的经济社会系统性变革，是积极贯彻新发展理念、着力推动高质量发展、主动构建新发展格局，不断推进国家治理体系和治理能力现代化的重要考验。笔者真诚希望，本书的出版能够为我国各地积极稳妥推进"双碳"目标提供城市发展视角的有益思考，为不同类型城市制定差异化、特色化的碳达峰碳中和方案提供一定决策依据。未来，笔者将基于已开展的前期研究，深入剖析不同城市发展的一般规律，聚焦各地低碳决策治理的重难点问题，不断探索科学精准施策的可循路径，助力各地碳排放治理的能力建设，以期形成具有一定创新价值的低碳决策治理范式，为我国各地推动可持续发展贡献绵薄之力。

郭　巍

2023 年 11 月

CONTENTS

目录

第一章　研究背景和意义

从世界范围来看，现代城镇化的发展，始于 18 世纪后期的工业革命，至今已经历了两个世纪有余。由于基本国情、发展环境和发展战略的不同，各国城镇化进程具有明显的差异性，甚至形成了完全不同的城镇化模式。纵观我国近现代城镇化进程，其发展具有鲜明的时代特征：从 19 世纪下半叶到 20 世纪中叶，由于诸多因素的影响，我国城镇化一直处于发展不均衡的状态。新中国成立以来，特别是改革开放以后，我国城镇化进程明显加快。时至今日，城镇化发展取得了一系列重大成就，并向新型城镇化和高质量城镇化推进。为此，本章对我国城镇化发展历史进程及政策演变过程进行梳理，在论述"双碳"目标提出的现实背景后，结合发展实际，分析城镇化视角下低碳发展的重要意义。

第一节　我国城镇化发展的历史进程及政策演变

城镇化（在本书的研究范畴内又称"城市化"）是指随着一个国家或地区通过生产力发展、技术进步及产业结构调整等方式，由以农业为主的传统乡村型社会，向以工业和服务业等非农产业为主的现代城市型社会逐渐转变的历史过程。新中国成立至今，城镇化发展历经 70 余年，特别是改革开放以来，我国经历了世界历史上规模最大、速度极快的城镇化进程。1949~2022 年，我国城镇常住人口从 3949 万人增长到 92071 万人，城镇化率也从 10.64% 提高到 65.22%①。

---

① 本书涉及的我国常住人口、GDP、产业结构、城镇化率、能源消费、电力等数据主要来自国家统计局发布的《中国统计年鉴》《国民经济和社会发展统计公报》《中国能源统计年鉴》，各省份数据主要来自地方统计年鉴、统计公报，我国碳排放数据主要来自清华大学中国碳核算数据库（CEADs）和二氧化碳信息分析中心数据库（CDIAC）。世界各国 GDP 数据来自世界银行 World Development Indicators 数据库，能源相关数据主要来自国际能源署（IEA）数据库，城镇化率、碳排放数据主要来自世界银行 National Account 数据库。其他数据由相关政策和规划文件、官方新闻报道、重要研究报告，以及部分学者观点整理获得。

从宏观视角来看，我国城镇化发展经历了三个阶段（刘秉镰和朱俊丰，2019）：1949～1977年为计划经济时代的城镇化缓慢发展阶段，城镇化发展基本依附于国内工业建设，服从于国家战略要求，且受限于计划经济；1978～2011年为解放发展生产力时代的城镇化快速发展阶段，伴随着改革开放，国内集中精力搞经济建设，城镇化加速推进；2012年至今为现代化经济体系时代的新型城镇化阶段，在经济转型升级的背景下，由高速城镇化转向高质量城镇化，更加注重区域高质量发展和城镇化高质量发展。在此过程中，城镇化发展政策导向也经历了从"严格控制大城市，积极发展小城镇"，到"推进以城市群为主体形态的城镇化发展"，再到"大中小城市和小城镇协调发展"的动态演变过程，这既是对城镇化规律和国情认识逐步深化的结果，也是在城镇化面临不同发展阶段和发展问题时的动态调整。

我国经济发展与城镇化进程有着密切的联系。一方面，经济发展为城镇化提供了重要的驱动力。20世纪80年代以来，我国经济实现了两次跨越：第一次跨越是在2001年，人均GDP超过1000美元，达到了国际通行的中下等收入水平，摆脱了"贫困陷阱"；第二次跨越是在2010年，人均GDP超过4200美元，进入中上等收入国家行列。在实现这两次跨越的过程中，城镇化改善了2亿困难人群的住房问题，各级各类城市的基础设施，诸如交通、市政等也发生了根本性改变。在这个过程中，城镇化水平从1978年的17.92%，上升到2022年的65.22%，实现了"乡村中国"向"城市中国"的巨大变迁。与此同时，各种类型的工业园区和高新技术开发区伴随经济的发展进一步推动了城镇化向纵深推进。另一方面，城镇化发展又支撑了经济社会的深入发展与持续繁荣，带动了社会劳动生产率的全面提高。城镇化促使农村人口向城市转移，这意味着劳动力资源在第一产业和其他产业之间重新配置，大量的农村剩余劳动力到城镇就业，提高了劳动生产率；另外，城镇化使得城乡之间劳动力的自由流动加快，这促进了城市第三产业的繁荣发展，推动城市内部进行产业结构调整，间接地提高了劳动生产率。因此，城镇化已经成为转变经济发展方式的重要条件，不仅在扩大内需、促进增长中扮演重要角色，也已成为工业转型升级，乃至产业结构调整的重要依托，支持经济社会的深入发展和持续繁荣。

当前，我国城镇化进程已步入了新发展阶段。2000～2012年，我国城镇化水平从36.22%提升至53.10%，年均增速为1.41%。而2012～2022年，我国城镇化率的年均增速则为1.35%，增速有所减缓。这是城镇化由快速发展逐步转向平稳发展阶段的必然结果，也是城镇化发展由高速发展转向高质量发展的必经过程。

党的十八大报告提出，坚持走中国特色新型工业化、信息化、城镇化、农业现代化道路。党的十八届三中全会进一步指出"坚持走中国特色新型城镇化道路，推进以人为核心的城镇化"。随后，《国家新型城镇化规划（2014—2020年）》正式出台，标志着我国城镇化的重大转型。党的十九届五中全会提出推进以县城为重要载体的城镇化建设，《中华人民共和国国民经济和社会发展第十四个五年规划和2035年远景目标纲要》（以下简称"十四五"规划《纲要》），又进一步提出县城建设的任务举措。2022年3月，国家发展和改革委员会印发了《2022年新型城镇化和城乡融合发展重点任务》，指出坚持把推进农业转移人口市民化作为新型城镇化首要任务，重点针对存量未落户人口深化户籍制度改革，健全常住地提供基本公共服务制度，提高农业转移人口融入城市水平。2022年5月，中共中央办公厅、国务院办公厅出台了《关于推进以县城为重要载体的城镇化建设的意见》，全面系统提出了县城建设的指导思想、工作要求、发展目标、建设任务、政策保障和组织实施方式等。2022年7月，国家发展和改革委员会印发了《"十四五"新型城镇化实施方案》，再次明确了"十四五"时期深入推进以人为核心的新型城镇化战略的目标任务，并从城乡融合发展、城市智慧化改造、城市更新改造、城市群和都市圈协同发展、强综合交通运输网络等方面提出了具体举措要求。党的二十大报告进一步明确，要坚持人民城市人民建、人民城市为人民，提高城市规划、建设和治理水平，加快转变超大城市、特大城市发展方式，推动实施城市更新行动，加强城市的基础设施建设，打造宜居、韧性、智慧城市。

值得注意的是，城镇化进程的推进，不仅要迎接转型升级带来的重要发展机遇，也要克服城镇化快速发展带来的一些现实挑战，如过去几十年发展方式粗放、经济集约度不足，以及多种"城市病"叠加等。我国经济进入新常态后，我国的发展也步入工业化中后期和城镇化高质量发展的关键阶段。在这一阶段，一方面，发展的惯性决定着我国的经济增长和城镇化进程依然较大程度地依赖化石能源；另一方面，节能减排作为推动经济转型发展的有效纽带，也发挥着重要引导作用。在此背景下，我国城镇化发展面临着节能减排和低碳转型的双重挑战，究其原因：

首先，城镇化促使人口由农村向城镇转移和集中，随着人口规模的不断扩大，人们的生产方式、生活方式和能源消费方式也发生了改变，促使能源消耗量不断增加。

其次，城镇化意味着生产方式由农业活动向第二产业、第三产业活动转变。城镇第二产业、第三产业的发展，使产业结构得以优化升级，工业化的生产方式必然带动能源需求的大幅上升。

再次，城镇化为规模化生产提供承载基础，带来产业的集聚发展，这又为碳排放的增加提供了可能。

最后，城镇化需要扩大基础设施建设，解决居住、交通、医疗、教育等公共服务问题，在持续扩大建筑用地面积的过程中，土地利用特点发生了较大的变化，进一步增加了能源消耗。

因此，我们既要把握当前城镇化快速发展阶段的重要机遇，不断释放城镇化发展动力，也要积极探索出一条符合经济社会发展新阶段特征、兼顾资源环境友好的高质量、可持续的城镇化道路，推进新型城镇化向纵深发展。在我国城镇化进程中，防治生态环境污染，逐步降低碳排放量，实现经济社会发展全面绿色低碳转型，已经成为广泛共识与迫切需要。

第二节 "双碳"目标提出的现实背景

1. 国际背景

自从人类社会进入工业化时代以来，以二氧化碳为主的温室气体排放量迅速增加。温室气体浓度的升高强化了大气层阻挡热量扩散的能力，形成更强的温室效应，从而产生了温室气体排放与气候变化之间的紧密联系。根据国际能源机构（International Energy Agency，IEA）发布的数据，2021 年，全球二氧化碳排放量达到 363 亿吨，占所有温室气体排放的比重高达 89%，是造成温室效应的最主要原因。全球平均气温与二氧化碳排放量呈现相同的变化趋势。根据中国气象局发布的《中国气候变化蓝皮书（2022）》数据显示，2021 年，全球平均温度较工业化前水平（1850～1900 年平均值）高出 1.11℃，是有完整气象观测记录以来最暖的 7 个年份之一。联合国政府间气候变化专门委员会（Intergovernmental Panel on Climate Change，IPCC）在第 6 次评估报告中同样指出，前工业时代以来，二氧化碳等温室气体的浓度不断上升，这一现象极有可能是气候变化的主要原因。

尽管近年来全球碳排放量的增长速度有所放缓，但是全球二氧化碳年排放量仍未到达峰值，这意味着未来气候变化问题依旧严峻。要避免气候灾难，人类需逐步减少向大气中排放温室气体，甚至实现净零排放。《巴黎协定》所规定的目标是要求联合国气候变化框架公约的缔约方立即明确国家自主贡献，减缓气候变化，碳排放尽早达到峰值。在 21 世纪中叶，碳排放净增量归零，以实现在 21 世纪末将全球地表温度相对工业革命前上升的幅度控制在 2℃ 以内。多数发达国家在实现碳排放达峰后，明确了碳中和的时间表。芬兰确认在 2035 年实现净零碳排放，瑞典、奥地利、冰岛等国家计划在 2045 年实现，欧盟、英国、挪威、加拿大、日本等国家或地区将碳中和的时间节点定在 2050 年。作为世界上最大的发展中国家和最大的煤炭消费国，我国应积极稳妥推动实现碳达峰，与世界各国共同努力，力争早日实现碳中和。

2. 国内背景

改革开放以来，我国经济快速发展，目前已经成为世界第二大经济体，全球影响力在持续扩大。随着经济的快速发展，国内能源消费在不断攀升，随之而来的碳排放量也在持续增加。国家统计局发布的《中华人民共和国 2022 年国民经济和社会发展统计公报》以及世界银行 World Development Indicators 数据库的数据显示，2022 年我国 GDP 达到 121.02 万亿元，占全球经济的比重预计近 18%，稳居世界第二大经济体；2020 年我国碳排放达到 109.44 亿吨，占全球碳排放总量的 32.60%，是全球年度碳排放最高的国家。当前，我国社会的主要矛盾已经转化为人民日益增长的美好生活需要和不平衡不充分的发展之间的矛盾，而对优美生态环境的需要则是对美好生活需要的重要组成部分。但是，作为发展中国家，我国依旧处于新型工业化、信息化、城镇化、农业现代化加快推进的阶段，实现全面绿色转型的基础仍然有待进一步加固，生态环境保护压力尚未得到全面缓解。

2020 年 9 月，习近平主席在第七十五届联合国大会一般性辩论上阐明，应对气候变化的《巴黎协定》代表了全球绿色低碳转型的大方向，是保护地球家园需要采取的最低限度行动。为此，我国宣布了实现碳达峰、碳中和的 "3060" 目标愿景，即通过提高国家自主贡献力度，采取更加有力的政策和措施，力争于 2030 年前将二氧化碳排放达到峰值，努力争取 2060 年前实现碳中和。"双碳" 目标的提出，彰显了我国为应对全球气候变化作出的不懈努力和重要贡献。推动实现碳达峰、碳中和是我国为实现可持续发展的内在要求而作出的重大战略决策，是解决资源环境约束突出问题、实现中华民族永续发展的必然选择，是构建人类命运共同体的庄严承诺。

党的十九大以来，党中央把碳达峰、碳中和纳入生态文明建设整体布局并作出了系列部署。在"十四五"规划"广泛形成绿色生产生活方式，碳排放达峰后稳中有降"的宏观要求下，进一步强调要优化产业结构，调整能源结构，推进绿色低碳技术持续发展，壮大战略新兴产业，加强"双碳"领域国际合作。2021年9月，《中共中央　国务院关于完整准确全面贯彻新发展理念做好碳达峰碳中和工作的意见》指出，要在"全国统筹、节约优先、双轮驱动、内外畅通、防范风险"的原则下，推进经济社会发展全面绿色转型，深度调整产业结构，构建清洁低碳安全高效能源体系，深化工业、建筑、交通运输、公共机构等重点领域节能，全面提升城乡建设绿色低碳发展质量。同年10月，国务院印发的《2030年前碳达峰行动方案》明确提出"碳达峰十大行动"，即能源绿色低碳转型行动、节能降碳增效行动、工业领域碳达峰行动、城乡建设碳达峰行动、交通运输绿色低碳行动、循环经济助力降碳行动、绿色低碳科技创新行动、碳汇能力巩固提升行动、绿色低碳全民行动、各地区梯次有序碳达峰行动。《中共中央　国务院关于完整准确全面贯彻新发展理念做好碳达峰碳中和工作的意见》《2030年前碳达峰行动方案》不断为加强基础能力建设、强化政策支持、发挥市场化机制作用、加强绿色低碳领域合作等方面提供政策保障，共同构成了碳达峰、碳中和"1+N"政策体系的顶层设计。前者为"1"的指导文件，在碳达峰、碳中和政策体系中发挥统领作用；后者是"N"中为首的政策文件，是部署制定能源、工业、城乡建设、交通运输、农业农村等领域，以及具体行业碳达峰实施方案的主要依据。

在碳达峰、碳中和顶层设计的基础上，2021年底举行的中央经济工作会议再次强调要正确认识"双碳"工作与推动经济高质量发展的关系，尽早实现能耗"双控"向碳排放总量和强度"双控"转变。2022年初，习近平总书记在中共中央政治局第三十六次集体学习时强调，应把系统观念贯穿"双碳"工作全过程，处理好发展和减排、整体和局部、长远目标和短期目标、政府和市场四对关系，进一步要求落实《中共中央　国务院关于完整准确全面贯彻新发展理念做好碳达峰碳中和工作的意见》《2030年前碳达峰行动方案》，以及"十四五"规划中的目标与要求。在党的二十大报告中，习近平总书记再次提出，要统筹产业结构调整、污染治理、生态保护、应对气候变化，协同推进降碳、减污、扩绿、增长，推进生态优先、节约集约、绿色低碳发展，并进一步强调要积极稳妥推进碳达峰、碳中和。

从"双碳"工作的顶层设计文件的出台，到"双碳"理念融入经济建设、政治建设、文化建设、社会建设各方面和全过程，低碳发展的理念与要求在国家治理中越来越具体。这是全党、全社会践行生态文明建设的具体体现，也是凝聚各方力量助力"双碳"目标实现的重要保障。

第三节　城镇化视角下低碳发展问题研究符合我国当前现实需要

城镇化建设和推动实现"双碳"目标是我国经济社会发展中的热点问题，两者存在着非常紧密的逻辑关系。碳排放引发气候变化等生态环境问题的背后，蕴含着能源利用和产业发展的问题；能源和产业问题的背后，又蕴含着城镇化和经济发展模式的问题。如果将生态环境问题看作末端治理，那么能源和产业则被看作中端治理，进而城镇化问题是源头治理的议题范畴。因此，推动实现"双碳"目标，不应脱离城镇化，也无法脱离城镇化。应当深刻理解碳排放与城镇化的辩证关系，密切关注两者相互影响的发展趋势，依托"双碳"契机更好地解决城镇化进程面临的诸多挑战，进而基于各地城镇化发展特征，更加科学稳妥地推动"双碳"目标的实现，这对于推动城镇化工作和"双碳"工作都具有重要的现实意义。

党的十八大以来，党中央确立实施了以人为核心的新型城镇化战略，提出坚持走以人为本、四化同步、优化布局、生态文明、文化传承的中国特色新型城镇化道路。党的十九届五中全会审议通过了《中共中央关于制定国民经济和社会发展第十四个五年规划和二〇三五年远景目标的建议》，从完善城镇化空间布局、全面提升城市品质等方面，给出了城镇化的方向路径、主要任务和政策举措。党的二十大报告又进一步强调，要提高城市规划、建设和治理水平，加快转变超大城市、特大城市发展方式，推动实施城市更新行动，加强城市的基础设施建设，打造宜居、韧性、智慧城市。

在积极推进新型城镇化建设的过程中，应实施以下举措：首先，要有序集中和适度分散并举，既要发挥城市集中发展所带来的集聚经济效应，又要克服空间过度集中导致的拥挤效应，持续优化新型城镇化空间形态布局，优化城市功能定位。重点培育发展现代化都市圈，坚持中心城市引领城市群发展，实现大、中、小城市协调发展。其次，要精致建设和智慧治理并重，杜绝城市无序开发，持续增加城市发展韧性，推进工业、交通、建筑等重点领域绿色低碳转型。同时，引入多元化协同治理机制，完善城市数字化管理平台和感知系统，实现城市治理的科学化、智能化。最后，城市繁荣与乡村振兴要并行，顺应技术变革潮流，重点培育数字经济、创意经济等城市经济新业态。合理配置城乡要素，推动城市公共设施向乡村延伸，实现城乡基本公共服务普惠共享，形成相互补充、协调发展和共同繁荣的新型工农城乡关系。

实现碳达峰、碳中和，是党中央统筹国内、国际两个大局作出的重大战略部署，是贯彻新发展理念、构建新发展格局、推动高质量发展的内在要求，是促进中华民族永续发展的必然选择，是经济社会一次广泛而深刻的系统性变革。

在这个过程中，首先要辩证地把握发展与减排的关系。坚持辩证观念，动态地认识和把握，并正确地处理好发展和减排的关系。从两者的矛盾表象走向辩证统一，在城镇化发展中实现减排，以减排倒逼城镇化高质量发展。其次要辩证地把握整体与局部的关系。既要增强全国一盘棋意识，加强顶层设计和政策措施的衔接协调，又要充分考虑到区域资源分布和产业分工的客观现实，依托各个区域城镇化的发展阶段与发展特征，发挥好各地的区域特色与比较优势，确保各个区域以不同的工作路径，实现"双碳"目标的总体一致。再次要辩证地把握长期目标与短期目标的关系。要深刻认识到城镇化发展和碳减排虽然在短期目标上存在阶段性矛盾，但在长远目标上，两者具有内在一致性。因此，应坚持以经济社会发展为优先目标，以降碳为根本，以绿色低碳发展为关键，加快形成节约资源和保护环境的产业结构、生产方式、生活方式和空间格局，推动产业结构向低碳方向、高端方向转型升级，持续优化能源结构，不断提升非化石能源的消费比重。最后要辩证地把握政府与市场的关系。要正确地处理好政府与市场的关系，坚定市场在资源配置中的决定性作用，最大程度地激发市场主体活力。发挥好政府的引领和纠偏作用，以现代化治理体系和治理能力规范和引导资本投向绿色低碳经济。

不难看出，绿色低碳的发展理念已深刻地渗透到上述新型城镇化建设的任务里，"双碳"目标的制定也将城镇化纳入重要的工作考量。笔者认为，为了科学稳妥推进城镇化与"双碳"工作协同开展，在决策治理过程中，应把握好以下三项要点：

首先，在推进城镇化与绿色低碳发展的过程中，应尊重城镇化与碳排放的一般规律，使其在城镇化各项政策中充分发挥指示性作用，在减排中实现高质量发展。

其次，应基于不同城镇化阶段下的碳排放总体和局部特征，以集约高效、绿色低碳为城镇化发展路径，因地制宜推进各地梯次实现碳达峰；提出适用于我国新发展格局，统筹发展与减排、整体与局部的区域最优发展路径，以期解决城镇化发展与碳排放增长两者间的短期阶段性矛盾，推动实现新型城镇化长足发展。

同时，应发挥数字化等新兴技术在决策治理过程的重要优势作用，不断提升治理能力，构建现代治理体系，深入推进新型城镇化战略，提升城镇化发展质量，推进政策协同，形成"双碳"与城镇化相互促进、互为补充的局面。以城市群、都市圈为引领，全面提升城市综合承载能力，加强数字化、信息化管理，充分运用大数据、物联网、云计算等技术进行数字赋能，加强省市各级政府、重点园区在碳排放治理中的决策效能，聚焦能源、工业、建筑、交通、居民等重点领域，推动城市发展与碳排放决策治理协同并进，从而实现高质量发展。

第四节　城镇化视角下低碳发展的重要意义解析

碳排放的显化特征与城镇化的内在逻辑之间有着深刻的脉络，两者相互影响，形成了重要的辩证关系。因此，系统梳理"双碳"目标和城镇化发展之间的相互作用，将有助于更加全面地分析两者协同共进的不同侧面。

一、"双碳"目标对城镇化发展的意义

"双碳"目标对深入推进新型城镇化，实现绿色低碳高质量发展具有重要的现实意义。

1. 以绿色低碳为发展引擎，推动城镇化水平进一步提升

绿色发展强调了对"两高"行业的严格限制，高耗能、高污染的重化工业领域的限制和管控会在短期内对整体就业形势和农村人口进城务工的规模产生一定压力，但从长期来看，由于高耗能、高污染行业吸纳就业能力本身有限，因此这种影响并不会一直持续。与此同时，通过传统产业的转型升级和新兴技术催生的新产业都将带来更多就业机会，特别是在服务环节的附加值增加方面，将吸纳更多的劳动力就业，促使更多农村人口向城市聚集。

2. 以节能降碳为约束目标，推动城镇化发展低碳转型

"双碳"目标强调城市的低碳运行，对城市的基础设施、建筑、交通等提出了更高要求：以更加合理高效的方式布局城市基础设施。严格管控高能耗公

共建筑建设，合理规划城镇建筑面积，加快优化建筑用能结构，推动绿色建筑发展。加快推进低碳交通运输体系建设，优化交通运输结构，推广节能低碳型交通工具，通过引导低碳出行缓解城市交通拥堵，促进城镇民众福祉的提升。

3. 以集约高效为发展理念，优化城市群、都市圈空间形态，提升综合承载力

实现"双碳"目标的紧迫性要求城市告别"摊大饼"式的发展形态，走向"存量更新"的新发展之路。城市土地利用是碳排放最主要的来源之一，城市粗放的蔓延式发展往往会引发一系列环境问题。应充分发挥城市群、都市圈的集约高效的发展特征，进一步优化空间布局，在有限空间内增强其综合承载力。通过加大资源环境保护和技术改造，推进"两高"产业重组和转移，释放新的承载空间和潜能；通过严格执行资源环境准入标准，以新发展理念引导要素高效聚集，提高城市资源环境承载能力和城市运行效能，并通过差异化的分工与布局促进城市群、都市圈范围内大、中、小城市的协同发展。

4. 以产业布局为有力切入点，优化城镇发展模式，助力区域差异化、错位化发展

我国不同区域的资源禀赋、发展阶段、职能分工、产业模式、要素分布情况均呈现较大差异。在"双碳"目标下，各地应发挥比较优势，分析各自城镇化与碳排放的显化特征，以产业布局为有力切入点，加大产城融合工作力度，制定差异化的碳达峰、碳中和路径方案；加强城市间分工协作，减少重复布局和建设，推动绿色低碳产业协同发展，增强中小城市产业承接能力，构建大、中、小城市和小城镇特色鲜明、优势互补的产业发展格局，最大限度地促进资源集约和环境保护。

5. 以绿色发展为导向，推动我国城镇化进程中的认知转变

在治理体系方面，"双碳"目标要求政府治理不断向精细化、服务化转型，引导治理过程进一步下沉，提高绿色低碳的治理效能，对改进城市治理方式具有重要意义。在发展理念方面，"双碳"目标倡导人与自然的和谐共生，以及人与生态的平稳共存，从生态环境保护中寻求发展，保持发展与环境之间的协调关系。在公众认知方面，"双碳"目标将绿色发展理念植入居民生产方式、生活方式，促进绿色消费、绿色生活方式成为日常，引导经济社会发生向低碳转型的根本性转变。

二、城镇化发展对实现"双碳"目标的意义

着力推动城镇化高质量发展，是实现"双碳"目标的重要途径之一，也是

推动城镇体系实现碳达峰、碳中和的重要指引。

1. 新型城镇化政策体系支持"双碳"布局，守住城镇化绿色低碳底线

新型城镇化强调绿色低碳发展，对"双碳"政策体系中的工作布局起到重要的协同引导作用。"十四五"规划《纲要》强调，要发展壮大城市群、都市圈，围绕大、中、小城市的发展方向和建设重点开展分类引导工作，通过推动城市群一体化发展、建设现代化都市圈等方式，进一步完善我国城镇化空间布局，以期形成疏密有致、分工协作、功能完善的格局体系；通过加快转变城市发展方式，坚持规划引领，统筹城市规划建设的管理工作，推动实施城市更新，着力城市空间结构优化与品质提升。新型城镇化政策体系与"双碳"工作相互促进，共同守住绿色低碳的发展底线。

2. 高质量的城镇化有效推动产业结构优化升级，助力绿色产业与新兴产业崛起

新型城镇化以高质量发展为导向，对城镇体系的行业布局、结构优化与转型升级产生了积极的作用，有助于对高耗能、高排放行业重点领域进行管理与约束，推动城镇化重点行业领域的节能降碳。在新发展理念的框架下，新型城镇化的建设导向是"以人为核心"的，更加重视城镇规模、空间布局、基础设施、产业结构、土地利用模式等方面的合理规划，对钢铁、石化、建材、水泥、有色金属等碳排放突出行业的供需调节和布局优化起到重要支持作用。同时，新型城镇化通过政策体系引导产业升级和技术创新加快转型，进一步促进相关行业的节能减排成效，淘汰传统落后产能，加快壮大先进制造业，培育新一代信息技术、生物、新能源、新材料等战略性新兴产业，引导生产性服务业在中心城市、制造业密集区域合理布局。

3. 新型城镇化的绿色转型有助于能源结构调整，纵深推进能源革命与现代能源体系建设

新型城镇化以节约集约、生态宜居、和谐发展为特征，对我国能源生产与能源消费转型起到促进作用。在新型城镇化发展背景下，通过优化城市空间布局、提高建设用地利用效率、优化资源配置等有效措施，能够合理控制煤炭消费增长，拓宽可再生能源使用领域，实现可再生能源的集约高效利用。同时，城镇化发展能够助推煤电、供热等方面的节能降碳改造，使城乡终端能源消费向电气化、低碳化转型。在"双碳"目标下，城镇化进一步通过创新、智慧、绿色的新型城市体系建设引导能源发展布局，提高资源配置效率，推动能源治理现代化，完善能源监管和应急管理体制；在加强公众社会节能减排意识的同

时，加快形成全社会绿色低碳生活与消费模式，助力能源结构调整，推进能源革命与现代能源体系建设。

4. 城镇化发展有助于凝聚科技创新力量，推动低碳、零碳、负碳技术攻关

技术是实现"双碳"目标的关键支撑，也是增强"双碳"目标的执行力的重要基础。城市拥有科技优势、教育优势和人才资源优势，新型城镇化发展将进一步增强城市的创新能力，加快产业变革，更好发挥城市的创新载体作用。城镇化发展在很大程度上促进了低碳科技的攻关和成果转化，比如通过设立低碳科技重点专项，鼓励各类科研机构在低碳能源、低碳产品、低碳技术、适应气候变化的前沿性技术、碳排放控制管理等方面提供丰富的科技成果，在科研和技术的研究与转化层面助推实现"双碳"目标。

5. 城镇化绿色低碳发展有助于挖掘城市的减排潜力，强化自然碳汇，助力碳中和的实现

新型城镇化建设坚持绿色低碳发展道路，有利于增强城市的自然碳汇。《"十四五"新型城镇化实施方案》强调在新型城镇化进程中要加强生态修复和环境保护，通过落实生态保护红线、环境质量底线、资源利用上线等方式，提升生态系统质量和稳定性。自然生态系统深度参与碳循环过程，故自然碳汇是最经济、副作用最少的降碳方法，通过加强城市绿化、园林、湖泊湿地等生态系统建设，结合城市土地生态利用，兼顾陆海统筹，提高城市生态系统服务功能及生态系统自我维持能力，充分挖掘城镇减排潜力，利用城镇自然生态系统深度参与二氧化碳吸收，助力碳中和的实现。

第五节　本章小结

本章梳理了我国城镇化的发展历程，以及碳达峰、碳中和目标提出的国内外背景，结合近年有关城镇化与"双碳"的政策体系，基于当前我国国情解析城镇化视角下低碳发展的内涵与城镇化和"双碳"目标的辩证关系，阐述了"双碳"目标与城镇化发展相互之间的重要意义。

第二章　城镇化视角下低碳发展的重点任务与问题识别

城镇化是国家现代化的必由之路和重要标志。党的十八大以来，我国明确提出实施新型城镇化战略，提出走以人为本、四化同步、优化布局、生态文明、文化传承的中国特色新型城镇化道路。十多年来，城镇化工作已经取得了重大历史性成就。推进以人为核心的新型城镇化，既是构建以国内大循环为主体、国内国际双循环相互促进的新发展格局的重要支撑，也是深化供给侧结构性改革和实施扩大内需战略的重要结合点。推动实现"双碳"目标，是我国为实现可持续发展的内在要求而作出的重大战略决策，发挥着对绿色低碳发展重要的引领作用，将为环境质量改善、能源结构优化和产业转型发展带来多重有益效应。

第一节　现阶段城镇化和区域协调发展的部分重点任务

"十四五"时期是我国全面建成小康社会，实现第一个百年奋斗目标之后，乘势而上开启全面建设社会主义现代化国家新征程，向第二个百年奋斗目标进军的第一个五年。推动新时期经济社会发展全面绿色转型，实现生态环境质量改善由量变到质变，对建设美丽中国具有十分重要的意义。基于此，本节以完善城镇化空间布局、全面提升城市品质、优化国土空间开发保护格局、深入实施区域重大战略、深入区域协调发展战略五方面分别对绿色低碳高质量发展进行归纳概述。

1. 完善城镇化空间布局

新时期，要发展壮大城市群和都市圈，分类引导大、中、小城市的发展方向和建设重点，形成疏密有致、分工协作、功能完善的城镇化空间格局。要大力推动城市群一体化发展，根据不同城市群的发展现状和潜力，分类推进城市群发展，打造城镇化高质量发展的动力源和增长极，推动各城市群结合发展实际，完善成本共担和利益共享机制，促进基础设施互联互通、公共服务共建共享、生态环境共保联治、产业与科技创新协作，保留城市间生态安全距离，形成多中心、多层级、多节点的网络型城市群结构。同时，要努力建设现代化都市圈，推动中心城市与周边城市以同城化发展为方向，以轨道交通建设为先导，稳妥有序发展市域(市郊)铁路和城际铁路，构建高效通勤的多层次轨道交通网络，统筹优化公共服务功能布局。

2. 全面提升城市品质

新时期，要加快转变城市发展方式，统筹城市规划建设管理，实施城市更新行动，推动城市空间结构优化和品质提升。要加快转变城市发展方式，推进新型城市建设，提高城市治理水平。要统筹城市规划建设管理，顺应城市发展新理念、新趋势，建设宜居城市、创新城市、智慧城市、绿色城市、人文城市、韧性城市。要科学规划、发展智能建造，推广绿色建材、装配式建筑和钢结构住宅，建设低碳城市。

3. 优化国土空间开发保护格局

新时期，要继续完善和落实主体功能区制度，顺应空间结构变化趋势，分类提高城镇化地区发展水平；开拓高质量发展的重要动力源，加快打造引领高质量发展的第一梯队，提高中心城市综合承载能力和资源优化配置能力，强化中心城市对区域发展的辐射带动作用，提升重要功能性区域的保障能力。立足资源环境承载能力，发挥各地区比较优势，促进各类要素合理流动和高效集聚，推动形成主体功能明显、优势互补、高质量发展的国土空间开发保护新格局。

4. 深入实施区域重大战略

新时期，要不断完善区域经济政策体系，加快构建高质量发展的动力系统，推动形成优势互补、高质量发展的区域经济布局。加快推动京津冀协同发展，提高基础研究和原始创新能力，推动京津冀产业链、创新链融合发展，基本建成"轨道上的京津冀"，深化大气污染联防、联控、联治；全面推动长江经济带发展，坚持生态优先、绿色发展的战略定位和共抓大保护、不搞大开发的战略导向，推动长江经济带高质量发展；积极稳妥推进粤港澳大湾区建设，打造富有活力和国际竞争力的国际一流湾区和世界级城市群；提升长三角一体化发展水平，扎实推进黄河流域生态保护和高质量发展，聚焦实现战略目标和提升引领带动能力，推动区域重大战略取得新的突破性进展，促进区域间融合互动、融通补充。

5. 深入实施区域协调发展战略

新时期，要在发展中继续促进相对平衡。推进西部大开发形成新格局，要强化举措，提高政策的精准性，推动形成大保护、大开放、高质量发展的新格局；推动东北振兴取得新突破，要从"五大安全"战略高度出发，着力破解体制机制障碍，着力激发市场主体活力，着力推动产业结构调整优化，走出一条质量更高、效益更好、结构更优、优势充分释放的发展新路；开创中部地区崛起新局面，要以高质量发展为主线，推动综合实力和竞争力再上新台阶；鼓励东部地区加快推进现代化，要发挥改革开放先行、创新要素集聚、现代制造领先等优势，提升科技创新能力，培育壮大高质量发展动力源，在全国率先实现高质量发展。支持特殊类型地区发展，健全区域协调发展体制机制。在发展中促进相对平衡，形成新的均衡发展产业结构和竞争优势，在创新引领上实现突破，实现高质量发展。

第二节 面向碳达峰、碳中和的部分重点任务

党的二十大报告明确，要推动绿色发展，促进人与自然和谐共生，积极稳妥推进碳达峰、碳中和。《中共中央 国务院关于完整准确全面贯彻新发展理念做好碳达峰碳中和工作的意见》强调，要坚持全国统筹、节约优先、双轮驱动、内外畅通、防范风险的原则，开展碳达峰、碳中和推动工作。此后，《国务院关于印发 2030 年前碳达峰行动方案的通知》中进一步明确提出，将碳达峰贯穿于经济社会发展全过程和各方面，要重点推动实施"碳达峰十大行动"。其中，碳达峰、碳中和工作与城镇化议题较为紧密的内容包括以下六个方面：

1. 经济社会发展全面绿色转型

党中央高度重视经济社会发展的绿色低碳转型，强调"要坚持不懈推动绿色低碳发展，建立健全绿色低碳循环发展经济体系，促进经济社会发展全面绿色转型"。经济社会发展全面绿色转型的核心是绿色发展，绿色不仅是发展的基础和约束，也是发展的目标和导向，更是发展的要素投入和动能条件。在城镇化进程中，应立足我国新发展阶段，贯彻新发展理念，将绿色低碳发展融入城镇化发展之中：一是促进经济社会发展全面绿色转型，以降碳为重点，加快

形成节约资源和保护环境的空间格局、产业结构、生产方式、生活方式。二是将生态文明建设融入城镇发展的方方面面，加快构建绿色生产和消费政策体系，推动规划、设计、投资、建设、生产、流通、消费、贸易、生活等经济环节的绿色化。三是推进资源总量管理、科学配置、全面节约、循环利用，全面提高资源利用效率。四是深化工业、建筑、交通等领域和公共机构节能。加快形成绿色生产生活方式，大力推动节能减排，加强生态文明宣传教育，培育全社会生态文明价值观，增强全民节约意识、环境意识、生态意识，倡导简约适度、绿色低碳的生活方式，开展创建节约型机关、绿色学校、绿色社区、绿色商场、绿色建筑等行动。

2. 产业结构深度优化调整

当前，我国经济已由高速增长阶段转向高质量发展阶段，产业结构正在面临深刻调整。因此，要将城镇化的发展与产业结构优化转型相结合。一是制定能源、钢铁、有色金属、石化化工、建材、交通、建筑等行业和领域的碳达峰实施方案，加快推进工业领域低碳工艺革新和数字化转型。二是开展碳达峰试点园区建设，加快商贸流通、信息服务等绿色转型，提升服务业低碳发展水平。三是坚决遏制高耗能、高排放项目盲目发展，新建、扩建钢铁、水泥、平板玻璃、电解铝等高耗能、高排放项目，应严格落实产能等量置换或减量置换，并出台煤电、石化、煤化工等产能控制政策。四是大力发展绿色低碳产业，加快发展新一代信息技术、生物技术、新能源、新材料、高端装备、新能源汽车、绿色环保，以及航空航天、海洋装备等战略性新兴产业。五是建设绿色制造体系，推动互联网、大数据、人工智能、第五代移动通信(5G)等新兴技术与绿色低碳产业深度融合。

3. 清洁低碳安全高效的现代能源体系构建

能源行业应落实高质量发展要求，发挥科技创新的作用，守住能源安全底线，持续提高生产、生活能效水平，优化能源资源配置。在城镇化的发展进程中，应把握能源发展的动向，助力清洁低碳的现代能源体系构建，要强化能源消费强度和总量"双控"，大力提升能源利用效率。在发展替代能源的过程中，多措并举、积极有序推进城镇各行业散煤的替代，逐步减少，直至禁止煤炭散烧，同时严格控制新增煤电项目，有序淘汰煤电落后产能；全面推进风电、太阳能发电大规模开发和高质量发展，坚持集中式与分布式并举，加快建设风电和光伏发电基地，推动清洁电力资源大范围优化配置，大力提升电力系统综合调节能力，加快灵活调节电源建设，提升电网安全保障水平。针对新能源的资源分布特性进行合理优化与统筹配置，充分发挥电力、煤炭、石油天然气、新能源、储能等在城镇化进程中不同阶段不同领域的作用。提高能源利用效率，在工业、建筑、交通运输、公共机构等重点领域及行业全面实施节能技术改造。

4. 绿色低碳交通运输体系的建设

交通运输是国民经济中具有基础性、先导性、战略性的产业，是重要的服务性行业，也是现代化经济体系的重要组成部分，属于我国节能减排的重点领域之一。我国综合交通运输体系建设不断取得新成就，但发展不平衡、不充分的问题仍然突出，包括综合交通网络布局不够均衡、结构不尽合理、衔接不够顺畅，重点城市群、都市圈的城际和市域（市郊）铁路存在较明显短板等。在交通运输体系的发展进程中，我们要加快形成绿色低碳的运输方式，确保将交通运输领域碳排放控制在合理区间。要推动运输工具装备低碳转型，大力推广新能源汽车，逐步降低传统燃油汽车在新车产销和汽车保有量中的占比，推动城市公共服务车辆电动化替代，推广电力、氢燃料、液化天然气动力重型货运车辆。优化城镇交通运输结构，推广节能低碳型交通工具，积极引导低碳出行。加快城市轨道交通、公交专用道、快速公交系统等大容量公共交通基础设施建设，加快完善交通运输低碳转型保障体系，完善法规政策和标准体系，引导交通运输绿色低碳转型。

5. 城乡建设中绿色低碳发展水平的提升

城乡建设是构建美丽中国的重要载体。当前，虽然我国人居环境持续改善，但仍然存在整体性缺乏、系统性不足、宜居性不高等问题。要继续加快推进城乡建设绿色低碳的发展，将绿色低碳的要求落实到城市更新和乡村振兴当中。一是推进城乡建设和管理模式低碳转型，推动城市组团式发展，科学确定建设规模，控制新增建设用地过快增长。二是大力发展节能低碳建筑，加快优化建筑用能结构。根据国务院 2021 年印发的《2030 年前碳达峰行动方案》，预期到 2025 年，城镇建筑可再生能源替代率达到 8%，新建公共机构建筑、新建厂房屋顶光伏覆盖率力争达到 50%。三是在推进城镇规划建设管理各环节全面落实绿色低碳要求，包括合理规划城镇建筑面积发展，严格管控高能耗公共建筑建设，实施工程建设全过程绿色建造，倡导绿色低碳的规划设计理念，加快提升建筑能效水平，加快优化建筑用能结构，推广绿色低碳建材和绿色建造方式，加强适用于不同气候区、不同建筑类型的节能低碳技术研发和推广，推动超低能耗建筑、低碳建筑规模化发展。

6. 各地区梯次有序碳达峰的实现

根据我国不同省份的发展阶段、自然条件、人口规模、资源禀赋、产业结构、功能定位的差异，制定各具特色的碳达峰方案，走差异化的碳达峰路径和实施进程。结合城镇化发展阶段特征，科学合理地确定有序达峰目标，结合区域重大战略、区域协调发展战略和主体功能区战略，因地制宜推动城镇化发展走绿色低碳发展道路。其中，产业结构较轻、能源结构较优的地区要坚持绿色低碳发展，坚决不走依靠"两高"项目拉动经济增长的老路，力争率先实现碳达峰；产业结构偏重、能源结构偏煤的地区和资源型地区要把节能降碳摆在突出位置，大力优化调整产业结构和能源结构，逐步实现碳排放增长与经济增长脱钩。针对我国东中西部和东北地区的区域发展差异，要协调发展与减排的关系，优化能源结构，按照产业政策和能耗"双控"要求，有序推动高耗能行业向清洁能源优势地区集中，积极培育绿色发展动能。科学制定地区的碳达峰实施方案，提出符合实际、切实可行的碳达峰时间表、路线图，避免"一刀切"限电限产或"运动式"减碳，实现梯次有序碳达峰，并在此基础上积极探索实现碳中和的有效路径。

第三节　城镇化视角下低碳发展的重点问题识别

推动城镇化发展与碳达峰、碳中和工作紧密相关。践行新型城镇化战略，提升城镇化发展质量，需要坚持生态优先、绿色发展，持续推进现代产业体系、现代能源体系低碳转型。城镇化为我国绿色低碳发展提供了更加深刻的思维视角，要科学有效地处理好发展与减排的辩证关系，需尊重客观规律，识别重点因素，分析地区差异，推动政策协同。因此，笔者认为，城镇化视角下低碳发展的重点问题，至少应包括以下五个方面：

1. 分析城镇化进程与碳排放之间的规律，推动各地政策体系的有效协同

城镇化发展应尊重自然规律、社会规律，坚持产业支撑、以人为本，坚持新发展理念。推动实现碳达峰、碳中和，更应立足新发展阶段，处理好发展和减排、整体和局部、短期和中长期、政府与市场等重要关系。有的地区和行业不切实际，制定的"双碳"目标时间表、路线图远远超前于"3060"目标；有的地区在"双碳"约束下层层加码，盲目加大对能源消费控制力度，对相关行业实施粗放的限产、停产甚至"一刀切"关停等极端措施。然而，在减少碳排放

与推进城镇化发展的过程中，不能只依靠节能提效带来的能源需求降低，也不能只依靠可再生能源发展带来的能源部门、电力部门脱碳。若只是一味地"做减法""搞限制"，这并不符合新时代高质量发展的内在要求。因此，厘清城镇化进程和碳排放之间的内在关系，合理把握两者之间的变化规律，推动城镇化与"双碳"相关政策体系在各个地方的有效协同，是科学制定绿色低碳发展策略的前提和基础。

2. 识别城镇化进程中影响碳排放的关键因素，确定城镇化发展的政策研究方向

推动实现"双碳"目标是一项系统而复杂的重要任务，而城镇化也涉及经济社会发展的方方面面。城镇化可能通过人口因素、经济发展水平、能源消费、产业结构、技术要素、城镇空间布局等方面对碳排放产生正向或反向的影响。在推进"双碳"目标的过程中，城镇化的高质量发展，也会反过来对我国能源结构调整、产业结构转型、建筑和交通系统低碳建设、城镇空间格局优化等方面提出新的要求。因此，有必要通过全方位、多角度地分析城镇化与碳排放之间的内在关系，识别出城镇化进程中影响碳排放的关键因素，助力我国城镇化发展的决策分析和路径制定。

3. 分析不同地区碳排放的主要特征，制定差异化的城镇化策略，探索各具特色的碳达峰实施路径

我国碳排放总体相对较高，但各省份之间由于城镇化发展阶段、战略定位、自然条件、人口规模、资源禀赋、空间结构、产业结构等方面存在较大差异。因此，各地不应也不能走相似的碳达峰、碳中和道路，而是应立足自身发展实际，通过科学研判、精准施策，制定差异化的城镇化策略，发挥各自比较优势，分析和制定各具特色的"双碳"预期目标和实现路径，力争实现效率最优的整体碳达峰、碳中和。应结合城镇化与碳排放的相关关系，准确研判各地所处的发展阶段，因地制宜、分类施策，尊重自然规律和社会规律，以差异化、特色化的角色定位，科学有序推动"双碳"目标的实现。

4. 聚焦城镇化高质量发展热点领域，探索实现"双碳"目标的路径模式

城市群、都市圈是我国新型城镇化工作的重要前沿领域，也是城市发展的高级形态，在引领集约高效、绿色低碳的城镇化发展模式中发挥着重要作用。在我国城镇化体系中，城市群、都市圈承担着构建以国内大循环为主体、国内国际双循环相互促进新发展格局的重要载体功能。综合交通体系的构建与升级完善，以及数字赋能的城镇化模式，既是我国城镇化发展的前沿热点和工作重

点，也是当前探索我国城镇化高质量发展的重要突破口。以理论和实践相结合的方式，分析研究国内外典型城市群、都市圈、综合交通体系、数字赋能城镇化的经验案例，总结有益经验，研判发展趋势，有助于我国探索实现城镇化视角下绿色低碳发展的可循路径。

5. 围绕存量问题，研判"双碳"目标下城镇化发展的研究重点

在过去几十年的发展进程中，我国城镇化取得了瞩目的成就，但也积累形成了一些现实挑战，包括区域间城镇化发展不平衡，大、中、小城市间发展不平衡，人口城镇化滞后于土地城镇化，城乡差距仍然较大，城乡土地利用模式相对粗放，工业化与城镇化发展协调度有待进一步提升等。低碳发展目标在短期内加剧了上述矛盾带来的严峻挑战，也成为了倒逼部分问题得以加快解决的重要历史机遇。如何更好地理解"双碳"目标对我国城镇化进程产生的重要影响，分析研判城镇化和"双碳"目标可循的协同路径，怎样积极应对潜在的挑战、稳健化解矛盾风险，成为我们研究的重要关切。应坚持问题导向，结合我国发展实际，分析研判"双碳"目标与上述重点难点问题的辩证关系，立足城镇化低碳发展的现实需要，提出相应对策和建议，助力城镇化与"双碳"工作深度融合，协调开展。

第四节　本章小结

本章分别梳理了现阶段践行新型城镇化战略的部分重点任务，以及面向实现碳达峰、碳中和的部分重点任务，并在此基础上分析识别了"双碳"目标下城镇化发展的研究重点，为后续章节展开阐述打下了基础。

第三章 "双碳"目标与城镇化发展的
辩证关系及路径思考

城市是经济社会和人类文明发展的重要载体，承载着我国超过60%的常住人口，以及全国80%以上的碳排放（徐林，2022）。随着产业、人口等要素在城市空间内不断集聚，城市发展面临越来越严峻的"碳挑战"。在新发展阶段，实现"双碳"目标是贯彻新发展理念、加快构建新发展格局的内在要求。坚定不移地抓好"双碳"工作，是破解资源环境约束突出问题、推动产业结构转型升级和实现可持续发展的迫切需要。因此，在加大力度推进新型城镇化建设的过程中，应将推动实现"双碳"目标作为绿色低碳转型发展的重要引擎。鉴于此，本章将解析城镇化对碳排放的影响因素，厘清其与"双碳"目标之间的相关关系，分析"双碳"目标对我国城镇化发展存量难题的重要影响，进而识别出"双碳"目标下城镇化发展的关键路径，为后续章节聚焦城市低碳发展的不同侧面提供支撑。

第一节 城镇化发展对碳排放的影响因素

城镇化对碳排放的影响是一个系统而复杂的问题。城镇化的过程不仅会带来城市人口结构的变化，还会影响到城市经济水平、产业结构、技术要素、土地利用模式和城镇空间布局等方面。本节从六个角度分析城镇化对碳排放的影响因素。

1. 城镇化通过经济发展水平影响城市碳排放

投资与消费是保持经济稳定增长的关键。从投资的视角来看，城镇化发展将会加快推进各项基础设施的建设，以及配套设施的完善，这将进一步增加投资需求，使经济规模不断扩大，其结果是能耗需求也随之增加，从而增加了碳排放。从消费的视角来看，在城镇化过程中，伴随城镇居民收入的增加，消费结构也在不断地发生变化，居民将产生更为多元化的消费需求。消费市场的多元化使居民除了基本消费外，其娱乐型、功能型的消费需求也越发增加，这使得日常生活中的能源消耗快速增长，由此带来消费结构转变导致的碳排放的增加。因此，在城镇化快速增长阶段将同步拉动经济发展水平，从而增加碳排放。

2. 城镇化通过产业结构调整影响城市碳排放

产业结构是经济社会体系中的重要组成部分。城镇化进程往往是随着工业化同步推进的。我国城镇化初期追求经济上的快速发展，城镇化较工业化相对滞后，产业结构呈粗放型发展态势，资源的大力开采和能源的大量消耗导致碳排放量显著增加，环境问题日益严重。随着城镇化进程的深入，我国的第三产业逐渐壮大，产业结构向绿色低碳转型，随着清洁技术、高新技术产业等新兴低碳行业的蓬勃发展，我国能源资源利用效率得到持续提升，节能减排成效逐步显现。因此，不同的城镇化阶段下的产业结构也对碳排放产生较大的正向或反向影响。

3. 城镇化通过人口因素影响城市碳排放

城镇化主要表现为农村人口不断向城市迁移的过程。大量的农村人口迁移到城市，衣食住行条件基础与生产方式、生活方式随之发生了较大变化。一是在城市生活与工作的过程将带来更加丰富的衣食住行用能场景，这在一定程度上会消耗更多的化石能源，增加碳排放。在能源消费方面，城镇居民的能源消耗远高于农村居民。二是人口城镇化的推进需要大量的居民配套住宅和城镇基础设施做支撑，这直接增加了水泥行业、钢铁行业的产品需求，导致碳排放大幅上升。三是伴随绿色低碳的生产方式、生活方式不断被倡导，民众的节能减排意识不断增强，较优的公民意识在一定程度上也会在城镇化过程中对碳排放产生反向影响。

4. 城镇化通过技术要素影响城市碳排放

从技术进步的角度来看，技术进步可以通过三种途径影响碳排放。第一，技术进步直接影响碳排放，但对碳排放影响的方向皆而有之。绿色清洁技术的产生可以促进企业清洁生产，降低能耗和二氧化碳排放，但也可能存在对高碳能源依赖的"技术锁定"，这种情况下的技术进步会进一步增加化石能源的消费。第二，技术进步可以改进企业的生产流程。创新成果的转化能够提高企业的资源利用效率，且科技创新可以为企业利用新能源提供机会，这会降低企业对化石能源的依赖。第三，技术进步还可以有效地引导人力资本投入高端生产环节,逐步淘汰低附加值的高耗能行业,从而促进经济发展方式由粗放式向集约式发展,这必然带来较大幅度的碳排放下降。

5. 城镇化通过改变土地利用模式影响城市碳排放

土地是城镇化建设的基石和重要资源,不同的土地利用方式对碳排放有着不同的影响。从工业、建设用地的角度来看,这类土地是主要的碳排放来源,在一定发展阶段下,由于土地利用效率有限,集约程度较低,建设用地、工业用地、民生用地、公共设施用地等建设用地规模的比例不合理,会大幅增加碳排放。而森林、草地、湿地等生态用地是重要的碳汇来源。土壤是陆地生态碳汇的主要阵地,农田固碳增汇能力弱,土壤质量不高,会弱化陆地生态系统固碳增汇的能力。因此,城乡土地利用结构决定了碳源与碳汇的基本格局,在城镇化过程中,土地的利用模式对碳排放产生着重要的影响。

6. 城镇化通过城镇空间布局影响城市碳排放

城镇化进程中,由于不同的资源禀赋和自然条件,各地可能形成不同模式的城镇化空间形态,对碳排放的影响差异显著。从城市密度来看,当城镇空间布局密度较高,呈紧凑型的空间形态时,资源利用更为集约,功能联系更为紧密,城市交通能耗降低,建筑碳排放也相应减少。当城市密度较低,呈分散型或蔓延型时,会带来更多的资源环境负担,产生更多的碳排放。例如,从城市群、都市圈的角度来看,这种规模化、集约化、一体化的发展模式,在提高土地、资源、能源使用效率方面具有较大优势,在发挥经济集聚效应的同时,应通过协调、融合、互补的空间布局和功能布局实现协同降碳。

第二节 "双碳"目标对城镇化发展存量难题的影响分析

通过几十年的快速发展,我国城镇化建设取得了瞩目的成就,同时也积累了一些现实问题,如城镇化区域间发展不平衡,大、中、小城市间发展不平衡,人口城镇化滞后于土地城镇化,城乡差距仍然较大,城乡土地利用模式相对粗放,工业化与城镇化发展协调程度仍有提升空间等。"双碳"目标的提出,在短期内加剧了部分矛盾问题的严峻性,但从长远发展的视角来看,是倒逼这些问题加快解决的重要历史机遇。如何更好地理解"双碳"目标对我国城镇化进程产生的重要影响,分析研判城镇化和"双碳"目标可循的协同策略,积极应对潜在的挑战，稳健化解矛盾风险，成为本书的重要关注点。

1. 城镇化的地区间发展不平衡，东、中、西部协调与协作仍有较大空间

城镇化发展是一个复杂的系统过程，涉及人口、经济、社会和环境等多个方面。我国地域广阔，各地区自然条件、资源禀赋、经济条件、发展模式、产业结构、空间布局差异显著，造成了各地城镇化发展进程与发展格局的截然不同。第七次全国人口普查数据结果显示，2010~2020 年，我国人口持续增长，城镇化率持续提高，但是城镇化发展的区域间不平衡问题依然突出。东部、东北、中部、西部地区四大板块城镇化发展进程与质量依次递减，呈阶梯式不均衡分布。国家统计局公布的数据显示，东部地区平均城镇化率平均为 70.76%，东北地区略低于东部地区，为 67.71%。虽然东北人口减少，但东北城镇化率较高。中部和西部地区分别为 59% 和 67.27%。最高的东部地区和最低的西部地区相差 13.49 个百分点(李晓超，2021)。显然，各板块间的城镇化发展潜力差异明显，中西部地区大部分省份后发潜力较大，东部大多数省份城镇化发展趋于稳定，东北地区城镇化质量提升潜力较低。从省级层面来看，2022 年上海、北京和天津城镇化率超过 80%，广东、江苏、浙江、辽宁、重庆和福建的城镇化率超过 70%。从结构差异来源来看，社会发展差异、经济发展差异、居民生活差异、人口发展差异、生态环境差异、城乡统筹差异都是导致城镇化发展不平衡的重要因素。

《2030 年前碳达峰行动方案》强调，各地区应该因地制宜、分类施策，明确既符合自身实际又满足总体要求的目标任务，梯次有序推进碳达峰。当前，在东部地区，一些省份已经进入后工业化阶段，初步建立起一定规模的绿色低碳循环产业体系，有望尽早实现碳达峰；在西部地区，虽然地广人稀，风能、光能资源丰富，但一些地方当前主要依赖煤炭等化石能源产业，碳排放形式较为严峻，如通过合理的绿色低碳产业和清洁能源基础设施布局，有望通过转型发展的有益路径，探索利用后发优势，实现碳达峰；在中部地区，人口相对稠密，一些地方产业以重工业为主，短期内碳达峰面临较大挑战，需进一步加大节能减排工作力度，逐步降低化石能源消费比重，持续优化产业结构，积极稳妥推进碳达峰、碳中和。

在"双碳"目标提出的背景下，各区域之间的产业协作和产业转移或将成为各地区产业结构优化调整的重要途径，如"西电东送""东数西算"都成为有益于绿色低碳发展的区域间协同、协作的重要手段。但是，仍有相当一部分的产业转移，特别是传统制造业的跨区域迁移，伴随而来的最大问题是污染转

移。尤其是在中西部地区，高耗能、高污染产业增加了当地的环境成本，也加剧了区域污染漂移和污染扩散。因此，如何以"双碳"目标为契机，通过顶层设计和目标分解，加强东部、中部、西部的互补协作，引导探索分批次、差异化的降碳路径，支持有条件的地方、重点行业，以及园区和企业率先实现碳达峰，推动实现地区间绿色低碳的协同发展，有效提升中西部地区城镇化水平，是值得关注的重要议题。

2. 大、中、小城市间发展不平衡，城镇体系结构布局仍有一定优化空间

我国正处于城镇化快速发展中后期向成熟期过渡的关键阶段（国家发展和改革委员会，2022b），依托超大城市、特大城市辐射带动周边市县共同发展，培育形成现代化城市群和都市圈，进而推动形成大、中、小城市和小城镇协同发展的城镇化格局，是我国城镇体系优化的重要方向。整体而言，我国城镇化体系依然存在大城市相对膨胀、中小城市活力不足、县域部分城镇短板较为突出等现实挑战。一方面，城镇化过度依赖超大城市、特大城市，而不是都市圈，这样可能导致大城市规模过大，城市交通、商业、物流、居住、医疗、教育、环保、应急管理等系统性风险突出，"大城市病"凸显，而都市圈潜力并未得到充分发挥。另一方面，中小城市发展动能不足，可能带来较多小城市和中心镇缺乏规模较大的支柱产业，面临基础设施相对落后，公共服务存在不足，人口呈流失态势等现实挑战。

我国的大、中、小城市以各具特色的空间形态、结构布局、规模边界、功能承载，塑造出了完全不同的碳排放特征，这些城市之间的要素流动与融合协作又进一步加深了城镇化对碳排放水平的重要影响。《"十四五"新型城镇化实施方案》指出，我国超大城规模扩张过快，部分中小城市及小城镇面临经济和人口规模减少的问题。《2030年前碳达峰行动方案》也明确强调了在推进城乡建设绿色低碳转型中，要科学确定建设规模。大、中、小城市坚持规划引领，确保适度规模，保持合理边界，是实现"双碳"目标的重要前提。同时，不同规模的城市在推进碳达峰、碳中和过程中，也应充分考虑自身在城镇体系中的作用和定位，立足城市特征，发挥大城市自身的辐射带动作用，以及中小城市的承载协作功能，推进城市之间的有效联动，形成优势互补、错落有致的城镇格局，建设高质量内外循环，实现经济、社会、环境的可持续发展。

大、中、小城市在所处发展阶段、资源条件、产业结构、居民生产方式和生活方式等方面存在差异，低碳转型路径应因地制宜、协调分工、有序发展。大城市经济基础雄厚，产业规模大，聚集度高，但绿色转型付出的重置成本和

沉没成本高。中小城市产业结构与污染类型较为简单，减排转型升级难度较小，但发展经济、扩大就业、提高人民生活水平的任务和压力较大。如何借助"双碳"契机，通过合理控制不同类型城市的建设规模边界，引导产业与人口适当集聚，推动城镇空间合理布局，加强交通在城市要素流动中的重要作用等方式大力促进城镇化的集约发展、高效发展、高质量发展，缓解大、中、小城市进一步分化，引导大、中、小城市协调发展，成为"双碳"目标下城镇化发展问题研究的重要命题。

3. 人口城镇化相对滞后于土地城镇化，过去粗放的城乡土地利用模式不可持续

土地城镇化和人口城镇化是城镇化发展的两个方面。土地是构成空间的基础载体，土地城镇化即土地利用方式由农业用地转变为城市建设用地的过程，而人口城镇化即人口由农村地区向城市地区集中的过程。我国城镇化在快速推进的同时，也暴露出人口城镇化相对滞后于土地城镇化的一系列问题。早在2007年，以中国科学院院士陆大道为首的专家学者向国务院提交了《关于遏制冒进式城镇化和空间失控的建议》的报告，首次揭示了土地城镇化过快的问题。《全国国土规划纲要（2016—2030年）》指出，部分地区国土开发强度与资源环境承载能力不匹配。《国家新型城镇化规划（2021—2035年）》强调，各级国土空间规划编制修订应充分考虑人口规模因素，特别是进城落户人口数量，科学测算和合理安排城镇新增建设用地规模。过去，我国部分城市"摊大饼"式扩张，过分追求宽马路、大广场，呈现出新城新区、开发区和工业园区占地过大，建成区人口密度偏低等发展特征。部分城市过度依赖土地出让收入和土地抵押融资推进城镇建设，加剧了土地的粗放利用，浪费了大量耕地资源，不利于维护国家粮食安全和生态安全，土地城镇化与人口城镇化的协调发展水平仍然有待提升。

《中共中央　国务院关于完整准确全面贯彻新发展理念做好碳达峰碳中和工作的意见》强调，要构建有利于碳达峰、碳中和的国土空间开发保护新格局。强化国土空间规划和用途管控，严守生态保护红线，严控生态空间占用。严格控制新增建设用地规模，推动城乡存量建设用地盘活利用。严格执行土地使用标准，加强节约集约用地评价，推广节地技术和节地模式。人口城镇化与土地城镇化是城镇化的重要组成部分，前者是核心，为经济社会快速发展提供重要动力；后者是载体，是经济社会活动和人口增长的依托，"双碳"目标为两者的协调发展提出了更高要求。

在"双碳"目标背景下，探索推动土地城镇化与人口城镇化的协调发展，是实现城镇化高质量发展的必然要求。笔者认为，未来应以"双碳"目标为导向，综合运用行政、经济、法律、工程技术等手段，培育多元主体低碳理念，持续加强对土地资源的科学管控，优化国土空间格局，平衡人口城镇化和土地城镇化，促进绿色低碳发展。

4. 城乡差距仍然较大，城乡协同有发力空间

城市和乡村是人们生产和生活的不同空间形态，城乡关系是影响我国经济社会发展和现代化建设的关键因素。近年来，在一系列政策支持下，我国城乡差距不断缩小，城乡融合程度进一步加深，但城乡要素配置自由流动存在壁垒、城乡收入差距较大、基础设施建设均衡性不足、基本公共服务普惠共享有待完善等问题依然存在，以城乡互补、工农互促、共同繁荣为特征的新型工农城乡关系仍有待优化提升。党的十九大报告提出要实施乡村振兴战略，建立健全城乡融合发展体制机制和政策体系，城乡发展进入了新的阶段。党的二十大再次强调，必须坚持城乡融合发展，以政府为主导，升级农村产业，保障资源分配合理，以此助力乡村振兴。根据国家发展和改革委员会规划司公布的数据显示，当前我国非农产业劳动生产率是农业的4倍多，城镇居民人均可支配收入是农村居民人均可支配收入的2.5倍，且城乡之间的基础设施和公共服务仍有明显差距，大中小城市发展协调性不足，城市发展韧性和抗风险能力不强，城市治理能力亟待增强，城乡融合发展仍任重而道远(国家发展和改革委员会，2022a)。

《中共中央 国务院关于完整准确全面贯彻新发展理念做好碳达峰碳中和工作的意见》强调，要提升城乡建设绿色低碳发展质量，在城乡规划建设管理各环节全面落实绿色低碳要求；要加快推进绿色社区建设，结合实施乡村建设行动，推进县城和农村绿色低碳发展。我国城乡居民生产方式、生活方式和用能场景存在较大差异，农村居民家庭以薪柴秸秆类燃料为主，而城市居民则多采用管道气和瓶装液化气，城镇家庭生活碳排放量大于农村。新型城镇化的首要任务是推进农业转移人口市民化，随着农业转移人口不断向城市转移和融入，以县城为载体的城镇化建设不断推进，城乡之间的资源配置结构和碳排放结构也将有所调整。

缩小城乡差距，充分发挥城乡协同发展效力，对推进新型城镇化，推动实现碳达峰、碳中和具有重要作用。"双碳"目标对城市和乡村的产业发展模式、要素双向流动制度和公共资源配置方式提出了更高要求，也为健全城乡低碳建

设政策体系和体制机制、提升城乡建筑品质和人居环境质量、优化用能结构和用能方式、形成绿色交通出行方式带来了发展机遇。我国即使基本实现城镇化，仍将有 4 亿左右人口生活在农村，在"双碳"背景下推进城乡融合发展，既要重视城镇化，也要重视乡村振兴和农业农村现代化，推进城镇基础设施向乡村延伸，缩小城乡发展差距和居民生活水平差距，以确保"双碳"目标实现的整体性、系统性、有效性。

5. 城镇化与工业化进程差距持续缩小，但距离高质量的两化同步仍有一定发展空间

工业化与城镇化是国家现代化的两个重要支撑点。工业化的核心是提高物质产品的生产能力，而城镇化的核心是提高人的生活质量和创新能力。在国家现代化发展过程中，工业化是城镇化的基础和引擎，城镇化为工业化提供空间和载体，两者紧密相连、相互促进。从国际经验的发展历程来看，美国、印度、巴西分别属于"均衡发展""工业化超前、城镇化滞后""城镇化超前、工业化滞后"三种典型的发展模式，塑造了截然不同的发展格局。反观我国，伴随不同的发展阶段，我国也呈现出差异鲜明的城镇化、工业化历程特征。新中国成立初期，由于国家大力优先发展重工业，而重工业对于就业的需求较低，导致城镇化进程相对缓慢(陈斌开和林毅夫，2010)。我国城镇化率由 1952 年的 12.5%增长至 1978 年的 17.9%，同期，工业化率由 17.6%跃至 44.1%[1]。根据城镇化与工业化标准值测度法[2]，1978 年我国的 IU 比和 NU 比分别是 0.97 和 1.65，意味着过去我国城镇化发展严重滞后于工业化发展。从 1978 年国家提倡"两化"协同发展以来，两者差距逐步缩小；1992 年初，邓小平同志在"南方谈话"中，以"三个有利于"的视角对工业化和城镇化发展提出了明确的要求；党的十八大进一步强调要促进"四化"(城镇化、工业化、信息化、农业现代化)协同。经过不懈努力，我国经济快速发展，城镇化水平也在快速提高，IU 比和 NU 比持续优化。到 2021 年，我国 IU 比和 NU 比已分别降至 0.45 和 1.19，基本接近 0.5 和 1.2 的国际标准值，城镇化和工业化进程差距不断得到

---

① 工业增加值、城镇化率来自《2022 年中国统计年鉴》《新中国成立 70 周年经济社会发展成就系列报告之三》，新中国成立后，最早纳入统计的工业数据为 1952 年。

② 城镇化与工业化标准值测度法以"IU 比"和"NU 比"两项指标来进行两者协调度的衡量评价。其中，IU 比是指工业劳动化率(即工业劳动力占总劳动力的比重)与城镇化率的比值，NU 比是指非农劳动化率(即非农产业劳动力占总劳动力的比重)与城镇化率的比值。当 IU = 0.5 和 NU = 1.2，城镇化与工业化发展较为协调；当 IU<0.5 和 NU<1.2，城镇化超前、工业化滞后；当 IU>0.5 和 NU>1.2，工业化超前、城镇化滞后。

优化。但与此同时，我们也清醒地认识到，当前我国在城镇化与工业化的协调发展方面，不平衡不充分的问题依然存在。

推进实现"双碳"目标，是破解资源环境约束突出问题，实现可持续发展的迫切需要；是顺应技术进步趋势，推动经济结构转型升级的迫切需要；更是我国在工业化进程中，对多年来以相对粗放的方式实现高速发展这一过程的全新思考和再次审视。《中共中央　国务院关于完整准确全面贯彻新发展理念做好碳达峰碳中和工作的意见》强调，要提升城乡建设绿色低碳发展质量，推动产业结构优化升级，同时也要加快推进工业领域低碳工艺革新和数字化转型，大幅提升能源利用效率，持续深化工业等重点领域节能。《2030年前碳达峰行动方案》也提出了节能降碳增效行动、工业领域碳达峰行动、城乡建设碳达峰行动、循环经济助力降碳行动、绿色低碳科技创新行动等，相对明确地体现了我国对产业结构优化调整、产业转型升级、工业领域节能降碳、促进发展方式向技术升级转变的重要关切。"双碳"目标的制定，是我国由高速发展模式向资源节约与环境友好的高质量发展模式转变的重大历史机遇，也是推动工业经济提质增效、实现工业化反哺城市高质量发展的关键抓手，对我国城镇化和工业化在发展进程与发展质量上的协同与协调，具有重要的现实意义。

"双碳"目标是我国为实现可持续发展而做出的重大战略决策，集约高效的城镇化发展与绿色低碳的工业化发展是实现"双碳"目标的两个重要方面，两者协同更是我国未来经济可持续发展必须要解决的重要议题。现阶段是推动"两化"高质量发展的关键转型时期，也是2030年前实现碳达峰的窗口期，更是2060年前实现碳中和的重要基础。推进"双碳"工作，必须坚持新型工业化与新型城镇化双轮驱动、协同发展，充分发挥我国制度优势、资源条件、技术潜力、市场活力，加快形成节约资源和保护环境的产业结构、生产方式、生活方式、空间格局。

第三节　城镇化视角下实现低碳发展的总体思路

通过梳理城镇化对碳排放影响的关键因素，以及"双碳"目标对城镇化发展存量难题的影响分析，笔者简要归纳了"双碳"目标下城镇化发展的总体思路判断，以期为后续开展针对性分析打下基础。

1. 城镇化高质量发展要以绿色低碳为引领，实现提质增效和换挡转型

我国 1996 年进入城镇化快速推进的中期阶段(国家发展和改革委员会，2014)，用了不到 26 年城镇化率就从 30.48% 跃升至 2022 年的 65.22%。按照美国城市地理学家诺瑟姆的划分标准判断(Northam，1979)①，我国现今和未来将处于相对快速推进城镇化中期偏后的发展阶段。和过去相比，我国城镇化增速将有所放缓，由快速城镇化转向平稳发展，城镇化质量将取代城镇化增速，成为下一阶段的重要发展目标。过去城市"摊大饼"式的扩张方式已不可持续，绿色低碳的发展导向已成为拉动城镇化高质量发展新征程的重要动能。"双碳"目标引领的城镇化发展，有助于我国实现经济社会发展的提质增效和换挡转型，使我国通过更加合理的空间结构布局、更加协调的城市规模边界设定、更加清洁的能源消费模式、更加低碳的产业结构格局、更加绿色的生产方式和生活方式，走出一条高质量的可持续发展之路。

2. 城镇化高质量发展要注重空间结构与布局的优化

不合理的城市空间形态具有很强的锁定效应，可能导致城市在很长时间内沿着高碳的路径运行。"双碳"目标要求城镇化摒弃从前粗放式的扩张模式，在发展过程中形成更合理的城市空间布局。一是在城镇化过程中，要加强土地集约高效利用，建立有效的城市增长边界，限制城市无序扩张，同步形成适度紧凑、功能协调的城市内部空间形态。二是应着力推动大、中、小城市分工布局的协同协作，形成以超大城市、特大城市为核心，中小城市环绕，错落有致的城镇空间体系。在该体系内，大、中、小城市在空间形态和产业布局上应相互依存和配套，形成功能互补的生态格局，构成比较紧密和完整的城市网络。三是应积极发挥城市群、都市圈的带动辐射作用，进一步提升城市群、都市圈的综合承载力，使其成为承载发展要素的主要空间形式，促进土地、劳动力、资本、技术等要素在城市群、都市圈内高效集聚与合理流动。加强城市群、都市圈的空间规划联系，形成以职能为导向的空间形态布局，实现以城市群和都市圈为引领的城镇化高质量发展格局。

3. 城镇化高质量发展要注重区域间的协调与协同

地区间发展的不平衡、不充分，是造成我国区域发展出现较大差距的重要原因。在城镇化进程中，"双碳"目标已成为重塑区域发展格局的关键影响因

---

① 根据城镇化发展的诺瑟姆曲线，城镇人口比重在 30% 以下为城镇化发展的初级阶段，30% ~ 70% 为城镇化加速阶段，70% 以上为城镇化后期阶段。

素之一，将加快改变生产力要素价值及其利用方式。地区间不同的要素禀赋对"双碳"目标的实现效率也会产生影响，因此更需要把握好整体和局部的重要关系，既要以"全国一盘棋"统筹推进"双碳"目标的实现，也要实现地区间的协调发展，发挥各地区间的比较优势，促进城市间各类要素的合理流动和高效聚集，从而提升地区间的互补与联动作用。例如，可以探索通过统筹区域碳排放强度差异，以低碳能源为切入点实现不同地区产业良性转移，细化碳交易市场，完善全国碳市场的总量控制和配额分配机制，对地区碳排放交易权分配额做出合理规划等。

4. 城镇化高质量发展要注重能源与产业结构调整

我国已处于工业化后期并逐步向后工业化阶段迈进，在第三产业正逐渐成为经济发展新动力的背景下，产业结构调整与产业升级势在必行。当前，"双碳"目标已成为产业结构调整的重要动能，这要求各地区在城镇化过程中要实现产业结构低碳转型，助推城镇化高质量发展。一方面，在城镇化过程中，要严格限制传统高耗能产业发展，加大对高耗能、高排放项目的管控力度，以减量置换的方式减少行业产能过剩，提升生产能效。逐步淘汰落后煤炭产能，促使各地在城镇化过程中逐步使用其他能源替代煤炭消费，扩大清洁能源的应用领域。通过碳交易赋予低碳产品更强的竞争力，在市场驱动下倒逼产业从高排放向低排放积极转型。另一方面，在城镇化的过程中，要积极推动绿色低碳新兴产业崛起。各地区由于自然环境、资源禀赋、发展水平等方面的差异，绿色低碳产业发展的基础条件有所不同，各地所面临的控排压力也不尽相同。应综合考虑各地发展现状与绿色低碳新兴产业的培育条件，分级分类制定不同区域战略性新兴产业发展对策。充分利用资源禀赋推动能源革命，提升新能源消纳能力和存储能力，积极推动企业技术创新，加快创新驱动，实现信息技术、新能源、新材料、高端装备等新兴行业的跨越式发展。

5. 城镇化高质量发展要注重土地城镇化与人口城镇化协同发展

土地城镇化和人口城镇化是新型城镇化的不同侧重方面，土地和人口在城镇化发展过程中的协调程度直接决定了城镇化发展的最终质量。针对土地城镇化快于人口城镇化的问题，城市更新、旧城改造等方式都为"双碳"目标下的城镇化提供了可行解决方案。通过改善老旧城区环境品质，提升城市的吸引力和宜居性，促使城市人口适当集聚与合理分布。要通过分析研判城市不同类型的土地使用规模与人口增长的内在关系，不断优化城市用地结构，从而调节土地城镇化的合理进程。此外，还应制定差异化的土地和人口调控政策，根据不同城市土地资源利用效率和城市人口密度，因地施策，精准调控，分级分类推动土地城镇化与人口城镇化的协调发展。

6. 城镇化高质量发展要注重交通系统低碳转型

随着城镇化进程的不断推进和跨区域合作交流需求的日益增长，交通行业成为城市中温室气体排放增长最快的行业之一。交通是推动城市群一体化发展、构建现代都市圈的重要基础，也是实现城市绿色低碳建设、助力新型城镇化高质量发展的必由途径。因此，在"双碳"目标下推动实现城市交通系统低碳转型势在必行。一方面，应优化交通网络，改善城市内部交通运输结构，完善城市内部综合交通运输体系，推动交通设施互联互通，特别是要进一步优化多层次轨道交通体系，提升城际铁路运营效益。另一方面，要构建城市群综合交通体系，以综合交通网络引导城镇化空间发展形态。统筹推进干线铁路、城际铁路、市域（市郊）铁路和城市轨道交通四网融合，促进公路与城市道路有效衔接，强化城市群之间的交通运输网络。

7. 城镇化高质量发展要关注数字赋能

数字经济是继农业和工业经济之后的主要经济形态之一，推动着生产方式、生活方式和治理方式发生深刻变革，已成为经济高质量发展的重要推动力量。一方面，新型城镇化为数字经济发展提供了空间载体和应用场景支撑，为新一代大规模、系统性应用信息技术的发展提供了机遇。在推进以人为核心的新型城镇化建设过程中，完善城市信息基础设施，搭建智慧城市运行管理平台，构建智慧型交通体系、税务体系、电力体系、政务体系等方面都离不开新一代信息技术。另一方面，数字赋能将为新型城镇化建设带来投资驱动和创新驱动，创造有别于传统城镇化的发展路径。第五代移动通信、物联网、大数据、云计算、人工智能等数字技术的发展是低碳城镇化建设的基础条件与有力抓手，在培育发展新动能，提升经济质量效益方面有巨大的潜力。运用新兴技术推动基础设施数字化建设，促进产业结构数字化升级，构建低碳市场模块，推动城市治理科学化精细化和智能化，使城市资源配置更加合理，城市结构更加全面，从而实现城市创新和可持续发展。

第四节　本章小结

首先，本章从经济发展、产业结构、人口变化、技术要素、土地利用模式、城市空间布局六个方面分析城镇化对碳排放影响的因素。其次，从城镇化区域间发展不平衡、大中小城市间发展不平衡、人口城镇化滞后于土地城镇化、城乡差距仍然较大、工业化与城镇化协同发展存在提升空间等方面，分析"双碳"目标下城镇化发展所面临的既有难题和潜在挑战。最后，梳理提出"双碳"目标下城镇化发展的总体思路，为后续展开针对性分析打下基础。

第四章 城镇化发展与碳排放的规律特征分析

　　碳排放是温室气体排放的总称，主要是指二氧化碳排放。城镇化是一个国家发展的重要动力，通过带来经济的规模效应和集聚效应，引导能源消费模式发生变化，进而影响碳排放水平。发达国家的城镇化起步较早，已实现碳达峰的发达国家普遍进入了经济增长与碳排放"脱钩"的发展阶段，即随着经济增长碳排放水平总体波动或逐步降低。本章通过国际比较的实证分析研究，梳理总结碳排放与城镇化的一般规律，对我国统筹"双碳"任务目标和城镇化发展具有一定参考意义。

　　2022 年 7 月，国家发展和改革委员会印发了《"十四五"新型城镇化实施方案》，提出要以推动城镇化高质量发展为主题，转变城市发展方式，深入推进以人为核心的新型城镇化战略。如何平衡好城镇化发展与节能减排，统筹推进经济社会高质量发展，成为需要深入思考的重要议题。我国现阶段各地区城镇化发展进程不一，各区域碳排放水平与特征也不尽相同。在此背景下，基于我国各省市碳排放的不同特点研究城镇化与碳排放的变化趋势、规律和特征就显得十分重要。为此，本章首先对发达国家城镇化发展与碳排放的一般规律进行了分析，总结归纳出不同城镇化模式与碳排放水平之间的内在联系，对比分析我国城镇化发展与碳排放之间的阶段特征和发展态势。其次，对我国各省、自治区、直辖市城镇化发展与碳排放的关系进行聚类和脱钩分析研究，为我国探索城镇化与绿色低碳协调推进的模式与路径提供了有益参考。

第一节　发达国家城镇化发展进程中的碳排放分析[①]

　　本节研究的发达国家指的是生产力水平相对发达，国民生产总值和人均国

---

　　①　本节的观点和论据来自笔者已发表的学术论文：史育龙，郭巍. 高质量推进我国城镇化与碳达峰的国际经验镜鉴——基于 OECD 数据考察[J]. 生态经济，2022，38(4)：29-34.

内生产总值比较高的国家，这些国家大都处于后工业化时期，基本已实现碳达峰。通过分析发达国家城镇化的发展历程及其实现碳达峰的经验，研究城镇化发展与碳排放之间的辩证关系，有助于我国探索出新型城镇化建设中的"双碳"之路。

一、发达国家城镇化发展与碳排放总体趋势①

根据 2015 年通过的《巴黎协定》，国际社会达成共识，须将 21 世纪全球气温上升幅度控制在比工业化前水平高 2.0℃以内，并努力将气温上升限制在 1.5℃以内。如果这一临界值被打破，气候变化造成的极端灾害，诸如北极海冰消失、珊瑚礁大规模灭绝、富含甲烷的永久冻土融化等现象出现的可能性将大幅提高，地球生态系统或将发生永久性转变，对人类生存造成严峻威胁。

为此，已有一些学者围绕城市发展进程中的碳排放问题进行了研究。结果表明，伴随城镇化过程，人口和要素的集聚对碳排放起到推动与抑制两种作用，两者此消彼长，塑造了城镇化和碳排放的动态关系。

城镇化对碳排放的增排效应来源于生产、消费和基础设施建设等区域经济特征的改变，主要由以下三个方面构成：一是生产规模和产业结构变化。人口、土地的非农化为工业发展直接提供了要素支撑，带动区域产出规模增加，提升第二产业占比，导致能源消耗规模扩大。二是消费需求的扩张。产能与居民物质消费规模相互拉动，增加了市政基础设施和居民住宅建设和修缮等需求，加剧能源消耗与高碳建材消耗（如水泥、玻璃等）。三是交通格局的改变。城市、城市群的规模扩张，以及城市空间结构的复杂化增加了居民对市内、城际通勤的需求，由此使城市交通能耗提高。

城镇化对碳排放的减排效应主要归因于能源强度的降低和能源结构的改

---

① 数据说明：经济合作与发展组织 38 个成员国中，已有 31 个高收入国家实现碳达峰。本部分选取这 31 个国家作为样本，并重点关注其中 8 个大型经济体的碳达峰历程，分析其碳排放特征，以及与城镇化进程的相关关系，为我国整体实现碳达峰提供经验借鉴。31 国城镇化率来自联合国的《世界城镇化前景》，人口、国内生产总值（Gross Domestic Product，GDP）、碳排放量数据来自世界银行（The World Bank，WB），能源结构数据来自国际能源机构（IEA），部分数据缺失年份按移动平均法补全。我国碳排放数据来自中国碳排放数据库（Carbon Emission Accounts and Datasets，CEADs），城镇化、GDP、人口数据来自历年的《中国统计年鉴》和《国民经济和社会发展统计公报》。如无特指，本部分所提及的"碳达峰"均指碳排放总量峰值。数据处理：碳排放量 = 活动水平数据×排放因子。碳排放强度 = 碳排放量/GDP。为避免物价与汇率波动的影响，本部分主要采用 2010 年不变价美元计算人均 GDP。

善，主要由三个方面构成：一是能源强度的降低。城镇化带来的生产要素集聚大幅提高加快了技术创新速度和技术扩散步伐，提高了能源利用效率，降低了工业生产对能源消耗的依赖。二是能源结构的优化。新能源技术的革新与普及降低了供能成本，有助于推动能源消费向清洁化和低碳化转型。三是城镇化进程伴随的政府治理能力提升，以及公众环境意识提高也有助于节能减排工作的推进。

为助力我国积极稳妥地推进碳达峰、碳中和，本节基于发达国家的实证分析，梳理总结了经济合作与发展组织（以下简称 OECD）38 个成员国中 31 个高收入且实现了碳达峰的国家（在此称为"发达国家"）在宏观层面城镇化与碳排放的相关关系。可以发现，伴随城镇化进程的逐步推进，碳排放水平总体呈现倒"U"形趋势，并可大致分为三个阶段，如图 4-1 所示。

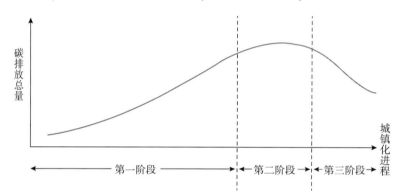

图 4-1　发达国家宏观层面碳排放水平与城镇化发展关系示意

在图 4-1 中，第一阶段是指在工业化基本完成、城镇化开始减速之前的时间，此时可以看出一个经济体的碳排放伴随城镇化水平的提高而快速增长，碳排放总量与城镇化水平大致呈正相关关系。第二阶段是指城镇化增长速度放慢，直到大体稳定的缓慢上升期。在这一阶段中，碳排放水平围绕着碳达峰峰值经历着一段平台波动期，碳排放量稳中趋于下降，而城镇化水平则持续增加，碳排放总量与城镇化发展逐渐脱钩。第三阶段是指城镇化率相对稳定或者出现反向波动的阶段，这时期的碳排放总量随着技术的进步、能源与产业结构的不断优化等因素开始呈现快速下降趋势。

二、发达国家城镇化率与碳排放水平脱钩分析

脱钩理论是由 OECD 提出的形容阻断经济增长与资源消耗（或环境污染）

之间的联系的基本理论。由于经济增长与城镇化发展密切相关，因此本部分通过借鉴碳排放脱钩理论开展城镇化与碳排放水平的分析研究，以指明二氧化碳排放水平的变化与城镇化增长率之间的相关关系。其中，负脱钩是指碳排放量随着城镇化率提高而大幅增加，属于较大程度依赖能源投入的、相对粗放的城镇化发展模式；弱脱钩是指城镇化率和碳排放均提高，但碳排放增长速度相对较低，属于较为集约的城镇化发展模式；强脱钩是指在城镇化率提高的同时，碳排放量呈平台波动或开始下降，属于绿色低碳、高质量的城镇化发展模式。

过去百年间，全球工业化进程伴随城镇化全面展开，化石能源消耗量增加，温室气体排放量不断增高。通过对发达国家 1960~2018 年的城镇化与碳排放水平脱钩分析可以发现，各国城镇化率与碳排放总量普遍经历了由负脱钩到弱脱钩，最后到强脱钩的阶段。在负脱钩阶段里，碳排放总量随着城镇化率的提高而大幅增加，城镇化处于较为粗放或资源依赖型发展阶段[①]。在弱脱钩阶段中，碳排放总量随着城镇化进程加快而逐年上升，但就增长率而言，碳排放总量增长率相对较低，符合较为集约的城镇化发展阶段特征。在强脱钩阶段，也是城镇化进入绿色低碳发展的阶段，其碳排放总量与城镇化率的相关性大幅降低，随着城镇化进程的深入，碳排放总量出现平台波动或快速下降的发展趋势。

三、发达国家城镇化率与碳排放水平规律特征

31 个样本发达国家在从城镇化初期到实现碳达峰的过程中，其城镇化率、碳排放水平、经济发展水平等重要指标均显著提高；且伴随城镇化进程的深入，能源消费结构得到持续优化。从 1960 年到实现碳达峰时，31 国城镇化率均值从 62.09% 上升到 74.47%，人均碳排放均值从 6.80 吨提高到 12.45 吨，人均 GDP 均值从 11847 美元提高到 32329 美元。图 4-2 显示了 31 国能源消费结构的变化情况（由于数据原因，仅显示 1990 年和 2018 年的能源消费结构），在能源消费结构方面，工业能耗占比总体下降，交通能耗占比和居民能耗占比显著升高，农业、非能源直接利用等部门能耗占比降低。

---

① 由于 31 国在 1960 年的城镇化率、人均 GDP、人均碳排放、化石能源占比等方面与我国 2020 年的水平大体相当，因此以 1960~2018 年作为国际经验借鉴的研究范围。

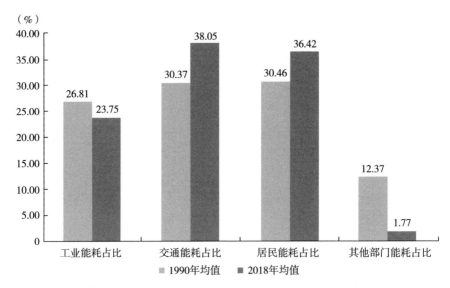

图 4-2　31 个发达国家能源消费结构总体变化情况

资料来源：笔者根据国际能源机构 (IEA) 数据库数据计算绘制。

在图 4-3 中，通过分析历史数据可知，31 个发达国家碳达峰时城镇化率分布在 52.21%~95.20%，平均为 74.47%。美国、英国、日本、德国、法国、加拿大、西班牙、澳大利亚 8 个大型经济体①碳达峰时的城镇化率区间为 73.21%~91.23%，平均为 78.75%。能够在城镇化率 70% 以下即实现达峰的国家主要是中小型经济体。人口规模、产业结构、城乡差距和宜居国土面积占比等因素会对碳达峰时的城镇化率产生较大影响。

用各国碳达峰时的城镇化率与碳排放水平绘制气泡图，以识别实现碳达峰时不同国家人均碳排放的大致区间，发现 8 个大型经济体的城镇化率和人均碳排放水平远超我国，绝大多数中小型经济体的人均碳排放水平也高于我国，如图 4-3 所示。

通过分析历史数据发现，伴随城镇化进程的发展，如果在不经历经济衰退或人口负增长，且 GDP 增速总体高于人口增速的前提下，31 个发达国家在实现碳达峰过程中，基本按照碳排放强度、人均碳排放、碳排放总量的顺

_____

① 世界银行确定大型经济体的标准为 GDP 高于 1 万亿美元且人口多于 2000 万。根据世界银行发展指标数据库 2019 年的数据，OECD 实现碳达峰的 31 个发达国家中，包括美国、日本、英国、德国、法国、加拿大、西班牙、意大利、澳大利亚 9 个大型经济体。作为大型经济体，意大利是例外，其服务业占比约为 3/4，城镇化率长期保持在 70% 以下。

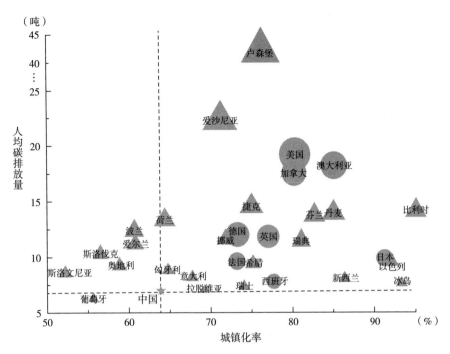

图 4-3　31 个发达国家碳达峰时人均碳排放与城镇化率的关系

注：以我国 2020 年情况做参照。其中，圆形图例表示与我国更具对比价值的 8 个大型经济体，三角形图例表示其余 23 个已实现碳达峰的高收入经济体，五角星代表我国 2020 年情况。在实现碳达峰时，人均碳排放水平更高的国家，其图例显示也相应较大。

资料来源：笔者根据《世界城镇化前景》《中国统计年鉴 2020》《2020 年国民经济和社会发展统计公报》，以及中国碳排放数据库（CEADs）中的数据计算绘制。

序依次达峰，31 国根据这三项指标实现碳达峰的顺序如图 4-4 所示。个别国家由于城镇化水平已达 80% 以上，在一段时间内出现城镇化率小幅反向波动，造成差异性现象，但在城镇化进程时序上，仍然符合上述依次达峰的特征规律。

在 31 个样本国家中，选取部分大型经济体对比分析，发现不同的城镇化模式对碳排放水平和结构差异产生重要影响。表 4-1 是部分大型经济体 1960 年及碳达峰年城镇化率和碳排放指标对比，以美国和日本为例，不难看出，由于其城镇化模式截然不同，伴随城镇化过程的碳排放特征也差异显著。因此，梳理分析不同城镇化模式与路径下的碳排放变化规律，对我国借鉴相关发展经验，研判国内不同区域下一步实现碳达峰、碳中和的发展方式与路径，具有重要的实践意义。

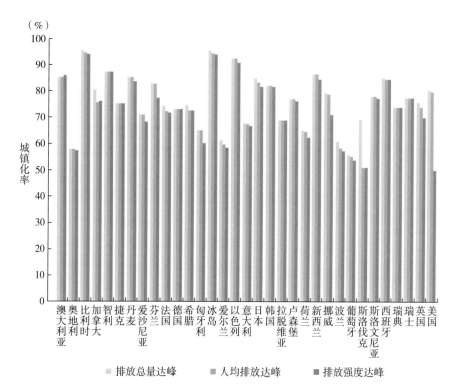

图例：■ 排放总量达峰　■ 人均排放达峰　■ 排放强度达峰

图 4-4　31 个发达国家不同碳排放指标达峰顺序特征示意图

表 4-1　部分大型经济体 1960 年及碳达峰年城镇化率和碳排放指标对比

国家	1960 年				达峰年				达峰时间（年）
	城镇化率（%）	碳排放强度（吨/千美元）	碳排放总量（亿吨）	人均碳排放量（吨）	城镇化率（%）	碳排放强度（吨/千美元）	碳排放总量（亿吨）	人均碳排放量（吨）	
美国	70.00	0.91	28.91	16.00	80.27	0.39	57.89	19.22	2007
日本	63.27	0.29	2.33	2.50	91.23	0.21	12.60	9.89	2013
英国	78.44	0.80	5.84	11.15	77.03	0.64	6.60	11.82	1971
法国	61.88	0.46	2.71	5.82	73.21	0.36	5.29	9.64	1979
加拿大	69.06	0.47	1.93	10.77	80.21	0.38	5.72	17.56	2006
西班牙	56.57	0.22	0.49	1.61	77.74	0.24	3.55	7.84	2007
澳大利亚	81.53	0.44	0.88	8.58	85.06	0.35	3.95	18.21	2009

资料来源：笔者根据《世界城镇化前景》《中国统计年鉴 2020》中的数据计算。

通过历史数据分析发现①，一个经济体的碳排放峰值通常不是一个显著的拐点，在达峰阶段会出现一段波动的平台期。各国碳达峰平台期平均为 15.5 年，大型经济体碳达峰平台期普遍较长，符合其产业结构复杂、城镇化进入高水平稳定阶段后的碳排放特征。如图 4-5 所示，美国、日本、法国、英国、加拿大、西班牙、意大利等 84% 的国家碳达峰平台期出现在峰值之前，几乎包含全部大型经济体；澳大利亚、荷兰、瑞典和瑞士等 16% 的国家碳达峰平台期出现在达峰之后，主要为中小型经济体。

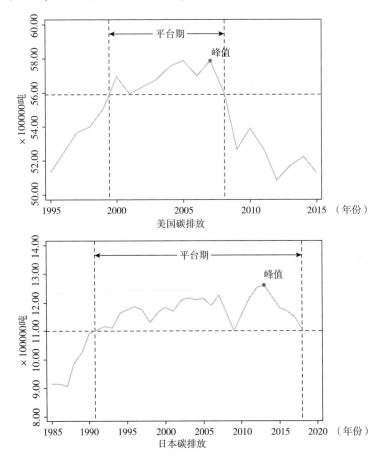

图 4-5 部分大型经济体碳达峰平台期示意图

---

① 基于各国历史碳排放量数据，这里将平台期定义为与峰值年临近，碳排放水平围绕中心值在一定范围内波动，整体水平趋稳的时间范围。中心值=（临近峰值年份的碳排放水平最小值+碳排放水平峰值）/2。由于 1990 年前后，德国、爱沙尼亚、拉脱维亚、斯洛伐克、捷克 5 国出现国家统一或独立，导致平台期范围内的数据缺失，无法分析其平台期长度与特征，因此对平台期的分析仅围绕剩余的 26 国开展。

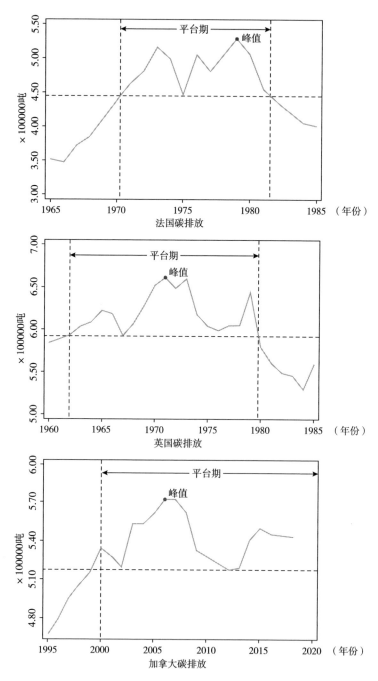

图4-5 部分大型经济体碳达峰平台期示意图(续)

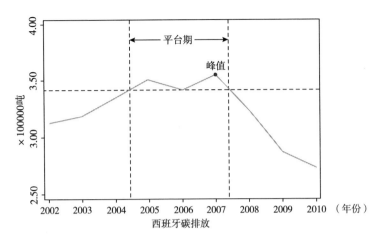

图 4-5　部分大型经济体碳达峰平台期示意图(续)

第二节　不同城镇化模式对碳排放水平和结构的影响

由于基本国情、发展环境和发展战略的不同,各国在城镇化进程中表现出一定的差异,形成了不同的城镇化模式。美国、日本和英国是世界上公认的基本完成城镇化且具有代表性的发达国家,其在城镇化发展过程中积累的经验与教训,对我国城镇化视角下的低碳发展具有借鉴意义。

一、蔓延型城镇化发展模式的碳排放规律特征——以美国为例

美国地广人稀,相对分散是其城镇化的基本特征。正是由于其分散的蔓延型城镇化模式,导致了美国在碳达峰时人均碳排放显著偏高。在城镇化进程中,美国的住宅、产业,以及办公活动不断郊区化,交通和居民能耗占比处于长期居高不下的状态。美国 2007 年实现碳达峰时,其城镇化率在 80% 左右。整体来看,美国城镇化历程主要分为起步阶段、快速发展阶段、高度城镇化阶段和缓慢发展阶段(孔翠芳等,2021)。在起步阶段,美国依靠丰富的自然资源和外来移民,在制造业、工业、交通运输业等技术革新方面取得了突出成就。世界银行公布的数据显示,进入快速发展阶段后,在 19 世纪 60 年代工业

资本取得胜利的背景下，美国石油等新兴工业迅速发展，大力推动城镇化的发展，1920 年城镇化率就超过 50%。1921～1960 年为美国高度城镇化阶段，经过工业化的迅速发展、罗斯福新政、"二战"后繁荣时期等历史阶段，美国西部、南部经济迅速发展，与东部的经济差距逐渐缩小，1960 年城镇化率约为70%。1961 年至今为缓慢发展阶段，城镇化速度趋于变缓，甚至出现逆城镇化现象。从 20 世纪 60 年代开始，美国城镇化开始出现蔓延型特征，这也是高度城镇化发展阶段转向缓慢发展阶段的分界点。人口不断聚集，交通污染、生活质量变差等问题不断出现。一方面，蔓延型城镇化模式在一定程度上缓解了城市承载力不足带来的环境恶化等问题，对缩小城乡差距起到了一定的作用。另一方面，城镇化的过度分散也带来了诸多负面影响，如城镇化面积肆意扩张，土地利用效率低，交通成本高昂，资源大量浪费，引发环境破坏等。

具体来看，如表 4-1 所示，美国碳达峰时人均碳排放量高达 19.22 吨，高出西班牙(7.84 吨)、日本(9.89 吨)、英国(11.82 吨)等国家碳达峰时的人均水平约 1 倍。其中，美国的交通能耗占比约为 40%，显著高于发达国家碳达峰时的平均水平。国际能源机构(IEA)公布的数据显示，1990～2020 年，美国工业能耗占比从 21.9% 降至 18.1%，交通能耗占比维持在 40% 上下，居民能耗(包括商业和公共服务)占比由 28.5% 升至 31.8%。受这种高碳城镇化模式的影响，碳达峰后的美国依然是全球人均水平最高的碳排放贡献者。为更好地推进低碳发展，美国不断健全碳减排政策体系，从 20 世纪 70 年代起不断地颁布出台一系列应对气候变化的政策，以引领碳达峰后的快速碳减排过程。一方面，通过充分利用市场机制不断加快能源系统变革，促进核电、太阳能、风能、生物质能等可再生能源发展和技术进步。另一方面，不断推动产业结构优化和重点行业的减排，如促进衰退产业的物质资本向新兴产业转移以改善产业结构，快速发展第三产业。长期以来，美国低碳技术发展迅速，已基本能够实现清净煤发电，碳捕获和封存技术也处于较为领先的地位。

二、紧凑型城镇化发展模式的碳排放规律特征——以日本为例

日本是位于亚洲东部的岛屿国家，受地理条件影响，日本已经形成了以三大都市圈为人口经济集中承载地的紧凑型城镇化格局。紧凑型的城镇化发展模式使日本成为人均碳排放量较低的达峰国家。联合国和世界银行公布的数据显示，日本于 2013 年实现碳达峰时，其城镇化率已高达 91.23%，人均碳排放量

约为9.89吨(见表4-1)，2020年日本的人均碳排放量约为8.1吨。整体而言，日本城镇化进程主要经过了初始阶段、快速发展阶段和高度发展阶段三个阶段。其中，19世纪后半叶开始，日本城镇化处于初始阶段，从注重农业经济转向注重工业经济，工业化处于起步阶段，城镇化率也不足10%，受战争影响，20世纪上半叶的城镇化进程缓慢。"二战"之后，日本经济恢复并进入快速发展阶段，城镇化水平也以年均1.5个百分点的速度增长，1975年城镇化率已达到76%左右。20世纪70年代末，日本城镇化进入高度发展阶段，2000年城镇化率约为79%，2010年城镇化率约为91%。目前，日本的城镇化程度位居世界前列，城镇化发展更加注重质量提升。在紧凑型城镇化模式的发展进程中，日本重视农业、工业和城镇化的协同发展，都市圈和城市带的空间模式也是其城镇化现状的一大典型特征。三大都市圈充分发挥了中心城市和城市群的综合功能，实现产业结构的转移，并在积极推进都市圈发展的同时注重小城镇的建设，通过建立工业园区和高新技术产业园区，利用都市圈带动小城镇经济发展，促使城镇化整体均衡发展。

日本在实现工业化的过程中，基本完成了城镇化的全过程。因此，在工业化和城镇化进程中，土地和能源综合利用效率均达到了较高水平，碳排放强度也显著低于同一时期的英美等国家。国际能源机构公布的数据显示，1990~2020年，日本工业能耗占比由37.1%降至28.6%，居民能耗(包括商业和公共服务)由24.5%升至34.4%，而交通方面的能耗则长期维持在24%左右。据东京财团研究评估显示，日本资源和能源节约对碳减排的贡献高于80%(田成川和柴麒敏，2016)。虽然日本是经济大国，但也是资源小国，经济社会发展所需的能源、资源几乎全部依赖进口。因此，日本极其注重能源、资源使用和回收的精细化管理，强调从源头上减少碳排放，其循环经济和静脉产业发展水平居于全球领先。同时，日本的低碳发展并没有采取激进的减排手段，而是以分段式、渐进式的策略提升资源环境政策，使经济低碳转型较为平稳。与此同时，日本以更大规模的政府投入和市场融资作为低碳发展的有力支撑，调动各方参与低碳建设的积极性。此外，日本高效率的低碳发展离不开其根植于民众的强烈环保意识，即呼吁全民共同建设低碳国家。

三、以工业化和去工业化引领城镇化和碳达峰发展模式的碳排放规律特征——以英国为例

英国是全球率先完成工业革命的国家，在工业化的引领下，于1851年实

现了约50%的城镇化率。英国的城镇化进程主要由起步阶段、快速发展阶段和高度城镇化阶段组成。其中，由于手工业和城镇化进程的快速发展，其在1750年的起步阶段，城镇化率约为17%。18世纪60年代英国进入工业革命后，受到工业化的推动，城镇化水平进入快速发展阶段，1861年城镇化率达到约62.3%。在高度城镇化阶段，由于工业化进程发展迅速，1891年城镇化率已达到72%（孔翠芳等，2021）。经过19世纪城镇化率的缓慢波动上升，2020年英国城镇化率已达到了83.9%。在城镇化进入中后期的时间里，英国也逐渐出现环境污染、交通拥堵等问题，城镇化的进程也呈现明显的放缓和波动趋势。在对去工业化的高度重视下，英国不断将低端高碳工业转移到海外，重点保留高精尖技术产业、金融业和服务业，持续优化产业布局和城镇人口布局。

具体来看，英国较早意识到其去工业化的必要性，开始对产业结构进行重新调整和布局，不断压缩钢铁、化工等传统制造业的发展空间，将汽车生产等传统制造业迁移到劳动力和原材料成本较低的发展中国家，集中发展金融、服务业等非实体经济。世界银行和国际能源机构公布的数据显示，英国以工业化和去工业化引领的城镇化模式使其在1971年实现碳达峰，比美国、日本的碳达峰时间早40年左右。作为全球工业革命的发源地，在碳密集型的快速工业化刺激下，英国的城镇化水平和碳排放水平在较早期就处于高位。1990~2020年，英国工业能耗占比从23.3%降至17.6%，交通领域能耗占比由28.4%升至32.6%，居民能耗（包括商业和公共服务）占比由36.3%升至45.5%。为进一步实现碳减排，英国长期积极推动能源生产技术进步和结构转型，推动天然气和可再生能源替代煤炭等一次能源，使其成为能源转型成效较优的国家之一。

在政策和制度方面，英国通过多领域政策协调，大力推动去工业化背景下的碳达峰与节能减排工作。一是通过完善法律法规体系，重点围绕新型燃料、废弃物处置、绿色认证、能源利用效率提升、应对气候变化和构建低碳经济社会模式等议题，不断健全法律法规体系，引领低碳经济发展；二是不断采取激励政策和配套措施，鼓励私人企业开展低碳领域项目投资，政府通过开征碳税、设立碳基金、运用财政资金补贴、建立碳排放权交易制度等方式，刺激低碳经济发展；三是加快低碳技术创新，运用财政政策、金融政策、税收政策，投入大量人力、财力、物力进行新型低碳技术的研究与开发，为低碳经济发展提供科技支撑；四是加强国际碳减排合作，通过联合履行机制、碳减排贸易机制和清洁发展机制，与全球各国开展交流合作，促进本国低碳领域快速发展。

第三节　我国城镇化发展与碳排放总体形势分析[①]

改革开放以来，我国城镇化水平快速提升，截至 2022 年城镇化率已达 65.22%。面向新发展阶段，"双碳"目标对我国城镇化发展提出了更高的要求，未来一段时间，我国城镇化进程将由快速发展进入稳定发展和高质量发展的新阶段。为更好地处理发展和减排的关系、整体和局部的关系、长期目标和短期目标的关系，积极稳妥推进我国总体实现碳达峰、碳中和，应立足我国发展实际，顺应城镇化与碳排放的相关规律，分析我国总体和各区域所处的不同发展阶段，结合各区域城镇化发展特征，积极应对机遇与挑战，制定切实可行的"双碳"与城镇化协同路径，为开启全面建设社会主义现代化国家新征程提供有力保障。

一、我国城镇化进程与碳排放变化的总体趋势分析

新中国成立至今，由于每个阶段的战略定位与基本国情不同，我国城镇化进程与碳排放变化的总体趋势呈现显著的阶段性特征，如图 4-6 所示。

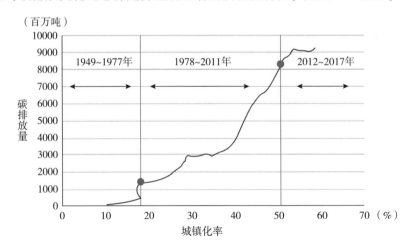

图 4-6　1949~2017 年我国城镇化率与碳排放量变化趋势

---

① 数据说明：本节侧重于描绘和讨论新中国成立以来碳排放水平随城镇化进程变化的总体趋势。如无特指，本节镇化数据均来自中国统计年鉴，碳排放数据均来自二氧化碳信息分析中心数据库（CDIAC）。

1949~1977 年，我国城镇化处于起步与探索阶段。新中国成立初期，在恢复和发展国民经济的基础上，我国效仿苏联的工业化道路，选择优先发展重工业战略，形成城市建设从属于工业建设的思路，大量重工业项目在城市中兴建，带动了一大批重工业城市的建设(蒋永穆和李善越，2019)。随着计划经济体制从初步建立到不断强化，生产要素流动受到严格限制，我国城乡二元分割体制逐渐形成，在户籍管理制度、劳动力分配制度、社会保障制度等因素约束下，乡村人口流入城市的进程放缓(杨晓东和林文，2002)。这期间的城镇化率，由 1949 年的 10.64%缓慢地增加至 1977 年的 17.55%，28 年内仅提高了 6.91%。相应地，我国碳排放总量从新中国成立初期的 7858 万吨到改革开放的 14.6 亿吨(深圳可持续发展研究院，2022)，增长速度十分缓慢。

1978 年，在改革开放的推动下，我国城镇化发展迅速，实现了历史性的人口结构变化，碳排放总体随之呈正相关增长。1978 年我国城镇化率仅为 17.92%，20 世纪 90 年代中期，城镇化率已超过 30%，顺利进入城镇化的快速发展阶段。2000 年我国城镇化率已达 36.21%。2001~2010 年，随着我国加入世界贸易组织和提出走中国特色城镇化道路的总体方针，我国城镇化率从 37.66%跃升到了 49.68%。2011 年，我国城镇化率达到 51.30%，首次突破 50%，城乡结构发生历史性变化。在此期间，快速推进的工业化和城镇化导致碳排放总量一直处于同步上升状态，碳排放总量随着我国经济系统的恢复和发展，进入了快速增长时期。1978 年，我国碳排放总量仅有 14.6 亿吨，到 2011 年碳排放总量达 85.7 亿吨。30 多年的时间内，我国的碳排放总量增长约 5 倍，同期增长率远高于世界其他主要经济体。具体来看，2000 年前，我国二氧化碳排放量增速基本稳定于 5%左右；自 2001 年我国加入世界贸易组织以后，经济飞速发展，二氧化碳排放量也随之加速增长。2001~2010 年，二氧化碳排放量的增长幅度一度高达 18%(沙涛等，2022)，世界银行公布的全球主要国家碳排放总量数据显示，尽管我国人均碳排放在全球处于较低水平，但在 2005 年我国即超过美国，成为碳排放总量排名第一的国家。

2012 年，我国城镇化率为 52.57%，与世界平均水平大体相当。党的十八大以来，我国城镇化进入提质增效新阶段。在这一阶段，我国的城镇化发展不能只追求速度的高增长，更需要关注和应对我国长期以来由于快速城镇化进程所积累的矛盾与问题，摆脱过去城市发展粗放式扩张、资源环境承载力失衡的城镇化老路。党的二十大报告再次强调，要深入实施新型城镇化战略，构建优势互补、高质量发展的区域经济布局和国土空间体系。截至 2022 年底，我国城镇化率达到 65.22%，《"十四五"新型城镇化实施方案》进一步明确，要优化城镇化空间布局和形态，以城市群、都市圈为依托促进大中小城市和小城镇协调发展，分类推动城市群发展，有序培育现代化都市圈，转变超大城市、特大城市发展方式，提升大中城市功能品质，增强小城市发展活力，推进以县城为重要载体的城镇化建设，引导小城镇分类发展，推动形成疏密有致、分工协作、功能完善的城镇化空间格局。这一阶段我国转而更加重视稳步提高城镇化水平，通过不断释放发展活力、持续完善服务功能、着力优化人居环境，稳步提升城市发展品质，在城镇化高质量发展的引领下，建设宜居城市、韧性城市、创新城市、智慧城市、绿色城市、人文城市。

我国碳排放水平也伴随城镇化进程发生了较为明显的特征变化。2012 年以后，由于能源效率提升、经济增速放缓及消费模式转变，我国碳排放增速明显放缓，基本保持在 5% 以下，碳排放曲线开始趋于平缓 (沙涛等，2022)。尽管我国碳排放水平仍在波动上升，但我国总体碳排放水平已经开始逐步摆脱伴随城镇化加速上升的发展态势，城镇化率与碳排放水平逐步走向脱钩。预计"十四五"时期，我国城镇化速度和碳排放水平将呈现稳中趋缓的态势。在未来的时间里，有望通过进一步控制碳排放水平，实现碳排放增速稳步低于城镇化增速，向城镇化高质量发展前提下的碳达峰迈进。下一阶段，我国应进一步处理好发展与减排、长期与短期、整体与局部、政府与市场这四对关系，力争推动城镇化高质量发展与"双碳"目标的同步实现。

二、国际经验对我国城镇化视角下低碳发展的启示

实现"双碳"目标是一场广泛而深刻的经济社会系统性变革。当前，我国新型城镇化仍处于发展机遇期，城镇化尚有较大发展空间，各个区域城镇化的发展阶段、特征、模式差异明显，城镇化视角下的低碳发展将面临较大现实挑战。如何处理好发展和减排的关系、整体和局部的关系、长远目标和短期目标的关系、政府和市场的关系，是新发展阶段下，需要深入思考的重要议题。应充分借鉴发达国家有益经验，不断加深对城镇化与碳排放相关规律的客观认识，立足我国当前发展实际，提早布局，未雨绸缪，统筹全局，系统谋划，积极稳妥应对机遇和挑战，科学有序推动城镇化和"双碳"工作协调开展。

1. 要清醒认识，准确把握碳达峰的时间窗口紧迫性

纵观 31 个发达国家实现碳达峰的城镇化历程，从 1960 年至实现碳达峰，

有 3/4 的国家用了超过 25 年，其中 8 个大型经济体平均用了 37.6 年。我国预计在 2030 年前实现碳排放达峰的总体目标，尚有不到 7 年的时间。与发达国家自然达峰的过程相比，我国时间更加紧迫，任务更加艰巨。因此，我国更要坚持规划引领，结合不同地区的城镇化模式与发展特征，吸取发达国家实现碳达峰的有益经验，加大不断优化推动产业结构与能源结构，持续提高土地和能源综合利用效率，实现碳达峰任务的弯道超车。

2. 要因地制宜，科学有序推进城镇化与"双碳"工作

31 个发达国家实现碳达峰时的城镇化率平均值为 74.47%，其中 8 个大型经济体平均城镇化率为 79.75%，日本在实现碳达峰时的城镇化率甚至高达 91.23%。2022 年，我国城镇化率为 65.22%，仍低于大型经济体达峰时 14.53 个百分点，低于日本实现碳达峰时近 30 个百分点。未来，我国仍处于城镇化深入发展阶段，加之各地区城镇化发展进程差异较大，更需要我们科学认识地区差异，因地制宜、分类施策，探索出一条城镇化持续推进，同时碳排放逐步实现平稳达峰的一条新路。

3. 要警惕跑偏，科学统筹处理城镇化发展与减排的关系

31 个发达国家从 1960 年到实现碳达峰，人均 GDP 由 11847 美元上升至 32329 美元，增加了近两倍，而我国 2021 年人均 GDP 为 12551 美元，与发达国家仍有较大差距(史育龙和郭巍，2022)。即便按照"十四五"规划《纲要》中指出的 2035 年人均 GDP 达到中等发达国家水平的目标，我们也有很长的路要走。同时，应当注意的是，我国 2020 年人均碳排放约 6.98 吨(史育龙和郭巍，2022)，远低于发达国家碳达峰时的平均水平。因此，我国在碳达峰前尚有一定的碳排放增长空间，既要统筹处理好城市发展与碳减排的关系，避免"碳冲锋"，也要避免地方盲目实施、层层加码，过早过急"压峰"。

第四节　不同类型省份城镇化视角下的
碳排放形势分析

积极稳妥推进碳达峰、碳中和是我国全面建设社会主义现代化国家的重要举措。在这个过程中，既要有全国的整体意识，也要关注到差异性、独特性，实现因地制宜。然而，各地在开展"双碳"工作中，也面临着较多的决策难题，"一刀切""碳冲锋""急压峰""拉闸限电"等盲目决策现象在一些地方依然存

在。城镇化是我国经济社会发展的重要引擎，不同的城镇化基础条件、城镇化发展阶段、城镇化特征模式，及其所承载的战略定位，塑造出各地碳排放特征的显著差异，因此以城镇化视角分析研究我国各省的"双碳"策略具有重要实践意义。省、市两级作为现阶段能耗"双控"考核，以及未来碳排放"双控"考核的重要载体，在我国碳排放决策治理过程中发挥着不可替代的作用，围绕省级层面的统筹分析更是地市层面决策治理的重要前提。在未来的碳排放规划和工作中，各省应将城镇化特征作为决策治理过程中的重要依据之一，制定差异化的"双碳"路径方案。为此，本节依托 2000~2019 年我国各省城镇化、碳排放水平等相关重要指标开展分析。运用系统聚类分析法对各省进行分类研究，并运用脱钩分析方法，形成各省城镇化视角的碳排放阶段性特征研判，为制定差异化的碳排放决策方案提供有益参考。

一、总体思路[①]

由于我国各省份在城镇化基础条件、城镇化发展阶段、城镇化特征模式等方面存在显著差异，其碳排放水平各有不同，且呈现一定规律特征。为分类分析研究各省份城镇化与碳排放的关联特征，本节首先以我国 30 个省份/直辖市/自治区(以下简称"省份"，由于数据原因不含西藏、港澳台)为分析对象，在综合考虑其发展特征的基础上，选取城镇化水平、碳排放总量和强度、能源消费总量和强度、清洁能源发电装机容量、新能源产业集聚水平[②]、可再生能源消费占比、2015~2019 年城镇化率和碳排放年均增速等 10 项评价指标，对我国 30 个省份进行了聚类分析。其次以 2000~2019 年各省份城镇化率、碳排放水平指标，对各省份的城镇化与碳排放趋势开展脱钩分析，研判其实现"双碳"目标的阶段特征。在脱钩分析中，将 30 个省份以五年为间距，开展各阶段总

---

① 数据说明：第一，由于新冠疫情影响，各省份经济社会数据在 2020~2022 年存在一定波动偏差，不能较好反映各地发展的连续性规律趋势，因此使用 2015~2019 年数据作为现状依据，用于开展聚类分析；以 2000~2019 年数据作为趋势依据，用于开展脱钩分析。第二，用于聚类分析、脱钩分析的各省碳排放数据，如无特指，均为表观二氧化碳排放总量(apparent CO_2 emissions)。第三，由于我国清洁能源大致包括太阳能、海洋能、风能、氢能、核能、地热能、水能等，其中 2020 年我国风能发电、太阳能发电、核能发电、水能发电在总清洁能源发电装机中合计占比达 99.96%，因此本部分将以"风光水核"代表清洁能源开展探讨。

② 新能源产业集聚水平运用区位熵法来测度新能源产业发展的集聚程度，区位熵系数越大，说明地区新能源产业发展集聚程度越高。

体变化的趋势研判(2000~2004年、2005~2009年、2010~2014年、2015~2019年),并聚焦2014~2019年逐年的变化趋势开展了微观分析。各类脱钩状态的判断特征如表4-2所示。

表4-2　各类脱钩状态的判断特征

序号	脱钩状态	碳排放与城镇化水平增长的关系特征
I	强脱钩	城镇化增速为正,碳排放增速为负(或城镇化水平高位波动,碳排放增速为负)
II	弱脱钩	城镇化增速为正,碳排放增速为正,伴随城镇化进程,碳排放增速相对较低
III	负脱钩	城镇化增速为正,碳排放增速为正,伴随城镇化进程,碳排放增速相对较高

用于聚类分析、脱钩分析、讨论分析的数据中,城镇化水平、人口规模、经济发展水平、产业结构数据均来自历年的《中国统计年鉴》,能源消费总量来自历年的《中国能源统计年鉴》,"风光水核"发电装机容量来自历年的《电力工业统计资料汇编》,碳排放数据来自CEADs数据库,可再生能源消费占比来自《2019年度全国可再生能源电力发展监测评价报告》,新能源产业销售产值来自历年的《中国工业统计年鉴》。

二、各省份伴随城镇化进程的碳排放分类特征

分析结果显示,近年来各省份伴随城镇化进程的碳排放特征,大致可分为以下5类:低碳城镇化省份、碳达峰潜力省份、高碳城镇化省份、低碳转型潜力省份、城镇化追赶型省份。

1. 低碳城镇化省份

低碳城镇化省份由3个直辖市组成,分别为北京、上海和天津,其经济发展水平明显高于全国平均水平,2019年人均国内生产总值均值为13.72万元/人,近乎是同年全国人均GDP的2倍。同时,这类省份的城镇化发展进入中后期阶段,城镇化水平高但增速趋缓,2019年常住人口城镇化率均超过83%,年均增长率均在0.25%以下。产业结构优化升级成效明显,第二产业占比较小,如2019年北京市第二产业占比仅为16.2%。这类省份在经济规模、科技水平、产业结构和城镇化水平上具有一定的领先优势,碳排放水平总体较低,北京、上海和天津2019年碳排放总量均在1.6亿吨以下,并在2015~2019年呈现一定负增长态势。

2. 碳达峰潜力省份

碳达峰潜力省份由 3 个沿海发达省份组成，分别是广东、江苏和浙江，其经济发展水平高，仅次于第一类省份，2019 年人均 GDP 超过 10 万元/人。同时，其经济发展速度依然较快，2015~2019 年三个省份不变价地区生产总值（GDP）年均增长率超过 6.8%。三个省份人口规模较大，2019 年常住人口为 0.59 亿~1.15 亿；城镇化水平较高，2019 年各省城镇化率均超过了 70%，远高于同期全国平均水平。这类省份的产业结构偏重工业，2019 年第二产业占比均在 40% 以上。由于这类省份经济规模较大，发展速度较快，产业结构以制造业为主，导致这类省份的碳排放水平总体较高，广东、江苏和浙江 2019 年碳排放量均超过了 4 亿吨。但是，碳达峰潜力省份新能源产业集聚水平较高，能源利用效率较高，因此碳排放强度保持相对可观水平。2019 年三省份新能源产业区位熵系数均在 1.35 以上，集聚水平位列全国前五。这类省份碳排放强度都在 0.67 吨/万元以下，人均碳排放都在 7.89 吨以下，单位国内生产总值能耗都在 0.36 吨标准煤/万元以下，远低于同期全国平均水平，该类省份具有尽早实现碳达峰的较大潜力。

3. 高碳城镇化省份

高碳城镇化省份由 7 个资源大省组成，分别是辽宁、内蒙古、山东、宁夏、山西、陕西和新疆，其城镇化平均进程略低于全国总体水平。2019 年，除了山东、内蒙古和辽宁的城镇化水平在 61.5% 以上，其余四个省份城镇化率均低于同期全国均值。由于这些省份的经济增长以依赖传统能源产业为主，2019 年平均能耗强度为 1.17 吨标准煤/万元，高于全国 30 个省份 0.67 吨标准煤/万元的平均水平。该类省份可再生能源消费占比较低，2019 年 7 省可再生能源消费占比平均为 19%，远低于全国 30 个省份 31% 的均值。由于消费化石能源较多，导致这类省份呈现碳排放总量大或碳排放强度高的特征。2019 年，山西、山东、内蒙古的碳排放总量位居全国前三，7 省平均碳排放强度为 4.69 吨/万元，远超全国 30 个省份 1.88 吨/万元的平均值。从人均碳排放量来看，7 个省份也以 26.18 吨的均值，远高于全国 30 个省份 10.71 吨的平均水平。由于这类省份的能源和产业结构长期以化石能源和重化工业为主，碳排放增长率位居 5 类省份榜首，2015~2019 年碳排放年均增速平均为 5.6%。

4. 低碳转型潜力省份

低碳转型潜力省份共 11 个，分别是重庆、福建、湖北、黑龙江、海南、吉林、河北、江西、湖南、安徽和河南。虽然该类省份人口规模差异较大，城镇化进程略低于全国，但城镇化速度相对较快。2015~2019 年该类省份城镇化年均增速为 2.20%，河南城镇化年均增速更是达到了 3% 以上。近年来，这类省份第二产业增加值占比普遍降低，新能源产业布局相对集聚。2019 年该类省份新能源产业区位熵均值为 0.70，远超高碳城镇化省份 0.38 的平均水平，安徽和江西的新能源产业区位熵甚至在 1.05 以上，两省集聚水平均位列全国前六，接近前两类最优的省份。同时，这类省份当中，东北、西北地区风能和太阳能丰富，西南地区水能资源、页岩气资源丰富，因此以清洁能源为基础的产业结构、能源结构优化日益明显。例如，河北、吉林和黑龙江拥有我国九大清洁能源基地中的松辽清洁能源基地、冀北清洁能源基地；湖北和湖南是水电资源大省，2019 年两省水力发电量位居全国前五；福建具备丰富的海上风能资源，是我国四大海上风电基地之一[①]；重庆具有丰富的天然气资源优势，是我国陆地天然气最富集的地区之一，坐拥全国首个国家级页岩气示范区；海南将"绿水青山就是金山银山"理念贯穿自贸港建设全过程，立足生态资源、可再生能源等自然禀赋，以后发优势塑造"双碳"优等生。值得一提的是，重庆、湖南注重清洁能源的利用，2019 年可再生能源消费占比高达 40% 以上，远超全国平均水平。当前，河南正处在重化工产业转型的关键时期，着力布局新能源产业发展，2019 年河南新能源产业集聚水平为 0.89，高于同类省份均值 0.70，并预期在"十四五"期间推进郑州、新乡等城市建设国家氢燃料电池汽车示范城市群，打造郑汴洛濮氢走廊。2015~2019 年，低碳转型潜力省份有半数以上已呈现碳排放波动下降的趋势，与其他几类省份形成鲜明对比；2019年这 11 省碳排放强度平均仅为 1.11 吨/万元，远低于全国 30 个省份 1.88 吨/万元的平均水平。

5. 城镇化追赶型省份

城镇化追赶型省份共 6 个，由青海、四川、广西、贵州、云南和甘肃组成，其碳排放形势不算严峻，但城镇化进程和经济发展水平有待提升。这 6 个省份 2019 年人均国内生产总值平均为 4.57 万元/人，低于全国同期 7.01 万元/人的总体水平，平均常住人口城镇化率 51.14%，其中有 4 个省份的城镇化率处于全国末位，未来的发展空间相对较大。6 个省份 2015~2019 年城镇化率年均增速约为 3%，远高于全国平均水平，其中贵州城镇化年均增速接近 4%。从产

---

① 我国四大海上风电基地分别为：福建海上风电基地、浙江海上风电基地、江苏海上风电基地和山东海上风电基地。

业结构来看，该类省份产业相对较轻，但由于产能相对不足，经济动能相对有限，碳排放总量也处于较低水平。2019 年该类省份平均碳排放量为 2.0 亿吨，平均能耗总量为 1.1 亿吨标准煤，远低于当期全国均值。值得注意的是，虽然该类省份碳排放总量较低，但 2015～2019 年内碳排放增速波动差异较大，个别省份年均碳排放增速甚至高达 6.94%，远高于同期全国平均水平。这说明，该类省份在较大的发展空间和较强的发展意愿下，也面临着城镇化路径选择和碳排放规模控制的现实挑战。

三、各省份城镇化与碳排放的脱钩状态分析

城镇化发展进程中，城镇化率与碳排放总量在理论上普遍将经历负脱钩—弱脱钩—强脱钩三个阶段。通过对我国 30 个省份 2000～2019 年（每 5 年为一个阶段，即 2000～2004 年、2005～2009 年、2010～2014 年、2015～2019 年）的总体趋势分析，并聚焦 2014～2019 年的逐年动态分析发现：目前我国绝大多数省份正处于城镇化与碳排放发展脱钩状态的第二阶段，即由负脱钩向弱脱钩转型阶段。个别省份已经开始出现由弱脱钩向强脱钩转型，并呈现出以强脱钩为主的发展趋势，逐步向第三阶段过渡。下面以脱钩结论为侧重，对各类省份展开基于城镇化视角的碳排放格局分析，以期服务于分类施策。

1. 低碳城镇化省份

低碳城镇化省份的脱钩分析计算结果如表 4-3 所示。

表 4-3　低碳城镇化省份脱钩分析计算结果

省份＼年份	2000～2004	2005～2009	2010～2014	2015～2019	2014～2015	2015～2016	2016～2017	2017～2018	2018～2019
北京	负脱钩	弱脱钩	强脱钩	强脱钩	强脱钩	强脱钩	强脱钩	强脱钩	弱脱钩
上海	负脱钩	强脱钩	强脱钩	强脱钩	强脱钩	强脱钩	强脱钩	强脱钩	负脱钩
天津	负脱钩	负脱钩	强脱钩	弱脱钩	强脱钩	强脱钩	强脱钩	负脱钩	强脱钩

根据脱钩结果，北京、上海和天津具备较为鲜明的低碳城镇化特征，具有尽快实现碳达峰的基础条件。在 2000～2019 年，北京经历了"负脱钩—弱脱钩—强脱钩"的转变过程，并在最后两个五年里总体保持强脱钩态势，节能减排发展趋势符合理论预期。上海在 2000～2019 年经历了由负脱钩向强脱钩的转变，这与其较优的产业结构、城市空间布局、低碳科技应用和节能减排工作

力度等方面紧密相关，呈现典型的低碳城镇化发展特征，但从年度数据来看，其2014~2019年脱钩关系仍然出现过较大波动，表现出一定的不稳定性。天津总体经历了由负脱钩向弱脱钩转变过程，在低碳城镇化类别里仍需努力，通过2014~2019年逐年脱钩趋势分析发现，其大多年份呈现强脱钩发展态势，说明天津具备较好的低碳城镇化发展条件。不难看出，这三个省市属于波动中的碳排放与城镇化脱钩第三阶段，逐步向碳排放与城镇化稳定脱钩的趋势发展。

低碳城镇化省份的城镇化进程已非常接近发达国家实现碳达峰的城镇化率经验区间，其城镇化碳减排效应预计将大于碳增排效应，产业和能源结构低碳化特征日益显著。伴随着城镇化进程的深入，低碳城镇化省份已基本迈向高新技术产业对传统工业的有效替代，生产方式、生活方式对传统化石能源消耗的依赖明显收缩，城镇化发展到后期阶段，基础设施相对完善，建筑业新增碳排放规模收紧，城镇化进程与碳排放量的相关性逐渐减弱。但三个省份在2014~2019年，由于个别年份碳排放剧烈波动而呈现弱脱钩，甚至负脱钩特征，说明其低碳城镇化发展模式不够稳定，在实现碳达峰之前，仍有一段路要走。

2. 碳达峰潜力省份

碳达峰潜力省份的脱钩分析计算结果如表4-4所示。

表4-4 碳达峰潜力省份脱钩分析计算结果

年份 省份	2000~ 2004	2005~ 2009	2010~ 2014	2015~ 2019	2014~ 2015	2015~ 2016	2016~ 2017	2017~ 2018	2018~ 2019
广东	负脱钩	负脱钩	负脱钩	负脱钩	强脱钩	弱脱钩	负脱钩	负脱钩	弱脱钩
江苏	负脱钩	负脱钩	弱脱钩	弱脱钩	弱脱钩	弱脱钩	强脱钩	强脱钩	强脱钩
浙江	负脱钩	负脱钩	弱脱钩	弱脱钩	弱脱钩	强脱钩	负脱钩	弱脱钩	弱脱钩

2000~2019年，江苏和浙江经历了由负脱钩向弱脱钩转变过程，并在最后2个五年维度中均以弱脱钩为主。其中，江苏在2014~2019年已实现从弱脱钩向强脱钩的逐步演进，总体相对平稳；浙江在2014~2019年内脱钩状态波动较大，以弱脱钩为主，强脱钩与负脱钩交替波动，两省份呈现略有不同的碳排放表现。虽然广东从较长时间维度来看，总体为负脱钩特征，其碳排放伴随城镇化程度快速上升，但在2014~2019年已呈现负脱钩、弱脱钩、强脱钩的交替现象。在全国排名第一的庞大经济体量下，以制造业为主的广东，其2019年的能耗强度、碳排放强度不仅在三省中最低，且远低于同期全国平均水平，表明广东已呈现较为强烈的碳减排决策意愿，加之其能源利用效率和清洁能源

占比特征，已体现出较好的碳减排成效与态势。由于这三省城镇化率已超过70%，接近发达国家实现碳达峰的城镇化进程预期，加之其碳排放总量略高于全国平均水平，碳排放强度和人均碳排放等指标已表现较优，且呈下降态势，结合理论经验不难看出，这三省逐步接近碳达峰的前期条件。若发挥好三省巨大经济体量的显著优势，进一步加大科技创新在节能减排中的支持力度，持续优化产业结构，逐步推进清洁能源替代，三省将有望尽快实现碳排放达峰，向城镇化与碳排放的强脱钩迈进。

3. 高碳城镇化省份

高碳城镇化省份的脱钩分析计算结果如表 4-5 所示。

表 4-5　高碳城镇化省份脱钩分析计算结果

省份＼年份	2000~2004	2005~2009	2010~2014	2015~2019	2014~2015	2015~2016	2016~2017	2017~2018	2018~2019
辽宁	负脱钩	负脱钩	弱脱钩	负脱钩	强脱钩	负脱钩	负脱钩	负脱钩	负脱钩
内蒙古	负脱钩	负脱钩	负脱钩	负脱钩	强脱钩	弱脱钩	弱脱钩	负脱钩	负脱钩
山东	负脱钩	负脱钩	弱脱钩	负脱钩	弱脱钩	弱脱钩	弱脱钩	负脱钩	负脱钩
宁夏	负脱钩	负脱钩	负脱钩	负脱钩	强脱钩	强脱钩	负脱钩	弱脱钩	负脱钩
山西	负脱钩	负脱钩	负脱钩	负脱钩	强脱钩	强脱钩	负脱钩	负脱钩	弱脱钩
陕西	负脱钩	负脱钩	负脱钩	弱脱钩	负脱钩	负脱钩	负脱钩	强脱钩	弱脱钩
新疆	负脱钩	负脱钩	负脱钩	负脱钩	弱脱钩	负脱钩	负脱钩	弱脱钩	负脱钩

根据表 4-5 的脱钩结果，辽宁等 7 个省份表现出较为显著的高碳城镇化特征，2000~2019 年基本以负脱钩为主，只有少数省份在五年周期内出现弱脱钩现象。这是由于高碳城镇化省份的发展模式对资源依赖程度较深，碳排放水平伴随城镇化进程快速上升。具体来看，这类省份的城镇化进程总体处于快速发展阶段，距离实现碳达峰的城镇化预期水平仍有很长一段路要走。由于受自然条件、资源禀赋、产业结构、经济模式等因素影响，这类省份长期依赖高载能产业拉动经济发展，特别是一些省份承担了保障国家能源安全、引领和振兴地区经济发展的重要使命，当前只能以化石能源产业为主，技术创新能力相对较低，产业结构和能源结构的优化调整存在较大难度。加之个别省份经济体量有限，造成科技和人才等要素吸引动能受限，城镇化质量并不算高，由此呈现各省碳排放总量、碳排放强度、人均碳排放总体较高的鲜明特征。该类省份属于绿色低碳转型发展压力最大的一类省份。当前，这 7 个省份里，部分省份在近

年出现了由负脱钩向弱脱钩或强脱钩波动的现象，虽然稳定性尚未显现，但已能体现出其在低碳领域的决策努力。

4. 低碳转型潜力省份

低碳转型潜力省份的脱钩分析计算结果如表4-6所示。

表4-6　低碳转型潜力省份脱钩分析计算结果

省份＼年份	2000~2004	2005~2009	2010~2014	2015~2019	2014~2015	2015~2016	2016~2017	2017~2018	2018~2019
重庆	弱脱钩	负脱钩	弱脱钩	强脱钩	弱脱钩	弱脱钩	强脱钩	强脱钩	弱脱钩
福建	负脱钩	负脱钩	负脱钩	负脱钩	弱脱钩	强脱钩	负脱钩	负脱钩	负脱钩
湖北	负脱钩	负脱钩	强脱钩	弱脱钩	弱脱钩	弱脱钩	弱脱钩	强脱钩	负脱钩
黑龙江	负脱钩	负脱钩	强脱钩	强脱钩	弱脱钩	强脱钩	强脱钩	强脱钩	弱脱钩
海南	负脱钩	负脱钩	负脱钩	弱脱钩	负脱钩	强脱钩	强脱钩	强脱钩	负脱钩
吉林	负脱钩	负脱钩	负脱钩	弱脱钩	强脱钩	强脱钩	弱脱钩	弱脱钩	弱脱钩
河北	负脱钩	负脱钩	弱脱钩	弱脱钩	弱脱钩	强脱钩	弱脱钩	负脱钩	强脱钩
江西	负脱钩	负脱钩	负脱钩	弱脱钩	弱脱钩	弱脱钩	弱脱钩	弱脱钩	弱脱钩
湖南	负脱钩	负脱钩	弱脱钩	强脱钩	强脱钩	弱脱钩	弱脱钩	强脱钩	强脱钩
安徽	负脱钩	负脱钩	负脱钩	弱脱钩	强脱钩	强脱钩	强脱钩	强脱钩	弱脱钩
河南	负脱钩	负脱钩	强脱钩	强脱钩	弱脱钩	强脱钩	弱脱钩	强脱钩	强脱钩

由于城镇化进程、产业结构、人口规模、国土面积、经济体量等基础条件不同，低碳转型潜力省份的碳排放与城镇化脱钩现状存在差异，但共性特点是2000~2019年以来，这类省份大致都能呈现稳步向好的发展趋势，这与当地政府积极挖掘自身低碳转型发展潜力，大力发展清洁能源，努力推进节能减排和产业结构优化调整息息相关。具体来看，大多数省份在20年内均能实现较为平稳的脱钩状态演进过程，不少省份甚至在2014~2019年已经出现以强脱钩为主的逐年波动态势。这类省份本身碳排放总量、碳排放强度、人均碳排放水平在全国来看并不算太高，即便是组内碳排放总量相对较高的河北、河南，其人均碳排放水平、碳排放强度也远低于全国平均水平。河北虽然在过去多年来承载了较多的高耗能产业，具有一定的高碳底色包袱，但在京津冀协同发展减污降碳的决策努力下，大力发挥风电、光伏作用，在绿色低碳领域凸显起色，有望成为京津冀绿色低碳发展后起之秀的典范。福建是2019年同类省份里人均GDP最高的省份，城镇化进程也属最优之一，近年来通过大力支持新能源

行业发展，培育了包括宁德时代在内的重要新能源产业集群，为我国绿色低碳发展做出了巨大贡献，加之其碳排放总量基数不高，造成了自身碳排放指标增速较快的显化特征。因此，这类省份如能利用好自身清洁能源丰富的自然条件禀赋，制定科学有效的决策体系，加大力度推动产业结构、能源结构优化调整，加快推动产业格局向更高质量迈进，进一步发挥产城融合的重要作用，将会拓展出更大的减排空间，为经济增长注入新动能，塑造出各具特色的低碳转型样板，实现城镇化与碳排放的稳定脱钩态势。

5. 城镇化追赶型省份

城镇化追赶型省份的脱钩分析计算结果如表4-7所示。

表4-7　城镇化追赶型省份脱钩分析计算结果

年份 省份	2000~ 2004	2005~ 2009	2010~ 2014	2015~ 2019	2014~ 2015	2015~ 2016	2016~ 2017	2017~ 2018	2018~ 2019
青海	负脱钩	负脱钩	负脱钩	弱脱钩	强脱钩	负脱钩	强脱钩	弱脱钩	强脱钩
四川	负脱钩	负脱钩	弱脱钩	弱脱钩	强脱钩	强脱钩	强脱钩	负脱钩	弱脱钩
广西	负脱钩	负脱钩	负脱钩	弱脱钩	强脱钩	弱脱钩	弱脱钩	负脱钩	负脱钩
贵州	负脱钩	负脱钩	负脱钩	强脱钩	弱脱钩	弱脱钩	强脱钩	弱脱钩	强脱钩
云南	弱脱钩	负脱钩	弱脱钩	强脱钩	强脱钩	弱脱钩	弱脱钩	弱脱钩	弱脱钩
甘肃	负脱钩	负脱钩	负脱钩	弱脱钩	强脱钩	强脱钩	弱脱钩	弱脱钩	弱脱钩

根据表4-7的脱钩结果，这类省份总体表现出较大的城镇化发展空间。虽然碳排放总体水平较低，但城镇化进程尚在追赶，以及经济发展动能正在培育，是造成该类省份碳排放特征的重要原因。由于城镇化发展进程和碳排放水平的基数较低，2000~2019年该类省份脱钩情况呈现多样性、波动性的现状与趋势。从2015~2019年的逐年变化情况来看，各省波动现象明显，体现出较为明显的发展意愿和减排努力。在这个过程中，由于经济发展动能正在培育，城镇化发展潜力正在逐步显化释放，一些省份仍在探索碳排放规模控制与城镇化快速发展的协同路径。同时不难发现，近年来部分城镇化追赶型省份通过大力推动产业结构转型，在新能源、数字经济等行业领域取得了显著成效，带来了碳排放"阵痛效应"，塑造了当前的碳排放的脱钩趋势特征。虽然这类省份的发展潜力正在逐步显现，但是正因为其具有一定的后发优势，碳排放历史包袱相对较轻，下一阶段未必要经历碳排放伴随城镇化快速增长的高碳模式。从可再生能源消费占比、清洁能源发电装机量、新能源产业区位熵来看，不少省

份实际上具有弯道超车的潜在条件，部分禀赋优势甚至足以引领全国各省。若该类省份能发挥好风、光、水、电资源富集优势，以绿色低碳产业为突破口，积极吸引科技、人才等发展要素，推动经济社会发展的模式转换，培育打造全国绿色低碳产业和清洁能源战略高地，将有望实现城镇化与碳排放脱钩进程的跨越式发展，塑造各具特色的碳达峰路径。

四、对策建议

依托对五类省份城镇化与碳排放格局的特征分析，本书针对性地提出若干对策建议，以期从城镇化的视角助力各省份碳排放决策制定。

1. 低碳城镇化省份

该类省份应延续和发挥比较优势，在城镇化发展既有趋势的前提下，进一步巩固绿色低碳发展基础，积极稳妥推进碳达峰、碳中和。一是转变超大城市发展方式，针对"大城市病"，多措并举推动实现"瘦身健体"。通过城市空间布局和功能的持续优化调整，科学推动减量提质，促进这类超大城市实现均衡协调发展。对中心城区的一般性制造业、专业市场、区域性物流基地等进行有序疏解，在郊区培育建设一批产城融合、职住平衡、生态宜居、交通便利的新城新区，推动超大城市多中心郊区化发展，逐步科学合理地降低开发强度和人口密度。二是依托城市群、都市圈一体化发展，加大对绿色公共交通、能源综合利用、城市物联网等绿色低碳基础设施的布局和跨区域共享力度，协同推进绿色低碳转型。以新一代信息技术、智能网联新能源汽车、生命健康等领域为突破点，推动城市群和都市圈创新链、产业链、供应链联动，实现区域产业链整体规划布局。三是培育公众绿色低碳生产方式、生活方式和低碳意识，鼓励并推动加快形成以共享单车、绿道、城市公交为主的绿色低碳出行方式。优先推动公共交通实现低碳化发展，实施城市交通基础设施绿色化提升改造。加大对中心城区与产业新城之间的交通路网建设力度，优化新城内部路网结构，注重常规公交线网的统筹优化，提高新城公共交通设施的服务水平。四是加快推进产业绿色转型升级，鼓励积极发展高新技术产业，实现总体净零碳排放。制定实施汽车制造、生物医药、电子设备制造等重点行业绿色提升计划，推动构建绿色产业链。促进生产性服务业与先进制造业融合发展，加快航运服务、融资租赁、跨境电子商务、临空物流等现代服务业集聚。五是加快发展新型智慧城市，健全城市数字化管理体系，推动相关产业，特别是能源领域的绿色高效发展，推动能源结构的进一步优化。与此同时，政府要积极发挥规划和引导作用，推动科技在绿色低碳方面的创新和使用，加大在能源及相关领域的技术改造力度，建立起绿色低碳的激励约束机制。

2. 碳达峰潜力省份

该类省份应依托自身碳排放趋势特征相对较优的发展态势，在保证经济总量稳步增长的前提下，持续提升城镇化水平与城镇化质量，聚焦产业结构和能源结构的持续优化升级，推动碳排放强度的稳定下降，实现经济社会高质量发展。一是依托城市群一体化发展机制，发挥大城市和区域中心城市的辐射带动效应，带动周边城镇协同发展、协作发展，在推进城镇化进程的过程中持续加大节能减排力度，建立便捷绿色的城际交通系统，减少由于交通运输所产生的不必要的碳排放。优化城市群内部的产业结构，逐步推动能源消费清洁化替代。二是引导产业结构向低碳的战略新兴产业发展，加速构建低碳高效的产业体系，重点布局人力资本密集型和技术密集型产业，如向高端装备制造、新材料和现代服务业转型，同时大力支持绿色低碳领域技术攻关，注重国际合作，加强双边交流，学习先进低碳技术，助力推动全球工业可持续发展。三是发挥较大经济规模和科技、人才富集的优势作用，加大绿色低碳领域产学研合作，积极探索碳捕集、利用与封存等负碳相关科学技术的研发。努力推进蓝色碳汇和海洋经济的发展，将海洋资源高效、长期的碳固定能力优势进一步显化。四是优化产业空间布局，合理布局工业集聚区，构建聚焦主业、错位竞争、分布集中的绿色低碳导向的产业发展格局。从政策和制度上提高能效，提高节能减排力度，加强政策引导，激发企业低碳发展的主动性与积极性。

3. 高碳城镇化省份

由于承担着保障国家能源供应、引领或振兴地区经济等方面的重要使命，该类省份应立足当下实际生产生活需要，在不影响民生和能源安全、保障正常生产生活的前提下，积极推动城镇化发展模式逐步转型。一是坚持规划引领，科学合理划定城市、园区开发边界，避免大拆大建，防止"摊大饼"式的无序扩张，发挥城市群一体化的区域优势，推动城市组团实现低碳转型，特别是要对一些老工业城市加快开展老旧工业园区和老旧城区低碳化改造。二是加快调整能源结构，控制化石能源的消耗水平，加大力度控制煤电装机规模。严格控制"两高"项目的建设和审批，逐步淘汰低水平、低效益工程，持续优化存量，逐步进行产业替代。加大煤炭清洁利用力度，提高化石能源利用效率，有效控制碳排放增长趋势，布局好煤炭等高排放能源的排污回收工作，在排放端减少其对环境的污染。三是积极布局发展可再生能源，逐步降低煤炭等化石能源的消费比重，在先立后破的前提下，逐步实现对传统能源的有序替代，尽早走上绿色低碳的发展道路。四是加强政策引导，鼓励各类企业主动转型，在保障生产的前提下积极探索低碳发展道路，同时鼓励企业投资绿色项目，重视碳汇在低碳发展中的重要作用，切实降低碳排放强度。

4. 低碳转型潜力省份

该类省份应在低碳发展导向的前提下，进一步加快城镇化进程，依托各省清洁能源资源禀赋优势，持续加大新能源开发和利用水平，积极培育规模化的绿色低碳产业集群，推动经济社会高质量发展。一是充分挖掘我国东部和西北省份的风能、太阳能、地热能，西南省份的水电，东部沿海省份的海上风电等资源优势，发展具有地域特色的清洁能源产业，以绿色低碳、循环经济培育为重点，构建规模化的清洁能源产业体系，提高城镇化发展质量。二是进一步优化营商环境，多措并举开展政策支持，大力发展新能源产业应对气候变化。以市场需求为动力，推动新能源产业的设计、研发、生产和运营，从而提高新能源产业的竞争力，以期形成既能满足国内市场需求，又能在国际化市场产生重要影响力和竞争力的新能源产业集群。三是加强清洁能源领域的科技创新和开发与推广，加大对科技前沿应用的布局力度，实现整个产业链低碳化转型，利用下游新能源器件反哺赋能于上游产业，拓展产业链和供应链在绿色低碳、高效集约科技应用中覆盖的深度与广度。四是积极探索科学的协同低碳治理决策体系，以集聚人才为导向，在区域内规划形成集约、低碳、智慧、高效的碳达峰实施路径，以低碳产业引领城镇化发展。五是依托清洁能源相对富集的重要优势，加大跨区域协作工作力度，将绿色低碳发展潜力转变成为自身发展的新动能。通过承接部分地区高载能、低污染产业的转移拉动本地经济高质量发展。依托"西电东送""东数西算"等产业和能源方面的区域间合作，与东部地区建立起绿色低碳导向的良性互动。

5. 城镇化追赶型省份

该类省份应借助后发优势，保持决策定力，以高质量发展为导向，守住绿色低碳发展本底，未雨绸缪，把握好发展和减排、短期和中长期关系的辩证逻辑，探索各具特色的城镇化低碳发展路径。一是加大对科技领域的投资力度，不遗余力开展人才引进，守住低碳发展思维底线，积极培育和发展战略新兴产业。立足于自身的特色化发展定位，挖掘低碳发展潜能，加大对清洁能源行业、文化旅游行业等绿色低碳产业的培育力度。二是保障生态系统碳汇能力稳固提升，坚持山水林田湖草沙一体化保护和修复，进一步深化"人与自然是生命共同体"的共生联系，在发展的过程中实现生物多样性保护、土壤改良、空气净化等多重绿色发展目标，推动人与自然的和谐共生。三是在工业、建筑和交通等碳排放重点领域，进一步推进绿色低碳转型，加大节能减排力度，持续培育高新技术产业，努力减少对高耗能传统工业发展模式的路径依赖。四是积极发挥科技创新的重要引领作用，加大清洁能源领域的研究与开发力度，推动能源清洁低碳安全高效利用，促进低碳技术的创新、应用与扩散。

根据党中央、国务院对碳达峰、碳中和工作的有关要求，各省（自治区、直辖市）积极开展省级层面决策部署，对全国 31 个省份（不包含港、澳、台）已公开发布的碳达峰、碳中和重要政策与规划文件进行梳理汇总见本书附表（按中国政府网排序）。

第五节　本章小结

本章首先通过对发达国家城镇化发展进程中的碳排放情况进行梳理，发现城镇化发展与碳排放的增长在多个方面存在交互动态耦合作用。随着城镇化进程的逐步推进，碳排放水平总体上呈现倒"U"形趋势。其次，以发达国家为例展开典型案例分析，可知不同城镇化模式对碳排放水平和结构有着重要的影响，美国的蔓延型城镇化发展模式使其在达峰时人均碳排放水平依然处于高位。日本在紧凑型城镇化发展模式的影响下，其碳排放强度显著低于同一时期的英国、美国等国家。英国则通过工业化引领了城镇化，并通过去工业化较早地实现了碳达峰。再次，本章从宏观层面对我国城镇化历程与碳排放趋势开展特征分析，结合发达国家城镇化和碳达峰的相关经验，梳理总结出对我国宏观层面推动城镇化和碳达峰工作的有益启示。最后，本章对全国 30 个省市进行分类研究，通过聚类分析和脱钩分析等模型方法，将各省大致划分为低碳城镇化省份、碳达峰潜力省份、高碳城镇化省份、低碳转型潜力省份、城镇化追赶型省份，分类描述不同省份的城镇化与碳排放特征，并侧重于城镇化视角，结合碳排放等历史数据，从短期和中长期不同维度，对各类省份面向实现碳达峰的阶段性趋势进行测算研判，针对性提出不同类型省份实现碳达峰的对策建议，以期支撑分类施策。

附表 我国31个省（自治区、直辖市）碳达峰、碳中和顶层设计文件汇总

序号	省份	规划文件	日期	重点内容
1	北京	《北京市碳达峰实施方案》	2022-10-11	立足新发展阶段，坚定不移走生态优先、绿色低碳的高质量发展道路，确保如期实现碳达峰、碳中和。 1. 深化落实城市功能定位，推动经济深度转型：全面推动能源绿色低碳转型，推动产业结构深度转型，大力发展循环经济。 2. 持续提升能源利用效率，积极发展非化石能源：持续提升能源利用效率，积极发展非化石能源。 3. 推动重点领域低碳发展，提升生态系统碳汇能力：大力推动建筑领域绿色低碳转型，深度推进供热系统低碳重构，着力构建绿色低碳交通体系，巩固提升生态系统碳汇能力，控制非二氧化碳温室气体排放。 4. 加强改革创新，健全法规政策标准保障：着力构建低碳法规标准保障体系，提升统计计量和监测能力，完善重点碳排放单位管理制度，积极完善政策体系和市场机制，积极推动碳达峰、碳中和先行示范。 5. 创新区域低碳转型，加强区域绿色低碳合作，协同合力推动碳达峰、碳中和：弘扬冬奥碳中和遗产，推动京津冀能源低碳转型，加强区域低碳合作，深化国际合作。 6. 加强组织领导，强化实施保障：强化统筹协调，建立健全全目标责任管理制度，开展动态评估。
2	天津	《天津市碳达峰实施方案》	2022-08-25	将碳达峰贯穿于经济社会发展全过程和各方面，重点实施能源绿色低碳转型行动、节能降碳增效行动、工业领域碳达峰行动、城乡建设碳达峰行动、碳汇能力巩固提升行动、交通运输绿色低碳行动、循环经济助力降碳行动、绿色低碳科技创新行动、绿色低碳全民行动、试点有序推动碳达峰"碳达峰十大行动"等。

续表

序号	省份	规划文件	日期	重点内容
3	河北	《中共河北省委 河北省人民政府关于完整准确全面贯彻新发展理念做好碳达峰碳中和工作的实施意见》	2022-01-05	立足新发展阶段，坚定不移走生态优先、绿色低碳的高质量发展道路。绿色低碳安全高效降污减行可再生能源替代行动，加快形成节约资源和保护环境的产业方式、生产方式、生活方式、空间格局，为建设现代化经济强省、美丽河北提供有力支撑。 1. 深度调整优化产业结构，加快绿色低碳转型，大力发展绿色低碳产业。 2. 加大节能降碳力度，大幅提升能源利用效率，坚决遏制高耗能高排放项目盲目发展。 3. 有效调整优化能源结构，加快推进清洁低碳安全高效的能源体系；强化能源消费强度和总量双控。 4. 大力推广低碳绿色生产和生活方式，全面提升城乡建设绿色低碳发展质量；推进城乡建设和管理模式低碳转型，大力发展节能低碳建筑，优化建筑用能结构与建造方式，加快形成绿色低碳生产生活方式。 5. 加大绿色低碳重大科技攻关和推广应用力度，深度调整非化石能源，积极发展清洁能源；积极推广低碳交通工具，建设低碳基础设施，打造绿色出行体系。 6. 持续巩固提升碳汇能力，全面推进生态系统碳汇建设；集中力量突破关键技术，加强基础研究和前沿技术，加快先进适用技术研发和应用。 7. 加强绿色产能国内国际合作，提高对外开放绿色低碳水平；加快建立绿色贸易体系，积极融入绿色"一带一路"建设和国际交流合作。 8. 有序推进区域碳达峰碳中和，加快示范区域绿色低碳转型；梯次有序推进各地达峰，开展碳中和先行先试，协同推动京津冀区域绿色低碳转型。 9. 健全地方法规标准和统计监测体系，提升碳达峰碳中和监测能力，实行分类指导，坚决分类指导和有序推进；健全地方法规，完善标准计量体系。 10. 进一步优化政策机制，有效发挥市场配置能源资源作用；强化约束政策，完善财税政策，强化责任落实，完善投融资政策，完善政策配套，强化组织协调，强化监督考核。 11. 切实加强组织实施，统筹调度督查和考核；强化应急保障，强化规划衔接，强化前瞻性，完善政策配套，强化监督计量。

续表

序号	省份	规划文件	日期	重点内容
3	河北	《河北省碳达峰实施方案》	2022-06-19	坚决把碳达峰贯穿于经济社会发展各方面和全过程，扭住碳排放重点领域和关键环节，重点实施能源绿色低碳转型行动、节能降碳增效行动、工业领域碳达峰行动、城乡建设碳达峰行动、交通运输绿色低碳行动、循环经济助力降碳行动、绿色低碳科技创新行动、碳汇能力巩固提升行动、绿色低碳全民行动、梯次有序推进碳达峰行动等碳达峰十项重点行动。
4	山西	《中共山西省委 山西省人民政府关于完整准确全面贯彻新发展理念 切实做好碳达峰碳中和工作的实施意见》	2023-01-16	深入推进能源革命综合改革试点，发挥好煤炭、煤电兜底保障作用，推动传统能源与新能源优化组合，加快传统优势产业内涵集约发展，战略性新兴产业集群规模发展，加快形成节约资源和保护环境的产业结构、生产方式、生活方式，碳中和进程中体现山西担当，在全国一盘棋推进碳达峰。 1. 推进经济社会发展全面绿色转型：强化绿色低碳发展规划引领，构建"一群两区三圈"绿色集约城乡区域发展新格局，培育绿色低碳市场主体，推行绿色低碳生产方式，推动形成绿色低碳生活方式。 2. 推动传统能源大省向新型综合能源大省转型：全力保障国家能源安全，完善能源消费强度和总量双控，严格合理控制煤炭消费增长，大力推动风电光伏清洁高效利用，全面推进风电光伏高质量发展，建设国家非常规天然气，积极发展抽水蓄能和新型储能，打造氢能高地，加快构建新型电力系统。 3. 加快推动产业绿色低碳转型：推动传统产业全面绿色低碳转型，坚决遏制高耗能高排放低水平项目盲目发展，大力发展绿色低碳产业。 4. 着力提升交通运输低碳水平：提升综合交通运输能力，加快推动运输装备低碳化，积极引导低碳出行。 5. 持续提升城乡建设绿色低碳发展质量：开展城乡绿色低碳试点，大力发展节能低碳建筑，加快优化建筑用能结构。 6. 增强生态系统碳汇能力：巩固提升林草质量，增强湿地系统固碳能力，建立城市碳系统固碳，提升生态农业碳汇。 7. 构建低碳技术创新体系：开展低碳零碳负碳重大科技攻关，深化电力市场化改革，加快推进低碳技术推广示范，开展低碳重大创新平台建设。 8. 完善绿色低碳政策体系：加快发展绿色贸易，增强湿地系统固碳能力，建立城市碳汇中和区域联动机制，完善投融资政策，完善财税支持政策，完善价格政策。 9. 完善绿色低碳开放合作：构建绿色低碳开放合作体系，探索碳达峰碳中和区域联动机制，开展低碳国际交流合作。 10. 切实加强组织实施：加强组织领导，完善地方性法规，加强统计监测，严格监督考核。

续表

序号	省份	规划文件	日期	重点内容
4	山西	《山西省碳达峰实施方案》	2023-01-05	立足山西作为能源大省的基本省情，以保障国家能源安全为根本，坚持煤炭和煤电、煤炭和新能源、煤炭和煤化工、煤炭产业和数字技术"五个一体化"融合发展的主要战略方向，实施传统能源绿色低碳转型行动、新能源和清洁能源替代行动、节能降碳增效行动、工业领域碳达峰行动、城乡建设绿色低碳行动、交通运输绿色低碳行动、循环经济助力降碳行动、科技创新赋能碳达峰行动、全民参与碳达峰行动等碳达峰"十大行动"。
5	内蒙古	《内蒙古自治区党委 内蒙古自治区人民政府关于完整准确全面贯彻新发展理念做好碳达峰碳中和工作的实施意见》	2022-06-27	坚定不移、积极稳妥推进碳达峰，碳中和工作，为走好以生态优先、绿色发展为导向的高质量发展新路子奠定坚实基础。1. 推动经济社会发展全面绿色转型：强化规划引领，优化空间布局，加快形成绿色生产生活方式。2. 深度调整产业结构：推动产业结构优化升级，坚决遏制高耗能高排放低水平项目发展，大力发展绿色低碳产业。3. 加快构建清洁低碳安全高效能源体系：完善能源消费强度和总量双控，大幅提升能源利用效率，严格控制化石能源消费，积极发展新能源，深化能源体制机制改革。4. 加快推进低碳交通运输体系建设：优化交通运输结构和方式，推广节能低碳型交通工具，积极引导低碳出行。5. 提升城乡建设绿色低碳发展质量：推进城乡建设绿色低碳转型，大力发展节能低碳建筑，加快优化用能结构。6. 加强绿色低碳重大科技攻关和推广应用：强化基础研究和前沿技术布局，加强先进适用技术研发和推广。7. 持续巩固提升碳汇能力：巩固生态系统碳汇能力，提升生态系统碳汇增量。8. 完善法规政策和统计监测体系：健全法规标准，提升统计监测能力。9. 强化绿色低碳发展政策保障：完善投资政策，积极发展绿色金融，完善财税价格政策，完善监督考核。10. 加强组织实施：加强组织领导，加强统筹协调，加强监督检查。
		《内蒙古碳达峰实施方案》	2022-11-16	坚决把碳达峰贯穿于经济社会发展各方面和全过程，重点实施能源低碳绿色转型、节能降碳增效行动、工业领域碳达峰行动、农牧业绿色发展行动、城乡建设绿色低碳行动、交通运输绿色低碳行动、循环经济助力降碳行动、绿色低碳科技创新行动、碳汇能力巩固提升行动、绿色低碳全民行动、梯次有序建设示范试点建设提升行动等"碳达峰十二大行动"。

续表

序号	省份	规划文件	日期	重点内容
6	辽宁	《辽宁省碳达峰实施方案》	2022-09-12	坚持全省统筹，上下联动，将碳达峰融入全省经济社会发展和生态文明建设整体布局，重点开展推进能源绿色低碳转型、实施工业领域碳达峰、推动城乡建设绿色低碳转型、推进节能降碳提升能效、推动循环经济助力降碳、强化交通运输绿色低碳转型、加快交通运输助力降碳，强化交通运输碳汇能力，巩固提升碳汇能力、开展绿色低碳全民行动、统筹有序推进碳达峰等"六大任务"。
7	吉林	《中共吉林省委吉林省人民政府关于完整准确全面贯彻新发展理念做好碳达峰碳中和工作的实施意见》	2021-12-17	深入实施"一主六双"高质量发展战略，全面建设生态强省，把碳达峰、碳中和纳入全省经济社会发展全局，以经济社会发展全面绿色转型为引领，以能源绿色低碳发展为关键，着力构建清洁安全高效能源体系，促进生产和生活方式绿色变革，坚定不移走生态优先、绿色低碳的高质量发展道路，确保如期实现碳达峰、碳中和。 1. 推进经济社会发展全面绿色低碳转型：全面融入全省经济社会发展中长期规划，强化"一主六双"高质量发展战略导向，加快形成绿色低碳生产生活方式。 2. 调整优化产业结构：加快产业结构优化升级，坚决遏制高耗能高排放项目盲目发展，发展壮大绿色低碳产业。 3. 加快调整能源结构：强化能耗和二氧化碳排放双控制度，提升重点领域能源利用效率，严格控制化石能源消费，大力发展新能源，加快建设新型电力系统。 4. 加快推进绿色低碳交通运输体系建设：推动交通运输结构优化升级，大力推广新能源汽车，积极引导绿色低碳出行。 5. 提升城乡建设绿色低碳发展质量：推进城乡建设和管理模式绿色低碳转型，加快推广绿色建筑、建立健全优化城乡建筑用能结构。 6. 加快绿色低碳科技创新：加强基础研究和前沿研究，建立多学科交叉的绿色低碳技术研究平台。 7. 持续巩固提升碳汇能力：巩固生态系统碳汇能力，提升生态系统碳汇增量。 8. 提高对外合作绿色低碳发展水平：建立绿色贸易体系，加强绿色低碳区域合作。 9. 完善政策保障机制：完善投资政策，完善财政价格政策，推进市场化交易，推动绿色金融支持、严格监督考核。 10. 加强统筹协调组织实施：加强组织领导，强化统筹协调，压实地方责任，严格监督考核。
	吉林	《吉林省碳达峰实施方案》	2022-07-22	坚决把碳达峰贯穿于经济社会发展各方面和全过程，扭住碳排放重点领域和关键环节，重点实施能源绿色低碳转型行动、节能降碳增效行动、工业领域碳达峰行动、城乡建设碳达峰行动、交通运输绿色低碳行动、循环经济助力降碳行动、绿色低碳科技创新行动、碳汇能力巩固提升行动、各地区梯次有序碳达峰行动等碳达峰"十大行动"。

续表

序号	省份	规划文件	日期	重点内容
8	黑龙江	《中共黑龙江省委 黑龙江省人民政府关于完整准确全面贯彻新发展理念做好碳达峰碳中和工作的实施意见》	2022-02-22	坚定不移走生态优先、绿色低碳的高质量发展道路，确保如期实现碳达峰、碳中和，让绿色成为高质量发展最靓丽的底色，让低碳成为黑龙江最鲜明的特质，努力在实现"双碳"目标中体现黑龙江担当。1. 推进经济社会发展全面绿色低碳转型：充分发挥规划引领作用，优化绿色低碳发展区域布局，加快形成绿色生产生活方式。2. 推动产业结构优化升级：坚决遏制高耗能高排放项目盲目发展，大力发展绿色低碳产业。3. 推动能源绿色低碳转型：强化能源消费强度和总量双控，大幅提升能源利用效率，严格控制化石能源消费，优先发展非化石能源，落实能源安全和绿色转型发展要求。4. 推动交通运输体系绿色低碳转型：优化升级交通运输路径，推广低碳交通运输工具，积极引导绿色低碳出行。5. 推动城乡建设绿色低碳转型：倡导绿色低碳城乡建设管理理念，积极发展节能低碳建筑，优化城乡建筑用能结构。6. 加强绿色低碳科技攻关和推广应用：强化基础研究和前沿技术能力建设，加快先进适用技术研发推广。7. 持续巩固提升碳汇能力：加强碳汇能力巩固提升研究，巩固生态系统碳汇能力，提升生态系统碳汇增量。8. 提高对外合作和对外开放水平：建立绿色贸易体系，强化区域交流合作。9. 完善法规制度和统计监测体系：强化法规制度支撑，完善标准计量体系，加强统计监测能力建设。10. 强化政策保障：完善投资政策，发展绿色金融，落实财税价格政策，发挥市场机制作用。11. 切实加强组织实施：加强组织领导，压实各级责任，严格监督考核。
		《黑龙江省碳达峰实施方案》	2022-09-05	坚决把碳达峰贯穿于经济社会发展各方面和全过程，重点实施能源绿色低碳转型行动、节能降碳增效行动、工业领域碳达峰行动、城乡建设碳达峰行动、交通运输绿色低碳行动、农业低碳循环行动、循环经济助力降碳行动、减污降碳协同增效行动、绿色低碳科技创新行动、生态系统碳汇巩固提升行动、绿色低碳全民行动等碳达峰"十大行动"。

续表

序号	省份	规划文件	日期	重点内容
9	上海	《中共上海市委 上海市人民政府关于完整准确全面贯彻新发展理念做好碳达峰碳中和工作的实施意见》	2022-07-06	在全国率先走出一条生态优先、绿色低碳的高质量发展道路，确保如期实现碳达峰、碳中和，更好支撑上海生态之城建设。1. 全面推进经济社会发展绿色低碳转型：坚持绿色低碳发展规划引领，优化绿色低碳发展城市布局，加快形成绿色生产生活方式。2. 持续优化产业结构：推动产业绿色低碳转型，大力度培育绿色低碳循环产业。3. 加快构建清洁低碳安全高效能源体系：强化能源消费强度和总量双控，严格控制化石能源消费，积极发展非化石能源，深化能源体制机制改革。4. 加快推进绿色低碳交通运输体系建设：优化综合交通运输结构，推广节能低碳型交通工具，积极引导绿色低碳出行。5. 提升城乡建设绿色低碳发展质量：推进城乡建设模式低碳转型，大力发展节能低碳建筑，加快优化建筑用能结构。6. 加强绿色低碳重大科技攻关和推广应用：加强基础研究和前沿技术布局，积极推动绿色低碳技术研发和示范推广。7. 持续巩固提升绿色低碳汇能力。8. 提高对外开放绿色低碳发展水平：加快发展绿色贸易，服务绿色"一带一路"建设，加强国际国内交流与合作。9. 健全法规标准和政策保障：完善标准计量体系，健全法规制度，提升统计监测能力。10. 完善政策机制：完善投资政策，积极发展绿色金融，优化财政价格政策，推进市场化机制建设。
		《上海市碳达峰实施方案》	2022-07-08	将碳达峰的战略导向和目标要求贯穿于经济社会发展的全过程和各方面，在加强统筹谋划的同时，进一步聚焦重点举措，重点区域、重点行业和重点主体，组织实施能源绿色低碳转型行动、节能降碳增效行动、工业领域碳达峰行动、城乡建设碳达峰行动、交通运输绿色低碳行动、循环经济助力降碳行动、绿色低碳科技创新行动、碳汇能力巩固提升行动、绿色低碳全民行动、各地区梯次有序碳达峰行动等"碳达峰十大行动"。

续表

序号	省份	规划文件	日期	重点内容
10	江苏	《中共江苏省委　江苏省人民政府关于推动高质量发展做好碳达峰碳中和工作的实施意见》	2022-01-15	深入推进美丽江苏建设，大力推动减污降碳协同增效，加快形成节约资源和保护环境的产业结构、生产方式、生活方式，生态优先，绿色低碳的高质量发展道路，坚定不移走生态优先、绿色低碳的高质量发展区域布局，确保全省如期实现碳达峰、碳中和。 1. 全面构建绿色低碳转型发展体系：切实强化低碳发展规划导向，统筹化低碳发展区域布局，加快推进低碳社会建设。 2. 全面发展战略性新兴产业、全面提升能源资源利用效率。 3. 全面发展高效低碳转型产业结构，推动产业绿色低碳转型。 大力发展非化石能源，加快新型电力系统建设，深化能源体制改革。 4. 全面构建绿色低碳交通运输体系：深化交通运输结构调整，推广节能低碳交通工具，积极营造低碳出行氛围。 5. 全面构建低碳城乡建设发展体系：推进城乡建设低碳转型，大力发展绿色低碳建筑，加快优化建筑用能结构。 6. 全面构建低碳技术创新应用体系：加强关键核心技术攻关，加快先进适用技术应用。 7. 全面建生态碳汇巩固提升体系：巩固生态系统碳汇能力，加强关键核心技术攻关，巩固生态系统碳汇能力。 8. 全面构建绿色低碳转型配套体系：加强投融资保资合作，构建减污降碳协同增效政策支持，建立健全法规标准和统计监测体系，积极开展绿色低碳发展财税价格考核。 9. 组织实施：组织实施，注重总体设计，强化推进落实，严格监督考核。
		《江苏省碳达峰实施方案》	2022-10-02	坚持将碳达峰贯穿于全省经济社会发展全过程和各方面，深入开展低碳社会全民创建专项行动，工业领域达峰专项行动、能源绿色低碳转型专项行动、节能增效水平提升专项行动、城乡建设领域达峰专项行动、交通运输领域达峰专项行动、绿色低碳发展专项行动、各地区有序达峰专项行动等"碳达峰八大专项行动"。

续表

序号	省份	规划文件	日期	重点内容
11	浙江	《中共浙江省委 浙江省人民政府关于完整准确全面贯彻新发展理念做好碳达峰碳中和工作的实施意见》	2021-12-23	以数字化改革撬动经济社会发展全面绿色转型，积极稳妥推进碳达峰、碳中和工作，加快构建"6+1"领域绿色变革，为争创社会主义现代化先行省、高质量发展建设共同富裕示范区奠定坚实基础，推进全省碳达峰、碳中和工作走在全国前列。 1. 推进经济社会发展绿色变革：强化绿色低碳发展规划引领，构建碳达峰碳中和数智治理体系，健全资源循环利用体系。 2. 构建高质量发展的低碳工业体系：坚决遏制高耗能高排放项目盲目发展，大力发展低碳高效行业，改造提升高碳高效行业。 3. 构建绿色低碳的现代能源体系：深入实施能源消费强度和总量双控，大力推进能效提升，严控高碳能源消费，积极发展低碳能源，推动能源治理体系现代化。 4. 推进交通运输体系低碳转型：推进交通运输体系低碳转型，推进交通运输体系低碳转型。 5. 推进交通运输体系低碳转型：提升新建建筑绿色化水平，推动既有建筑节能低碳改造，加强可再生能源建筑应用。 6. 推进农林牧渔低碳发展：大力发展生态农业，巩固提升林业碳汇，增强海洋湿地等系统固碳能力。 7. 推行绿色低碳生活方式：强化公众节能降碳理念，培育绿色生活方式，开展全民碳普惠行动。 8. 开展全民碳普惠行动：加快关键核心技术攻关，强化高能级创新平台建设，强化绿色金融支持，推进可再生能源规模化、集中化、综合化发展。 9. 完善政策法规和统计监测体系：创新绿色发展推进机制，强化财税政策支持，发展绿色金融，创新绿色生产和消费管理机制，加强能力建设。 10. 创新绿色发展推进机制：创新绿色发展推进机制，强化法规标准体系，创新绿色生产和消费管理机制，推进多领域多层级多样化低（零）碳试点。 11. 保障措施：加强组织领导，加强监督考核，加强能力建设。

续表

序号	省份	规划文件	日期	重点内容
12	安徽	《中共安徽省委 安徽省人民政府关于完整准确全面贯彻新发展理念做好碳达峰碳中和工作的实施意见》	2022-12-07	立足新发展阶段，完整准确全面贯彻新发展理念，服务和融入新发展格局，坚定不移走生态优先、绿色低碳的高质量发展道路，为全国如期实现碳达峰碳中和贡献安徽力量。 1. 加快构建清洁低碳安全高效的能源体系：完善能源消费和总量强度双控制度，大幅提升能源利用效率，坚决控制化石能源消费，大力发展非化石能源，深化能源体制机制改革。 2. 持续优化经济结构：坚决遏制高耗能高排放项目盲目发展，推动产业结构优化升级，大力发展绿色低碳产业，促进资源节约集约利用。 3. 建设绿色低碳交通运输体系：优化交通运输结构，推广节能低碳型交通工具，引导绿色低碳出行。 4. 提升城乡建设绿色低碳发展质量：提升新建建筑绿色水平，推动既有建筑节能改造，优化建筑用能结构。 5. 推进农林碳汇：大力发展绿色低碳循环农业，提升生态系统碳汇能力，提升生态系统碳汇增量。 6. 倡导绿色低碳生活：加强节能降碳宣传教育，推广绿色生活方式。 7. 加强绿色低碳科技创新：完善绿色低碳科技创新体制机制，加强绿色低碳技术研究，强化重大创新平台建设，加строить绿色低碳发展空间格局。 8. 强化绿色低碳发展战略导向：加强绿色低碳发展规划引领，优化绿色低碳发展空间格局。 9. 健全法规标准和统计监测体系：健全地方性法规和标准计量体系，提升统计监测能力。 10. 完善政策保障：加强投融资政策支持，落实财税价格政策，深化绿色技术和经贸合作，推进市场化机制建设。 11. 强化组织实施：加强组织领导，强化责任落实，实施"一张图"管理，严格监督考核。
		《安徽省碳达峰实施方案》	2022-09-23	将碳达峰贯穿于经济社会发展全过程和各方面，重点实施能源清洁低碳转型、节能降碳效能提升、经济结构优化升级、交通运输绿色低碳、城乡建设绿色低碳、农业农村减排固碳、生态系统碳汇巩固提升、居民生活绿色低碳、绿色低碳科技创新、循环经济助力降碳、绿色金融支持碳达峰等"碳达峰十二大行动"，梯次有序实现"碳达峰"。

续表

序号	省份	规划文件	日期	重点内容
13	福建	《中共福建省委 福建省人民政府关于完整准确全面贯彻新发展理念做好碳达峰碳中和工作的实施意见》	2022-08-21	深化国家生态文明试验区建设，正确处理好发展的关系，坚定不移走生态优先、绿色低碳的高质量发展道路，奋力谱写全面建设社会主义现代化国家福建篇章。 1. 推进经济社会发展全面绿色转型：强化绿色低碳发展规划引领，构建绿色低碳国土空间格局，全面推进重点区域低碳发展，推动产业结构优化升级，坚决遏制高耗能高排放低水平项目盲目发展，大力发展绿色低碳产业。 2. 深度调整产业结构：加快构建清洁安全高效能源体系，优化完善能源消费强度和总量双控制度，大幅提升能源利用效率，严格合理控制化石能源消费，积极发展非化石能源，深化能源体制机制改革。 3. 加快构建清洁低碳安全高效能源体系。 4. 加快推进低碳交通运输体系建设：优化推动低碳交通运输结构，推广节能低碳型交通工具，积极引导低碳出行。 5. 提升城乡建设绿色低碳发展质量：促进城乡建设和管理模式低碳转型，积极发展节能绿色建筑，加快推动既有建筑节能改造，加快推进适用技术研发和推广。 6. 加强绿色低碳重大科技攻关和推广应用：强化基础研究和前沿技术布局，加快先进适用技术研发和推广。 7. 持续巩固提升碳汇能力：巩固提升林业碳汇能力，增强海洋系统固碳能力，提升生态农业碳汇。 8. 提高对外开放绿色低碳发展水平：加快建立绿色贸易体系，推进绿色海上丝绸之路建设。 9. 健全法规规章和统计监测体系：健全法规规章，完善计量标准计量体系，提升统计监测能力。 10. 完善政策机制：健全投资政策，积极发展绿色金融，完善有关支持政策，推进市场化机制建设。 11. 切实加强组织实施：加强组织领导，强化统筹协调，压实各地责任，严格监督考核。

续表

序号	省份	规划文件	日期	重点内容
14	江西	《江西省碳达峰实施方案》	2022-07-08	将碳达峰贯穿于生态文明建设和经济社会发展各方面、全过程，明确重点实施能源绿色低碳转型行动、工业领域碳达峰行动、城乡建设碳达峰行动、节能降碳增效行动、交通运输绿色低碳行动、循环经济降碳行动、科技创新引领行动、固碳增汇强基础行动、绿色低碳全民行动、碳达峰试点示范行动等"碳达峰十大行动"。
		《中共江西省委 江西省政府关于完整准确全面贯彻新发展理念认真做好碳达峰碳中和工作的实施意见》	2022-04-06	立足新发展阶段、完整、准确、全面贯彻新发展理念，确保如期实现碳达峰、碳中和。 1. 深入推进产业绿色低碳循环发展：加快打造全面绿色转型发展的先行之地、示范之地。 2. 有序推进能源清洁低碳安全高效发展：推动工业绿色低碳转型，培育壮大低碳发展水平，严格推动能耗能碳高排放项目管控，加快农业绿色发展，提升服务业低碳产业。 3. 加快形成绿色低碳交通运输方式：严格推动消费强度和总量控制，推动化石能源清洁高效利用，大力发展非化石能源，深化能源体制改革。 4. 着力促进流通消费绿色低碳转型：优化交通运输结构，开展节能低碳型交通运输推广，积极引导绿色低碳出行。 5. 系统推进城乡建设绿色低碳发展：打造智能绿色物流，发展绿色贸易，倡号绿色低碳生活。 6. 大力加强绿色低碳科技创新：加快城乡建设绿色低碳转型，大力发展绿色建筑，优化建筑用能结构。 7. 积极培育绿色低碳市场：科学编制碳中和技术路线图，加强绿色低碳基础研究与技术改造，推进市场化机制建设。 8. 建立健全绿色低碳循环发展政策法规制度：巩固生态系统碳汇成果，提升生态系统碳汇水平，推进统计监测，完善经济政策，发展绿色金融。 9. 切实强化组织实施：完善法规规章，强化标准服务，加强统计监测、完善责任落实，引导社会参与，严格监督考核。

续表

序号	省份	规划文件	日期	重点内容
15	山东	《中共山东省委 山东省人民政府贯彻落实〈中共中央、国务院关于完整准确全面贯彻新发展理念做好碳达峰碳中和工作的意见〉的若干措施》	2022-12-23	将碳达峰碳中和的战略导向和目标要求融入全省经济社会发展中长期规划的编制和实施，强化国土空间规划、专项规划、区域规划和地方各级规划对碳达峰达标中和工作的支撑保障。 1. 全面构建经济社会绿色低碳高质量发展格局：深度融入经济社会发展中长期规划，精准对接国家区域重大战略，广泛形成绿色低碳生产生活方式。 2. 深入推进新旧动能转换，优化重点产业结构：推动产业结构优化升级，坚决遏制高耗能高排放低水平项目盲目发展，发展壮大绿色低碳产业。 3. 加快发展清洁低碳能源，深度调整能源结构：优先发展非化石能源，严格控制化石能源消费，培育发展能源新技术新模式。 4. 持续推进节能增效，不断提升能源利用效率：完善能耗和碳排放控制制度，大幅提升重点领域能源利用效率。 5. 积极推进低碳高效交通建设，加快形成绿色低碳运输体系：优化交通运输结构，加快建设绿色交通基础设施。 6. 科学推进新型城镇化建设，促进城乡建设清洁低碳转型：推动城乡建设绿色低碳发展，大力发展节能低碳建筑，优化城乡用能结构。 7. 加快重大革新技术研发，强化科技支撑能力：全面提升科技创新能力，推动先进适用技术研发应用。 8. 统筹推进山水林田湖草沙系统治理，持续巩固提升生态碳汇能力：稳步提升生态系统质量，提升生态系统碳汇增量。 9. 积极开展绿色交流合作，提高对外开放绿色低碳水平：加快发展绿色贸易，积极参与绿色"一带一路"建设。 10. 深化制度建设，建立省生态文效推进机制：健全政策法规与标准体系，提升统计核算和监测能力。 11. 加快重点领域改革，完善政策支撑体系：深化投资体制改革，积极发展绿色金融，强化政策支持。 12. 强化组织实施，夯实工作基础：加强组织领导，强化统筹协调，严格监督检查。

续表

序号	省份	规划文件	日期	重点内容
15	山东	《山东省碳达峰实施方案》	2022-12-18	坚决把碳达峰贯穿于经济社会发展各方面和全过程，扭住碳排放重点领域和关键环节，重点实施能源绿色低碳转型工程、工业领域碳达峰工程、节能降碳增效工程、城乡建设绿色低碳工程、交通运输绿色低碳助力降碳工程、循环经济助力降碳工程、绿色低碳科技创新工程、碳汇能力巩固提升工程、全民绿色低碳国际合作工程等碳达峰"十大工程"。
16	河南	《河南省碳达峰实施方案》	2022-05-23	将碳达峰贯穿于经济社会发展全过程和各方面，重点实施能源绿色低碳转型行动、工业领域碳达峰行动、城乡建设绿色低碳发展行动、交通运输绿色低碳发展行动、节能降碳增效行动、碳汇能力提升行动、绿色低碳科技创新行动、绿色低碳招商引资行动和绿色低碳全民行动等十大行动。
17	湖北	《湖北省城乡建设领域碳达峰实施方案》	2023-08-16	围绕城乡建设领域碳达峰目标，以绿色低碳发展为引领，坚持生态优先、节约优先、保护优先，节能减排和建筑结构调理、加快绿色建筑建设深入推进城市更新和乡村建设，绿色低碳转型城乡建设和乡村建设质量，部署开展推动城市建设绿色低碳发展、提升建筑能效水平、优化建筑用能结构，推进绿色低碳发展，加强可再生能源应用、强化建筑节能运行管理、推进绿色建造方式、推进县城和乡村建设绿色低碳发展等建设绿色领域碳达峰重点任务，确保如期实现城乡建设领域碳达峰。

续表

序号	省份	规划文件	日期	重点内容
18	湖南	《中共湖南省委 湖南省政府关于完整准确全面贯彻新发展理念做好碳达峰碳中和工作的实施意见》	2022-03-13	按照国家统一部署，系统处理好发展和减排、整体和局部、短期和中长期的关系，整体和局部、短期和中长期的关系，确保如期实现碳达峰、碳中和。 1. 优化绿色低碳发展规划布局：坚持生态优先、绿色低碳的高质量发展道路，确保如期实现碳达峰、碳中和。 2. 推动产业绿色低碳发展：全面推动传统产业绿色低碳转型，大力推动传统产业绿色低碳转型，提高高排放水平项目自觉发展。 3. 构建清洁低碳安全高效能源体系：严控煤炭消费总量，合理调控油气消费，提高可再生能源利用规模，深化能源体制机制改革。 4. 提升能源资源利用效率：完善能源消费强度和总量双控机制，提升重点领域能源利用效率，全面提高资源循环利用水平。 5. 推进低碳交通运输体系建设：优化交通运输结构，推广节能低碳型交通工具。 6. 提升城乡建设绿色低碳发展水平：推进城乡建设管理低碳转型，大力发展节能低碳建筑，加快优化建筑用能结构。 7. 加强绿色低碳重大科技攻关和推广应用：加快基础研究和前沿技术布局，加强绿色低碳重大关键技术攻关，加快绿色低碳科技成果转化应用。 8. 巩固提升生态系统碳汇能力：构建生态保护空间格局，提升生态系统碳汇增量，巩固农业生态碳汇能力。 9. 夯实法规标准统计基础：健全法律法规规章，完善标准体系，提升统计监测和节能监察能力。 10. 完善政策保障机制：加强组织领导，完善投融资政策，完善绿色财税价格政策，健全市场化机制，强化风险管控，注重宣传引导，严格考核督导。 11. 强化组织实施：加强组织领导，注重宣传引导，严格考核督导。
		《湖南省碳达峰实施方案》	2022-10-28	重点实施能源绿色低碳转型、节能减污协同降碳、工业领域碳达峰、城乡建设碳达峰、交通运输绿色低碳、资源循环利用助力降碳、绿色低碳科技创新、碳汇能力巩固提升、绿色低碳全民行动等"碳达峰十大行动"。

续表

序号	省份	规划文件	日期	重点内容
19	广东	《中共广东省委 广东省人民政府关于完整准确全面贯彻新发展理念推进碳达峰碳中和工作的实施意见》	2022-07-25	立足新发展阶段，贯彻新发展理念，构建新发展格局，碳中和纳入生态文明建设整体布局和经济社会发展全局，坚定不移走生态优先、绿色低碳的高质量发展道路，确保如期实现碳达峰、碳中和。 1. 推动经济社会发展全面绿色转型：强化绿色低碳发展规划引领，大力加快形成绿色生产生活方式。 2. 强力推进产业结构调整：推动产业结构低碳转型，坚决遏制高耗能高排放项目盲目发展，大力发展绿色低碳产业。 3. 加快构建清洁低碳安全高效能源体系：推动能耗"双控"向碳排放总量和强度"双控"转变，大幅提升能源利用效率，严格控制化石能源消费，大力发展非化石能源，构建以新能源为主体的新型电力系统，深化能源体制机制改革。 4. 实施重点领域节能降碳行动：实施工业领域节能降碳行动，提升城乡建设绿色低碳发展质量，加快推进低碳交通运输体系建设。 5. 加强绿色低碳科技创新：加强核心技术攻关和前沿技术布局，推进重大科技创新平台和人才队伍建设，加快提升科技成果转化和推广应用。 6. 持续巩固提升生态系统碳汇：巩固生态系统碳汇能力，提升生态系统碳汇增量。 7. 加强绿色低碳交流合作：加快建立绿色贸易体系，建立统计监测体系，完善经济政策，推进市场化机制建设。 8. 加强组织实施：加强组织领导，压实地方责任，严格监督考核。
		《广东省碳达峰实施方案》	2023-02-07	坚决把碳达峰贯穿于经济社会发展各方面和全过程，扭住碳排放重点领域和关键环节，重点实施产业绿色提质行动、能源绿色低碳转型行动、节能降碳增效行动、工业重点行业碳达峰行动、城乡建设碳达峰行动、交通运输绿色低碳行动、循环经济助力降碳行动、农业农村减排固碳行动、绿色经济交易市场建设行动、生态碳汇能力巩固提升行动、科技赋能碳达峰行动、绿色低碳全民行动、各地区梯次有序达峰行动、多层次试点示范创建行动等"碳达峰十五大行动"。

续表

序号	省份	规划文件	日期	重点内容
20	广西	《中共广西壮族自治区委员会 广西壮族自治区人民政府关于完整准确全面贯彻新发展理念做好碳达峰碳中和工作的实施意见》	2022-04-28	坚定不移走生态优先、绿色低碳的高质量发展道路，在推动绿色发展上迈出新步伐，为建设新时代中国特色社会主义壮美广西作出重要贡献。 1. 推动经济社会发展全面绿色转型：优化区域布局，提升绿色低碳发展水平，积极开展示范创建。 2. 加快产业结构调整：推动产业结构优化升级，坚决遏制高耗能高排放项目盲目发展。 3. 加快构建清洁低能源体系：强化能源消费强度和总量双控，大幅提升能源利用效率，严格控制化石能源消费，积极发展非化石能源，深化能源体制机制改革。 4. 加快推进低碳交通运输体系建设：优化交通运输结构，推广低碳型交通工具，积极引导低碳出行。 5. 提升城乡建设绿色低碳发展质量：推进城乡建设和管理模式低碳转型，大力发展节能低碳建筑，加快优化建筑用能。 6. 加强绿色低碳科技攻关和推广应用：强化基础研究和关键技术研发。 7. 持续巩固提升生态系统碳汇能力：巩固生态系统碳汇，提升生态系统碳汇增量。 8. 提高对外开放合作绿色低碳发展水平：加快建立绿色贸易体系，参与国际交流合作。 9. 建立健全法规标准和统计监测体系：建立健全法规标准体系，提升统计监测能力。 10. 完善政策机制：完善投资政策，积极发展绿色金融，完善财税价格政策，推进市场化机制建设。 11. 切实加强组织实施：加强组织领导，强化统筹协调，严格监督考核，加强培训宣传。
21	海南	《海南省碳达峰实施方案》	2022-12-29	将碳达峰贯穿于经济社会发展全过程和各方面，重点实施能源绿色低碳转型行动、节能降碳增效行动、工业领域碳达峰行动、城乡建设碳达峰行动、交通运输绿色低碳行动、循环经济助力降碳行动、绿色低碳科技创新行动、碳汇能力巩固提升行动、绿色低碳全民行动、各市县扎实推进碳达峰行动等"碳达峰十大行动"。
			2022-08-09	围绕"三区一中心"战略定位，蹄疾步稳推进国家生态文明试验区建设，确保如期实现碳达峰，争做碳达峰碳中和工作"优等生"。将碳达峰贯穿于海南经济社会发展全局，系统谋划、有序推进，开展碳达峰安全高效清洁能源岛，打造海南自由贸易港特色产业体系，推进绿色低碳产业发展，建设碳汇海岛交通系统，巩固提升生态系统碳汇能力，强化绿色科技创新支撑力，创建高水平绿色低碳社会，并拓国际交流合作新模式等重点任务。

续表

序号	省份	规划文件	日期	重点内容
22	重庆	《中共重庆市委 重庆市人民政府关于完整准确全面贯彻新发展理念 做好碳达峰碳中和工作的实施意见》	2022-07-29	坚定不移走生态优先、绿色低碳的高质量发展道路，确保如期实现碳达峰、碳中和。1. 加快推进产业结构、能源结构、交通运输结构、用地结构调整，协同推进降碳减污扩绿增长。2. 深入推动产业结构绿色低碳发展，培育壮大绿色低碳新兴产业：加快形成绿色低碳生产生活方式。3. 着力构建清洁低碳安全高效的能源供应体系：持续提高能源利用效率，积极发展非化石能源，保障能源供应安全，有序控制化石能源消费，深化能源体制机制改革。4. 加快构建绿色低碳交通运输体系：建设绿色低碳交通运输结构组织效率，推广低碳交通运输工具和装备应用。5. 全面提升城乡建设绿色低碳发展水平：推动城乡建设绿色低碳转型，全面提升建筑能效水平，推广可再生能源建筑应用。6. 构建绿色低碳科技创新体系：加强绿色低碳技术研发和推广。7. 提高内陆开放高地建设绿色低碳转型发展水平：联合推动成渝地区绿色低碳转型，协同推动长江经济带绿色发展，融入共建"一带一路"。8. 持续巩固提升生态系统碳汇能力：巩固生态系统碳汇能力，提升生态系统碳汇增量。9. 健全法规和统计监测体系：健全地方性法规政策，建立统计监测制度，完善绿色低碳政策机制。10. 切实加强组织实施：加强组织领导，完善财政投资金融政策，推进市场化机制建设，严格监督考核。
23	四川	《中共四川省委 四川省人民政府关于完整准确全面贯彻新发展理念 做好碳达峰碳中和工作的实施意见》	2022-03-14	立足新发展阶段、完整、准确、全面贯彻新发展理念，以全面巩固提升生态碳汇能力为支撑，加快形成节约资源和保护环境的产业结构、生产方式、生活方式、空间格局，优化绿色低碳发展区域布局，确保如期实现碳达峰、碳中和。1. 推进经济社会发展全面绿色转型：强化绿色发展规划引领，扩大绿色产品供给和消费，倡导绿色低碳生活方式，大力加快形成绿色生产生活方式，推动产业绿色低碳转型，坚决遏制高耗能高排放项目盲目发展。2. 推动产业结构优化升级：推动产业优化升级，积极发展清洁能源，大幅提升能源利用效率，严控化石能源消费，加强节能降碳管理，深化能源体制机制改革。3. 加快建设清洁低碳安全高效能源体系：积极发展清洁能源，加强节能降碳目标管理，深化能源体制机制改革。

续表

序号	省份	规划文件	日期	重点内容
23	四川	《中共四川省委 四川省人民政府关于完整准确全面贯彻新发展理念 做好碳达峰碳中和工作的实施意见》	2022-03-14	4. 加快推进低碳交通运输体系建设：优化交通运输结构，推广节能低碳型交通工具，积极引导低碳出行，推进绿色低碳交通示范引领。5. 提升城乡建设绿色低碳发展质量：推进城乡建设和管理模式低碳转型，大力发展低碳建筑，加快优化建筑用能结构。6. 加强绿色低碳重大科技攻关和推广应用：强化基础研究和前沿技术布局，加快先进适用技术研发和推广。7. 持续巩固提升碳汇能力：巩固生态系统碳汇能力，提升生态系统碳汇增量。8. 提高对外开放绿色低碳发展水平：参与绿色"一带一路"建设。9. 健全法规标准和统计监测体系：健全法规规章制度，完善相关标准体系，提升统计监测能力。10. 完善政策机制：完善投资政策，积极发展绿色金融，对接落实财税价格政策，推进市场化机制建设。11. 切实加强组织实施：加强组织领导，强化统筹协调，严格监督考核。
		《四川省碳达峰实施方案》	2022-12-31	将碳达峰贯穿于经济社会发展全过程和各方面，围绕建设世界级优质清洁能源基地，实施能源绿色低碳转型行动；围绕全面提高能源资源利用效率，节能降碳增效行动；围绕全面提高能源资源利用效率，围绕推进新型城镇化和乡村振兴，城乡建设碳达峰助力降碳行动；聚焦全面提高资源利用效率，循环经济助新行动；绿色低碳科技创新行动；绿色低碳全民行动；围绕筑牢长江黄河上游生态屏障，碳汇能力巩固提升行动；围绕践行生态文明理念，绿色低碳全民行动；围绕践行生态文明理念、工业、交通运输领域碳达峰行动；实施能源绿色低碳转型，实施工业体系碳达峰行动，围绕构建现代能源体系，聚焦建设现代化强省，坚持全省"一盘棋"思维，教兴川和人才强省，绿色低碳科技创新，碳汇能力巩固提升行动；围绕筑牢长江黄河上游生态屏障，碳达峰行动。
24	贵州	《贵州省碳达峰实施方案》	2022-11-04	将碳达峰目标要求贯穿于经济社会发展全过程和各领域，重点实施能源绿色低碳转型、节能降碳增效、产业绿色低碳提升、城乡建设绿色低碳发展、交通运输绿色低碳、循环经济助力降碳、绿色低碳科技创新、碳汇能力巩固提升、全民绿色低碳等各市（州）梯次有序碳达峰等"碳达峰十大行动"。

续表

序号	省份	规划文件	日期	重点内容
25	云南	《中共云南省委 云南省人民政府关于完整准确全面贯彻新发展理念做好碳达峰碳中和工作的实施意见》	2022-12-07	立足新发展阶段，完整、准确、全面贯彻新发展理念，全面构建绿色低碳发展的产业结构、生产方式、生活方式、空间格局。1. 全面构建绿色低碳现代化产业体系：抓紧抓实低碳产业项目自身发展；坚决遏制高耗能高排放低水平项目盲目发展。2. 加快构建清洁低碳安全高效能源体系：大幅提升能源利用效率，大力发展非化石能源，推动化石能源清洁高效利用，构建能源安全保障体系，深化能源体制机制改革。3. 推动形成绿色低碳交通运输方式：调整优化交通运输结构，推广新能源和清洁能源运输装备，推动化石能源清洁高效利用，倡导绿色低碳出行。4. 系统提升城乡建设绿色发展质量：推进城乡建设和管理模式绿色低碳转型，大力发展绿色低碳建筑，优化城乡建设用能结构。5. 持续加强绿色低碳科技攻关和应用：加强基础研究和前沿技术攻关，加快先进适用技术推广应用。6. 着力促进生态系统绿色增汇：巩固生态系统碳汇能力，提升生态系统碳汇增量，协同推进生物多样性保护和碳汇提升。7. 提高绿色低碳发展水平：建立健全法规标准和统计监测体系，推动市场化机制建设，探索建立生态产品价值转化机制。8. 切实加强组织实施：加强组织领导，严格监督考核，强化政策保障，宣传教育，提升对外交流合作能力。
26	西藏	《云南省碳达峰实施方案》	2022-08-11	将碳达峰目标要求贯穿于经济社会发展全过程和各领域，重点实施绿色能源强省建设行动、工业绿色低碳转型行动，交通运输绿色低碳行动、城乡建设低碳转型行动、节能降碳增效行动，循环经济协同降碳行动、绿色低碳科技创新行动、州市梯次有序碳达峰行动"十大行动"。
		《西藏自治区工业领域碳达峰实施方案》	2023-06-08	围绕"着力创建国家生态文明高地，努力做到西藏生态文明建设走在全国前列"目标要求，统筹工业发展和减排、整体和局部，长远目标和短期目标，政府和市场的关系，确保如期实现2030年工业领域碳达峰目标，开展调整优化产业结构，积极构建绿色制造体系，持续提升能源利用效率，持续提升用能结构，大力促进资源节约高效利用，推广应用绿色低碳技术，推动数字化赋能绿色低碳发展等碳达峰重点任务。

续表

序号	省份	规划文件	日期	重点内容
27	陕西	《中共陕西省委 陕西省人民政府关于完整准确全面贯彻新发展理念做好碳达峰碳中和工作的实施意见》	2022-08-13	立足新发展阶段，坚定不移走生态优先、绿色低碳的高质量发展道路，确保如期实现碳达峰、碳中和。 1. 全面推进经济社会绿色低碳转型：坚持绿色低碳发展规划导向，优化绿色低碳发展区域布局，推动生产生活方式绿色转型。 2. 推动产业结构绿色低碳升级：加快产业绿色低碳转型，发展壮大绿色低碳产业。 3. 着力构建清洁低碳安全高效能源体系：强化能源消费强度和总量双控，严格控制化石能源消费，大力发展非石能源，加快新型电力系统建设。 4. 加快构建绿色低碳交通运输体系：优化交通运输结构，推广节能低碳型交通运输工具，引导绿色低碳出行。 5. 全面提升城乡建设绿色低碳发展水平：推进城乡建设绿色低碳转型，大力提升建筑能效水平，推进建筑用能清洁低碳。 6. 构建绿色低碳科技创新体系：加强绿色低碳科技创新能力建设，加强绿色低碳技术研发应用。 7. 持续巩固提升生态系统碳汇能力：巩固生态系统碳汇能力，持续增加生态碳汇。 8. 提高对外开放绿色低碳水平：大力发展绿色贸易，推进绿色丝绸之路建设。 9. 健全法规标准和统计监测体系：健全地方性法规和标准，建立健全统计监测体系。 10. 完善绿色低碳政策机制：完善投资政策，积极发展绿色金融，完善财税价格政策，加快建立市场化机制。 11. 切实加强组织实施：加强组织领导，强化统筹协调，严格监督考核。
		《陕西省碳达峰实施方案》	2022-07-22	将碳达峰目标要求贯穿于经济社会发展全过程和各领域，加快建立清洁低碳安全高效能源体系，深入推进节能降碳增效，推动工业体系碳达峰转型，加快推进城乡建设绿色低碳发展，加快形成绿色低碳交通运输方式，大力发展循环经济，加快推进绿色低碳科技创新，增强生态系统碳汇能力，提高全社会绿色低碳发展水平，推动全省安全有序碳达峰，开展绿色低碳国际合作等碳达峰十一项重点任务。

续表

序号	省份	规划文件	日期	重点内容
28	甘肃	《中共甘肃省委 甘肃省人民政府关于完整准确全面贯彻新发展理念做好碳达峰碳中和工作的实施意见》	2022-07-21	立足甘肃省在全国生态屏障、能源基地、战略通道、开放枢纽的功能定位，用足用好"一带一路"等国家重大战略，深入推进新时代西部大开发形成新格局，黄河流域生态保护和高质量发展国家重大战略，加快绿色低碳产业结构，严格控制化石能源消费，提升城乡建设绿色低碳绿色质量，加快绿色低碳重大科技攻关和推广应用，持续巩固提升碳汇能力，提高对外开放绿色低碳发展水平，健全法规标准和统计监测体系，完善等政策机制。
		《甘肃省碳达峰实施方案》	2023-05-11	将碳达峰贯穿于全省经济社会发展全过程和各方面，重点实施能源绿色低碳转型行动、节能降碳增效行动、工业领域碳达峰行动、城乡建设碳达峰行动、交通运输绿色低碳行动、循环经济助力降碳行动、绿色低碳科技创新行动，碳汇能力巩固提升行动、绿色低碳全民行动、各有序达峰行动等"十大行动"。
29	青海	《中共青海省委 青海省人民政府关于完整准确全面贯彻新发展理念做好碳达峰碳中和工作的实施意见》	2022-03-13	将碳达峰碳中和纳入生态文明建设建设整体布局，贯穿于青海经济社会发展全局，实践内涵"一优两高"实现青海碳达峰目标。将开展如下重点任务：统筹制定高排放低水平项目首目发展，坚决遏制高耗能源利用效率，推动碳中和首目发展，开展零碳低碳试点示范、深化拓展"五个示范省"，统筹推进"四种经济形态"，培育发展"四种经济形态"，处理好发展和减排、整体和局部、短期和中长期的关系，走出一条生态友好、绿色低碳、具有高原特色的高质量发展道路，将青藏高原打造成全国乃至全国率先、全面融入规划布局，调整优化产业结构，协同推进节能降碳，提升能源资源利用效率，大力推进城乡建设低碳、加快推动黄河流域生态保护和高质量发展，构建低碳交通体系，巩固提升碳汇能力，发展节能低碳建筑、深入推动碳汇体系建设，加强生态系统碳汇基础支撑，加快标准计量和统计监测体系建设。
		《青海省碳达峰实施方案》	2022-12-18	将碳达峰贯穿于青海经济社会发展全局，系统谋划、有序推进，重点实施循环经济助力降碳行动、能源绿色低碳转型行动、服务业绿色低碳行动、农业农村减排增汇工行动、生态碳汇巩固提升行动、城乡建设绿色发展行动、绿色低碳全民行动、各市州有序达峰行动等"碳达峰行动十大行动"。

续表

序号	省份	规划文件	日期	重点内容
30	宁夏	《中共宁夏回族自治区委员会 宁夏回族自治区人民政府关于完整准确全面贯彻新发展理念做好碳达峰碳中和工作的实施意见》	2022-01-10	立足新发展阶段，完整、准确、全面贯彻新发展理念，全面贯彻落实生态优先绿色发展理念，坚持生态优先绿色发展。在产业结构调整中全面"减碳"，在能源结构优化中持续"降碳"，在重点领域绿色发展中加快"消碳"，在创新绿色技术中助推"低碳"，在提升生态系统中有效"固碳"，在完善政策体系中实现"控碳"。
31	新疆	《新疆维吾尔自治区碳达峰实施方案》	2023-07-14	坚持"服务全局、节约优先、双轮驱动、协同联动、防范风险"的总方针，深入扎实推进能源绿色低碳转型行动、节能降碳增效行动、工业领域碳达峰行动、城乡建设低碳发展行动、交通运输绿色低碳转型行动、循环经济助力降碳行动、绿色低碳科技创新行动、碳汇能力巩固提升行动、绿色低碳全民行动、各地梯次有序达峰行动等碳达峰"十大行动"。统筹开展具有全区特色的工业绿色发展行动、能源绿色低碳转型行动、交通运输绿色低碳行动、城乡建设绿色低碳行动、减污降碳协同治理行动、节能降碳增效行动、生态固碳增汇行动、循环经济助力降碳行动、绿色低碳科技引领行动、绿色低碳"一带一路"行动等碳达峰"十大行动"。

第五章 "双碳"目标下城镇化
发展案例分析
——低碳城镇化省份：上海市①

上海市是我国最大的经济中心城市和全球第四大经济城市②，在全球和我国经济发展中具有举足轻重的影响力，在长三角城市群高质量发展和一体化发展中发挥着重要引领作用。根据统计局的相关数据，2022年，上海市城镇化率已经达到89.3%，在全国所有省级行政区中位列第一，且近年来呈相对稳定趋势。通过持续的产业结构优化升级，上海总体能耗增速趋缓，碳排放总量也在波动下降，在我国各省低碳发展进程中已经走在前列。当前，上海已经进入了城镇化发展的中后期阶段，城镇化水平高但增长趋于平缓。未来应如何进一步发挥引领作用，探索塑造高质量低碳城市的样板，是上海作为有条件尽快完成碳达峰目标的省级行政单元面临的重要议题。《上海市碳达峰实施方案》明确提出，计划到2025年，上海市碳排放强度将确保完成国家下达的任务指标，到2030年碳排放强度比2005年下降70%，确保在2030年前实现碳达峰。为此，上海应进一步巩固在城镇化低碳发展中的良好基础，发挥好科技引领城镇化高质量发展的重要作用，进一步促进产业结构升级、能源清洁转型、节能减排效率提升，加大绿色低碳生产技术的研发应用力度，推动新兴技术与绿色低碳产业的深度融合，处理好生产要素高效流动和合理集聚之间的关系，为长三角地区乃至全国的绿色低碳发展起到先行示范作用，力争率先实现碳达峰，迈向碳中和。

---

① 数据来源：本章上海市城镇化率、常住人口、地区生产总值、产业结构、能源相关数据主要来自历年的《中国统计年鉴》《上海统计年鉴》《2022年上海市国民经济和社会发展统计公报》《上海市第七次全国人口普查主要数据公报》《上海概览2022》等；如无特指，本章碳排放总量、碳排放强度数据主要来自清华大学中国碳核算数据库（CEADs）提供的2019年中国省级表观二氧化碳排放清单，在与全国各省份的分析比较过程中，由于数据原因，本章只讨论30个省份（不含西藏、港澳台）。

② 根据上海市商务委员会发布的《2023上海外商投资环境白皮书》，2022年上海生产总值位列全球城市第四。

第一节 上海市战略定位

上海作为我国直辖市之一，既是国家中心城市，又是国务院批复确定的国际经济、金融、贸易、航运、科技创新中心，还是我国对外开放的前沿窗口。当前是实现中华民族伟大复兴的关键时期，面向全面建设社会主义现代化国家的新征程，上海肩负建设国内大循环的中心节点、国内国际双循环战略链接的全新使命。现阶段，上海将自身发展放在中央对上海发展的战略定位上、放在经济全球化大背景下、放在全国发展大格局中、放在国家对长三角发展的总体部署中思考谋划，依托国际经济中心、国际金融中心、国际贸易中心、国际航运中心、科技创新中心"五个中心"建设战略定位，充分发挥自身禀赋优势，以排头兵的姿态和先行者的担当，深化高水平改革开放，推进高水平科技自立自强，加快建设具有世界影响力的社会主义现代化国际大都市。

国际经济中心。作为我国最大的经济城市，2022年上海土地面积虽然仅占全国的0.06%，但地区生产总值却占全国的3.69%，单位国土面积GDP是全国平均水平的54.15倍[1]，已在"十三五"期间基本建成国际经济中心，并在2021年迈上4万亿元的经济总量新台阶，跃升至全球城市第四位[2]。纵观其发展历程，上海紧抓改革开放重要发展机遇，依托于整个国家(特别是长三角城市群)超大市场规模，形成了国内其他城市无可比拟的发展优势，也承载了加快培育、提升城市能级和核心竞争力，参与全球经济竞争的功能使命。统计局公布的相关数据显示，在较优的产业结构和金融业发展的不断增强下，2022年上海地区生产总值达4.47万亿元，人均可支配收入达到79610元，居全国首位。现阶段，上海正立足扩大内需战略，以强化高端要素配置、增强集聚辐射能力为发展要求，加快建设实力更强的国际经济中心。未来，上海将继续肩负全国改革开放排头兵、创新发展先行者的使命担当，以较高的经济发展水平和强大的资源优势，在长三角一体化发展中发挥龙头辐射作用，推动引领长三角地区成为我国经济发展最活跃、开放程度最高、创新能力最强的区域之一，

---

[1] 根据2022年统计公报，2022年全国GDP为121.02万亿元，国土面积960万平方千米，单位国土面积GDP为0.13亿元/平方千米；2022年上海GDP为4.47万亿元，国土面积为6340.5平方千米，单位国土面积GDP为7.04亿元/平方千米。

[2] 数据来自上海市人民政府新闻办公室、上海市统计局发布的《上海概览2022》。

进而对标国际一流经济中心城市，持续提升上海的经济中心功能，建设社会主义现代化大都市，在国家现代化建设大局和全方位开放格局中发挥举足轻重的先导作用。

国际金融中心。上海是我国近代金融业的重要发祥地，"上海国际金融中心建设"于1992年被确立为国家战略，2009年国务院进一步提出"到2020年上海要基本建成与我国经济实力及人民币国际地位相适应的国际金融中心"。上海国际金融中心建设在服务国家经济社会发展和金融改革开放过程中发挥着重要作用，承担着服务实体经济、防控金融风险、深化金融改革的重要任务和使命。当前，上海是我国乃至国际金融市场门类最齐备的城市之一，是我国内地金融对外开放最前沿、金融改革创新先行区和国内金融发展环境最完善的地区之一。据中国日报网报道，2022年上海证券市场首发募资额全球第一，现货黄金交易量、原油期货市场规模均居世界前三，超大规模的金融市场为上海打造国际金融中心奠定了扎实的基础。上海把碳金融作为国际金融中心建设的重要组成部分，《上海加快打造国际绿色金融枢纽 服务碳达峰碳中和目标的实施意见》提出，到2025年将基本建成具有国际影响力的碳交易、定价、创新中心，基本确立国际绿色金融枢纽地位。

国际贸易中心。上海地处亚太地区沿海城市带的地理中心，也处于我国长江经济带和沿海经济带的交会之处，是贯通"一带"和"一路"的枢纽性节点，这为建设国际贸易中心提供了得天独厚的地理优势（陆铭，2023）。1992年，"上海国际贸易中心建设"成为国家战略，并于2001年由国务院明确战略定位。在国际贸易中心建设过程中，上海围绕贸易结构转变、竞争新优势培育，把握上海自由贸易区建设重要机遇，创新监管模式、拓展贸易功能，推动外贸业务向价值链高端延伸，着力提升贸易中心能级。近年来，上海贸易中心全球枢纽功能持续巩固，集聚辐射功能不断增强。根据上海市统计局数据披露，2021年，上海以超10万亿元的口岸贸易总额列世界城市首位，以2293.8亿美元的服务贸易进出口额位居全球城市前列，已成为国内最大的进口消费品集散地。当前，上海在促进我国消费提质扩容、商品要素资源畅通流动、市场资源优化配置上发挥着无可替代的重要作用。新时期，上海也将着力打造新型国际贸易先行示范区，发展数字贸易、知识密集型服务贸易，进一步推进国际贸易中心枢纽能级全面跃升。

国际航运中心。20世纪90年代，《迈向21世纪的上海》首次提出把上海建设成为国际航空航运中心，并在2001年由国务院明确了上海国际航运中心的战略定位。如今,上海已是我国最大的港口城市,优越的地理位置和便捷的交通网络,使其成为连接内外贸易的重要枢纽,其肩负着融入全球供应链与航运治理体系,支撑打造国内大循环中心节点、国内国际双循环战略链接的重要使命。上海市统计局数据披露,2021年上海港口货物吞吐量达到77635.43万吨,位居世界前列;港口国际集装箱吞吐量4703.33万国际标准箱,连续12年位居世界第一。《新华·波罗的海国际航运中心发展指数报告(2021)》显示,2021年,上海在全球航运中心城市中综合实力排名第三,仅次于新加坡和伦敦。面向未来,上海国际航运中心建设将形成枢纽门户服务升级、引领辐射能力增强、科技创新驱动有力、资源配置能级提升的发展新格局,基本建成便捷高效、功能完备、开放融合、绿色智慧、保障有力的世界一流国际航运中心。

科技创新中心。上海肩负着强化科技创新策源功能,提升城市核心竞争力,提高国家创新水平的重要使命,正不断加快向具有全球影响力的科技创新中心进军。近年来,上海通过强化顶层设计和制度供给,在集成电路、人工智能、生物医药等重点领域着力打造"上海方案",制定并实施智慧城市、数字经济等政策措施,加快建设研发与转化功能型平台,持续加大重大专项和关键核心技术攻关力度,实现科技创新中心策源功能加快提升。《上海概览2022》显示,2021年上海研究与试验发展经费支出约1700亿元,占上海地区生产总值4.1%左右,达到世界发达国家水平;上海高价值发明专利拥有量达到34.2件/万人,高新技术企业突破2万家,实现全国科学技术奖三大奖项"大满贯";在2021年9月公布的《2021年全球创新指数报告》中,上海位列全球"最佳科技集群"第八,国际科技创新中心基本框架体系已经建成,正快步向形成核心功能跃升。

第二节　上海市城镇化发展的历程、现状、挑战与趋势特征

自新中国成立以来,上海一直保持着较快的发展速度。截至2022年底,上海的城镇化发展已进入中后期阶段,城镇化率在全国所有省级行政区中位列第一(不含西藏、港澳台),城镇化水平高但增长趋缓。在国家新型城镇化战略导向下,上海未来如何进一步实现并保持超大城市高质量发展态势,进而对长三角地区乃至全国的发展起到引领带动作用,是现阶段乃至面向2035远景

目标的重要议题。

一、城镇化发展历程及现状

上海城镇化水平遥遥领先，已率先进入高质量发展阶段。截至 2022 年，上海全市常住人口 2475.89 万人，其中城镇人口约 2210.97 万人，城镇化率 89.3%。上海市的城镇化发展是一个漫长的演变过程。上海市区原本是吴淞江下游的一个渔村，拥有十分便利的水上交通条件，在唐宋时期逐渐发展为繁荣的港口；明清时期随着资本主义工商业的发展，上海市城镇化初步显现出以工商业为主的雏形，并为后期资本主义工商业的发展打下坚实的基础。新中国成立以来，以城镇体系演变为主线，上海的城镇化发展可以分为五个历史阶段（忻平等，2019）。

第一阶段是 1949~1955 年，上海市城市功能由消费型向生产型转变。新中国成立前夕，上海是全国最大的工业、贸易和金融中心，也是东亚地区少有的大型都市。但由于历史原因，战后上海经济建设和生产遭到一定程度破坏，经济呈现畸形的发展态势，城市服务人口远大于直接从事生产的人口。1949 年 12 月，中央人民政府政务院邀请相关专家指导上海城市建设工作，专家组拟定形成了《关于上海市改建及发展前途问题》意见书。意见书指出，上海亟须调整畸形的消费型城市的发展模式，推动建设成健康生产型城市。此后，上海积极调整工业结构，优先发展重工业，改组商业行业，缩小城市消费人口规模，使其逐渐从消费型城市转变为生产型城市。在工业区规划方面，上海确立了逐步扩大市区面积带动周边区域发展的方针，保留沿长江、苏州河和铁路线的工业带，规划了沪西、沪南和江湾地区作为新兴工业区。经过"一五"计划时期的工业经济发展布局调整，上海的工业发展水平进入了一个新台阶。

第二阶段是 1956~1977 年，上海市城镇化进入了卫星城发展阶段。1956 年，上海提出"充分利用、合理发展"建设方针。此后，上海充分利用老工业基地，开始了新中国成立后的第一次集中建设。1957 年底至 1958 年初，中共上海市第一届代表大会第二次会议提出"在上海周围建立卫星城镇，分散一部分小型企业，以减轻市区人口过分集中"。至此，上海拉开了卫星城发展的序幕，闵行、吴泾、安亭、松江、嘉定等一批卫星城建设逐步展开。1959 年，上海市委协同国家建筑工程部规划工作组编制完善《关于上海城市总体规划的初步意见》，针对市区工业调整与人口规模、卫星城的工业和人口分布、对外交通运输等方面提出规划意见，"建立卫星城镇，压缩旧区人口"成为上海这一阶段城市规划和建设的基本方针，卫星城镇人口也预期将发展到 180 万～200 万，卫星城服务于上海重工业建设的作用日益凸显。尽管由于一些历史原因，卫星城建设放缓脚步，甚至几近停滞，但卫星城发展模式始终被坚持，"压缩旧市区、控制近郊区、发展卫星城镇"成为 20 世纪六七十年代上海市城市建设的主要方针。

第三阶段是 1978～2000 年，上海市从单中心城镇模式转向多中心发展。改革开放后，上海的城市发展进入了新时期。1979 年上海全市有关部门展开了广泛讨论，于 1982 年确定《上海市城市总体规划纲要》，明确"使上海发展成为以中心城为主体，市郊城镇相对独立，中心城与市郊城镇有机联系，群体组合的社会主义现代化城市"的发展方向。七大卫星城先后辟建，形成了以中心城为主体，辐射卫星城和众多小城镇的"众星拱月"的城市总体格局。卫星城发展的同时，上海于 20 世纪 80 年代开始了一种新型的工业集聚区——经济开发区的建设，闵行、虹桥、漕河泾三大国家经济开发区逐步成为上海工业对外开放的招牌。20 世纪 90 年代之后，上海的经济结构和城市功能定位进一步调整，突破了原有的卫星城发展模式，新城建设逐步兴起。1999 年，《上海市城市总体规划(1999—2020 年)》提出，郊区要集中力量建设新城，规划形成若干个城市功能完善、产业结构合理、至 2010 年人口规模在 30 万人以上的新城，充分发挥集聚和规模效应，规划进一步明确了现代卫星城需要具备社会、产业的综合功能，城市空间结构逐步呈现多中心化发展的态势。

第四阶段是 2001～2012 年，进入国际大都市建设阶段。这一时期，上海抓住浦东开发开放的历史机遇，经济社会、城市建设步入快车道，上海功能与定位随之发生改变。2001 年 5 月，国务院批复并原则同意修订《上海市城市总体规划(1999—2020 年)》，规划明确提出"把上海市建设成为经济繁荣、社会文明、环境优美的国际大都市，国际经济、金融、贸易、航运中心之一"。根据这一目标，上海统筹城市建设和发展，优化城市整体布局，在中心城区控制人口规模，疏解工业至郊区，着重推进重大产业基地建设和工业园区建设。在这一阶段，上海市明确提出"一城九镇"的试点计划，针对性吸引中心城区部分群体，以达到疏解中心城区人口、促进郊区发展的目的。2004 年，上海市政府发表《关于切实推进"三个集中"加快上海郊区发展的规划纲要》，进一步提出城镇布局优化策略。自此，"一城九镇"演变成"三城七镇"，以松江、嘉定、临港为代表的新城成为发展重点。2005 年，上海市提出"1966"四级城镇体系,即要建设 1 个中心城、9 个新城、60 个左右新市镇和 600 个左右中心村,基本奠定了此后的上海城镇体系基础。

第五阶段是 2012 年至今,是上海持续推进建设具有世界影响力的社会主义现代化国际大都市和卓越的全球城市阶段。"十二五"时期,上海依托工业化和城市化加快发展、城市开放水平较高等发展优势,进入转型发展新阶段。统筹城乡发展是转型发展的重大任务,上海"十二五"规划强调,要把郊区放在现代化建设更加重要的位置,推动城市建设重心向郊区转移,以新城建设为重点,从而深化完善城镇体系,加快推进新型城市化和新农村建设。上海"十三五"规划提出,把以人为本、集约高效、绿色低碳、传承文脉的理念全方位融入城市发展,以提升主城区发展能级、推进新城功能建设、分类推进镇的发展为要求,持续优化城镇功能空间布局。2018 年 1 月,《上海市城市总体规划(2017—2035 年)》正式发布,提出"立足 2020 年,建成具有全球影响力的科技创新中心基本框架,基本建成国际经济、金融、贸易、航运中心和社会主义现代化国际大都市",以及"展望 2035 年,基本建成卓越的全球城市,令人向往的创新之城、人文之城、生态之城,具有世界影响力的社会主义现代化国际大都市"。《上海市国民经济和社会发展第十四个五年规划和二〇三五年远景目标纲要》进一步提出,"坚持以人为本、安全为重、管理为先的理念,以枢纽型、功能性、网络化和智能化为导向","促进人口、土地等资源要素优化布局,科学配置交通和公共服务设施,加快形成'中心辐射、两翼齐飞、新城发力、南北转型'的空间新格局"。在此阶段,上海城市空间布局不断优化,"主城区—新城—新市镇—乡村"的四级城乡体系继续发展,城市功能转型进一步推进,推动主城区优先发展高端生产性服务业和高附加值都市型工业,郊区集中布局先进制造业与工业区,形成高端产业基地。

从经济水平与产业发展现状来看,上海综合经济实力雄厚,产业结构超前发展,金融业占比较高。根据统计局公布的相关数据,截至 2022 年,上海市地区生产总值为 4.47 万亿元,在地级以上城市中居首位,被誉为全球第四大经济城市。同年,上海人均生产总值为 18.0 万元,明显高于全国 8.6 万元的平均水平,人均收入居全国首位。在持续的产业结构转型中,上海三产比重不断提高,2022 年三产占比达 74.1%,显著高于全国 52.8% 的平均水平,服务业已成为上海经济增量的主导引擎,对经济的拉动作用明显。上海持续探索工业增长新动能,积极构建以现代服务业、战略性新兴产业、先进制造业为主的现代化产业体系,2022 年以新能源、高端装备、生物、新材料等为代表的战略性新兴产业增加值达 1.06 万亿元，地区生产总值比重达 23.8%，高于全国近 11 个百分点[①]。集成电路、生物医药、人工智能成为上海产业发展的三大先导产业，2022 年三大先导产业总规模达到 1.4 万亿元，全市规上工业总产值继续保持 4 万亿元量级，战略性新兴产业总产值占规模以上工业总产值比重提高到 43%。金融业作为上海经济增长的重要支柱，在全球经济不确定性因素增加、外需减弱的背景下，金融业仍是上海经济发展的重要支撑和亮点。2022 年 9 月，中国(深圳)综合开发研究院和英国 Z/Yen 集团联合发布的《全球金融中心指数(第 32 期)》显示，上海全球金融中心指数排名由 2015 年的第 21 位跃升至第 6 位，上海市金融业发展水平已位于全球前列。根据统计局的相关数据，2022 年底上海金融业增加值占 GDP 的比重达 19.3%，明显高于全国平均水平 11 个百分点，随着上海国际金融中心建设取得重大进展，金融业对上海经济的拉动作用越发凸显。

从城镇化空间格局现状来看，为促进人口、土地等资源要素优化布局，科学配置交通和公共服务设施，持续优化市域功能布局，上海正着力加快形成"中心辐射、两翼齐飞、新城发力、南北转型"[②]的空间新格局。在发展历程中，上海通过加快提升主城区的服务能级和辐射功能，推动土城区综合功能升级，不断增强集聚配置和服务辐射国内外高端资源要素的能力。临港新片区、张江科学城承载着加快东部开放创新功能板块建设的重要使命；虹桥商务区、长三角一体化示范区承载着加快西部绿色开放板块建设，强化虹桥、浦东两大枢纽东西联系，延伸深化延安路—世纪大道发展轴的重要功能。通过拓展"两翼齐飞"空间格局，发挥上海对内对外开放枢纽作用。以嘉定新城、青浦新城、松江新城、奉贤新城和南汇新城组成的"五大新城"建设，则被赋予了承接主城部分核心功能的重要使命，预期将建设成为长三角城市群中具有辐射带动作用的独立综合性节点城市，融入长三角区域城市网络。当前，五大新城深入推进"一城一名园"品牌建设，基本形成嘉定国际汽车智慧城、青浦长三角数字干线、松江长三角 G60 科创走廊、奉贤东方美谷、南汇数联智造品牌，

---

① 战略性新兴产业增加值占国内生产总值比重超 13%[EB/OL]. 人民网，[2023-07-06]. http://sz. people. com. cn/n2/2023/0706/c202846-40484119. html.

② "中心辐射"是指加快提升主城区的服务能级和辐射功能；"两翼齐飞"是指依托东部的临港新片区、张江科学城和西部的虹桥商务区、长三角一体化示范区等战略平台，发挥对内对外开放枢纽作用；"新城发力"是指大力推进嘉定、松江、青浦、奉贤、南汇五个新城建设；"南北转型"是指推动金山、宝山南北两极的加快转型升级。

加大力度提升新城产业发展能级。为加快南北功能布局调整升级，以"南北转型"提升沿江沿湾发展动能，上海将宝山、金山作为上海传统产业基础扎实的实体经济承载区，着力推进该地区产业转型、培育经济发展新动能，以期塑造形成优化城市空间格局、推动城市核心功能向长三角南北两向辐射的重要门户。

二、当前城镇化发展的重要挑战①

截至 2022 年，上海市城镇化率接近 90%，新型城镇化建设不再一味地追求城镇化率的增加，而是更加注重城镇化发展的质量，即向集约低碳、产城融合、城乡统筹的思路转变，从土地城镇化向人的城镇化转变。但基于人口、土地、环境等要素资源的约束，当前上海城镇化高质量发展还主要面临着中心城区人口压力大、各区域发展不平衡、职住分离问题突出、新市镇发展滞后等问题。

1. 各区域发展协调度不足，郊区和中心城区差距较大

市郊整体经济水平明显落后于中心城区，已经成为制约上海建设卓越全球城市的重要短板之一。2022 年，上海市地区生产总值超过 2000 亿元的辖区主要是黄浦区、静安区、徐汇区、杨浦区等中心城区②，而同期市郊八区地区生产总值平均为 1675 亿元，最低的崇明区仅为 404 亿元。虽然上海持续优化人口规模，但中心城区的人口密度依然保持高位水平，人口疏解难度较大。由于中心城区功能和人口高度集聚，高人口密度和高开发强度将对城市安全韧性带来较大挑战。同时，郊区对人口的吸引力和集聚力不足，对区域的辐射带动作用难以发挥。从一开始的卫星城，到后来的"一城九镇""三城七镇"，上海市郊区始终未摆脱依附于中心城区、为中心城区提供配套服务的传统发展模式，产业发展水平相对较低，公共服务和基础设施建设相对滞后，教育、医疗、文化、体育等高能级设施和优质资源与中心城区尚有差距，区域间存在发展不平衡、不充分的现实挑战。

---

① 观点参考：《上海市域空间新格局下促进新型城镇化高质量发展研究》《"五大新城"差别化发展政策研究》等。

② 根据《上海市城市总体规划（2017—2035 年）》，中心城区指黄浦区、静安区、徐汇区、长宁区、普陀区、虹口区、杨浦区。

2. 职住分离度较大，区域交通一体化建设有待加强

由于中心城区旧城改造难度大，改造经济效率相对较低，以及房价差异等因素，导致上海市产城融合程度有待进一步提高，不少家庭居住在郊区，工作却在中心城区，形成职住不平衡问题。职住分离带来了长距离通勤、交通拥堵、空气污染、城市运转效率降低等现实挑战。住房和城乡建设部相关研究机构《2020年度全国主要城市通勤监测报告》显示，上海的通勤空间半径①为 39 千米，远超全国其他省会及以上城市的平均值。上海的职住分离度②为 3.7 千米，高于全国其他省会及以上城市的平均值。上海的平均通勤距离③为 9.1 千米，在全国省会及以上城市当中仅次于北京。在区域交通一体化方面，上海市沿海、沿江方向的交通辐射能力尚未得到充分发挥。虽然全市地铁运营里程突破 800 千米，但区域发展不平衡，结构性矛盾依然存在。2020 年，上海中心城区（外环内）地铁站密度为 0.43 座/平方千米，而郊区（外环外）地铁站密度仅为 0.02 座/平方千米，相差 20 余倍，市郊轨道交通设施完备程度大大低于市区（朱建江和杨传开，2022），新城综合交通枢纽以及与周边城市的快速交通通道建设有待进一步加强，内部路网结构需进一步优化。在公共交通服务能力方面，根据《2020 年度全国主要城市通勤监测报告》，上海市 45 分钟公交服务能力占比④仅为 39%，仍有较大提升空间。

3. 新市镇发展建设对长三角城市群的发展带动潜力有待挖掘

在上海四级城镇体系中，新市镇建设是城乡统筹发展的重要组成部分，是推动长三角一体化发展的重要环节。当前，上海部分新市镇发展建设面临分类定位不清晰、资源要素倾斜不能满足发展诉求、政策扶持力度不足三大问题。第一，在上海四级城镇体系中，存在部分新市镇定位模糊、新城功能分工不明确等问题。第二，传统的城镇体系多以上海为核心，对长三角的城镇区域与乡村地区之间的协调发展缺乏系统的认识。第三，新市镇建设存在功能结构不匹配、空间结构未整合、设施建设相对滞后、特色亮点不鲜明等关键问题，尚未

---

① 通勤空间半径，指的是通勤椭圆的长轴半径，是体现城市需要交通服务支撑的空间尺度。通勤范围椭圆，指的是覆盖 90% 中心城区通勤人口的居住或就业分布的空间椭圆。

② 职住分离度，指在不考虑就业差异与人的选择的前提下，一个城市在既有职住布局条件下通过交换就业地，在理论上能够实现的最小通勤距离，是城市职住空间布局匹配的测度。职住分离度越小，说明城市职住空间供给的平衡性越好。

③ 平均通勤距离，指中心城区通勤人口通勤路网距离的平均值。

④ 45 分钟公交服务能力占比，指中心城区通勤人口中，如果采用公交方式 45 分钟通勤可达的人口比重。

充分发挥疏散解压、集聚辐射的重要作用，不利于上海市域空间新格局优化、上海城镇化质量进一步提升，以及深化推动长三角城市群协调发展。

三、城镇化发展的趋势特征

基于总体城市战略定位，上海市新型城镇化建设应处理好生产要素高效流动和合理集聚之间的关系，推动人口、空间区域、产业结构与资源环境协调发展，向绿色低碳方向优化城市功能布局，实现经济社会可持续发展，也为长三角区域一体化发展中起到先行示范作用。本书认为，上海城镇化进程的重要趋势特征大致包括以下四个方面。

1. 市域空间功能布局优化，人口与资源要素趋向协调发展

现阶段，上海市正不断致力于强化全球资源配置功能、科技创新策源功能、高端产业引领功能和开放枢纽门户功能，通过提升空间载体保障能力，推动人口、土地等资源要素的优化配置，促进市域发展格局重塑，逐步实现整体优化，努力构建产城融合、功能完备、职住平衡、生态宜居、交通便利、治理高效的综合性节点；在承接主城核心功能和人口集聚的基础上进一步提升城市副中心和主城片区的综合服务与特色功能，促进上海市人口空间分布形成"内减外增"的变化格局，使各区域人口密度、资源要素以及经济集聚优势相匹配，不断实现市域空间与功能布局优化。

2. 发挥一体化交通网络优势，产业趋向高端集群化发展

上海市已进入城镇化后期，具有超大人口规模。其人员流通、城市运转、进出口贸易都依赖于庞大的交通网络，发展重点趋向于通过构建立体融合、智慧高效、人本生态的现代化综合交通体系，不断提高超大城市服务水平。除此之外，基于便利的交通和独特的地理优势，上海城市发展的产业基础将聚焦高知识密集、高集成度、高复杂性的产业链核心环节，以新一代信息技术赋能产业提质增效，促进制造业和服务业融合发展，加快形成战略性新兴产业引领与传统产业数字化转型相互促进、先进制造业与现代服务业深度融合的高端产业集群，努力保持制造业占全市生产总值比重基本稳定，持续增强核心竞争力，不断提升高端产业和新兴产业集群增加值占全市生产总值比重，进一步强化上海产业发展的引领带动作用。

3. 智慧城市建设持续推进，低碳高效的现代化管理效能进一步提升

智慧城市不仅是一座城市能级和核心竞争力的重要体现，也是上海当前发

展阶段的显著特征，更是上海打造具有全球影响力的科技创新中心的有力抓手。基于数字化转型发展的趋势，上海现代化城市管理的效能将进一步提升，逐步形成态势全面感知、资源统筹调度的城市管理模式，迎来以数字技术创新带动科技变革、产业变革和城市治理方式变革的发展先机。数字赋能将作为引领上海城镇化发展的有力抓手，在经济数字化、生活数字化、治理数字化等重要领域率先突破，加快推进信息基础设施与城市公共设施功能集成，构筑"城市神经元系统"，助力"城市大脑"功能拓展，服务延伸，促进上海高速发展成为国际数字之都。

4. 要素集聚与高效配置趋势增强，长三角一体化发展龙头作用持续深化

在高度城镇化的背景下，上海资源要素不断集聚是大势所趋，进一步提高资源配置效率与效能是其推动实现高质量发展的应有之义。上海作为长三角城市群的核心城市，将持续以高质量发展为引领，推动质量、效率、动力变革，不断提升城市能级和核心竞争力。依托"一极三区一高地"①的角色定位，上海市将发挥龙头带动作用，在生态文明、绿色经济发展等领域实现示范引领，通过加强产业规划布局统筹、开展制度化资源利用效率评价、加快存量低效用地转型升级等方式，进一步提升上海资源聚集配置能力，实现长三角地区更加高效的互联互通，促进各类资源要素在更大范围内顺畅流动，提升参与全球资源配置和竞争能力，推动长三角生态绿色一体化发展。

第三节　上海市绿色低碳的现状特征、重要挑战和发展机遇

目前，上海市已进入城镇化后期阶段。作为改革开放的排头兵、先行地、实验区，上海市积极践行碳达峰、碳中和的战略目标，取得了较好的低碳发展成效，碳排放强度显著下降，能源效率水平持续提升。上海市聚焦工业、能源、交通、建筑等重点排放领域低碳转型，注重强化科技创新的策源作用和碳金融市场的赋能作用，坚持绿色低碳发展，已逐渐呈现低碳城镇化的发展特征。作为有条件尽早实现碳达峰的省级行政单元，上海市的绿色低碳发展路

---

① "一极"指的是全国发展强劲活跃增长极；"三区"指的是全国高质量发展样板区、率先基本实现现代化引领区、区域一体化发展示范区；"一高地"指的是新时代改革开放新高地。

径，将为全国其他地区实现"双碳"目标起到示范引领作用。

一、绿色低碳发展现状

长期以来，上海经济发展和能源消费并行，节能减排工作也取得了扎实成效。2016 年《亚太城市绿色发展报告》显示，上海市在亚太地区 100 个主要城市中位列绿色发展水平第 15。2018 年，在中国社科院发布的《生态城市绿皮书（2018）》中上海位列全国十大生态城市第 3。至 2021 年，上海已在《中国城市高质量发展排名 2021》的绿色发展分榜单中位列全国第一。上海坚持探索能源转型发展有益路径，以深化改革和科技创新为驱动力，以节能减排和结构调整为突破口，在碳排放、能源供给、能源消费、能源市场建设等方面，均较好反映出绿色低碳发展的重要决策意志。

从碳排放情况来看，中国碳核算数据库（CEADs）的数据显示，上海碳排放水平同城镇化进程在 2000~2019 年的 20 年里，总体由负脱钩逐步实现强脱钩，这与其较优的产业结构、城市空间布局、低碳科技应用和节能减排决策力度紧密相关，呈现较为典型的低碳城镇化发展特征。特别在"十三五"期间，上海碳排放总量呈现稳中有降、碳排放强度显著降低的趋势。截至 2019 年，上海市碳排放量居全国第二十五位，远低于全国 30 个省份（不含西藏、港澳台）的平均水平。2015~2019 年，全市碳排放强度显著降低，从 2015 年的 0.60 吨/万元逐年下降至 2019 年的 0.42 吨/万元，碳排放强度年均增速为 -8.59%。从钢铁、石化、电力、交通、建筑等重点排放领域来看，2019 年，上海工业领域碳排放量占比超五成，其中钢铁、石化化工排放占工业的 75% 左右。交通领域碳排放占比超过碳排放总量的 1/4，其中航空、水运碳排放占交通的 60% 以上，钢铁、石化化工和交通三大行业碳排放占全市总碳排放的 55% 左右。由于上海碳排放与经济发展尚未完全脱钩，在未来五大新城规划建设和战略新兴产业等先导产业的积极布局背景下，上海仍将面临一定的碳排放增长压力。

从能源供给情况来看，上海一次能源生产量较低，主要依赖从外省市调入和从国外进口。根据《上海统计年鉴》，2021 年，上海一次能源生产量为 0.05 亿吨标准煤，从外省市调入能源量达 1.48 亿吨标准煤，近乎是全市一次能源生产总量的 30 倍。由于上海经济社会发展仍需大规模新增市外来电，外来电力占比持续上升，本地火电发电量有所下降，2020 年，外省市净调入电量占比达18%，较2010年提高了近8个百分点，其中外来电中可再生能源发电占比达37%（王丹等，2022）。与此同时，上海的非化石能源资源禀赋相对较弱，根据《上海市能源发展"十四五"规划》，2020年上海可再生能源装机比重虽已提高至9.8%，但仍低于全国平均水平，且非化石能源发电量仅占一次能源比重约18%。立足于发展实际，上海能源供给保障和能源转型需从提量向提质转变，加强能源外调能力，提高可再生能源利用效率。伴随上海在油气、天然气等方面的能源产供储销体系逐步完善，能源技术陆续取得重要突破，上海也相继开展了多项海上风电竞争性配置工作，发挥示范引领作用的同时，以期进一步支撑能源安全保障工作。

从能源消费情况来看，近些年，上海能源需求平稳增长，能源效率水平持续提升，能源消费结构更加趋于优化。根据《上海统计年鉴》《上海市能源发展"十四五"规划》，2021年上海能源消费总量1.17亿吨标准煤，能耗总量巨大，列全国城市首位。除2020年因新冠疫情影响能源消费总量有所下跌外，2015~2021年，上海能源消费总量以1.2%的年均增速平稳增长。2021年上海能耗强度为0.27吨标准煤/万元，较2019年下降了12.6%，远低于全国0.46吨标准煤/万元的平均水平，能源利用效率整体较优。工业、交通、建筑是上海当前重点耗能领域，据《上海统计年鉴》，2021年上海工业、交通、建筑能源消费合计占比达70%。在节能减排工作有效推进下，上海能源消费虽仍以化石能源为主，但能源消费结构逐步趋于优化，城市电气化水平有所提升。根据《上海市能源发展"十四五"规划》和统计局的相关数据，2020年，上海煤炭消费占一次能源消费比重下降至31%，远低于全国57%的平均水平，天然气占比上升至12%，非化石能源占比上升至18%，均高于全国平均水平[1]。上海抓住能源供需环境相对宽松、清洁能源供应较为充足的有利时机，大力推进能源结构调整。2020年全市可再生能源消纳量占全社会用电量比重达到35.6%，高于同期全国28.8%的平均水平。同年，城市电气化水平有所提升，电力占终端能源消费中的比重持续增加，天然气在能源消费中占比在10年间提升了近一倍，由2010年的5.46%提升至2020年的10.90%（王丹等，2022）。用能需求再电气化、低碳化趋势明显，集成电路等新产业、5G和数据中心等新基建将成为推动上海能源需求增长的新动能。

---

[1] 根据《中国统计年鉴（2021）》，2020年我国天然气占一次能源消费的比重为10%，非化石能源占比为15.9%。

从能源市场建设情况看，上海有序推进能源领域市场化改革，能源区域合作迈出坚实步伐。依托建设上海石油天然气交易中心、上海国际能源交易中心等国家级平台，上海在全国能源市场中的地位不断提高，能源市场建设步入快车道。根据《上海市能源发展"十四五"规划》，上海石油天然气交易中心现货交易量居亚洲同类交易场所前列。上海国际能源交易中心上市原油期货，跻身全球原油期货市场前列。同时，上海积极探索金融赋能碳排放市场化运作，截至 2021 年，上海碳排放交易市场已纳入 27 个行业约 300 家控排企业，吸引了400 家投资机构参与交易，企业整体二氧化碳排放量下降了 7% 左右[①]，金融赋能绿色低碳已然成为上海发展的新赛道之一。在能源市场建设有效推进，长三角一体化发展战略背景下，上海区域能源合作不断取得新进展。如东—崇明天然气管道顺利通气，崇明—南通电力联网加快推进，与浙江共同推进上海 LNG站线扩建项目，长三角地区能源互通互联水平不断提高，能源合作发展机制迈上新台阶。

二、绿色低碳发展的重要挑战[②]

上海是我国东部沿海的超大城市，拥有优越的经济基础、密集的交通网络和强劲的创新能力，这些优势推动了上海城镇化进程的高速发展，同时也面临着相应城镇化阶段所普遍存在的发展挑战。本书认为，上海当前在绿色低碳发展方面，围绕"五个中心"建设要求，需要重点关注产业控碳、能源转型、交通减排、城镇建设等方面的重要挑战。

1. 工业领域节能降碳迫在眉睫，新增产业布局仍有较大排放空间

一是国际贸易因素对工业领域节能降碳提出新要求。伴随欧盟碳排放与商品成本相关联的国际贸易新规则建立，我国钢铁等工业领域的进出口贸易可能受到一定冲击。上海工业基础雄厚，是我国最大且工业门类最齐全的城市。2021 年，上海工业增加值达到 10739 亿元，保持全国城市第一，对其经济增长的贡献率达到 26%。作为国际贸易中心和我国对外开放的前沿窗口，上海工业产品的全球竞争力受国际贸易规则影响将更为显著，这对上海传统制造业的加速转型提出新挑战，钢铁、化工等重点工业领域的节能降碳迫在眉睫。二是

---

① 殷立勤. 上海将设全国碳市场 拟 6 月底开市 [EB/OL]. 中国新闻网，[2021-06-01]. https：//www.chinanews.com.cn/ny/2021/06-01/9489679.shtml.

② 观点依据：《上海市能源发展"十四五"规划》《上海高水平推进"双碳"目标的关键问题研究》等。

存量工业产能降碳压力严峻。当前，上海工业化率基本稳定在 25% 的水平，钢铁、石化化工等传统高耗能行业的产值比重仍占有不小比例，作为能源消耗密集型行业，其将面临产能削减阻力大、新项目增压、突破性低碳技术落地难度大等现实挑战。如何在不影响 GDP 增长的情况下，进行产能调整是上海工业领域碳达峰的重要难点。三是产业布局优化调整将带来较大新增碳排放预期。面向"十四五"和 2035 远景目标，上海对产业结构转型升级提出了明确要求，例如，要加大战略新兴产业、先进制造业等方面的支持力度，加快在集成电路、生物医药、人工智能等领域形成战略性新兴产业集群；建设以 5G 为重点的新一代信息基础设施，持续优化互联网数据中心建设布局等。在积极部署战略性新兴产业等先导产业，大力推动信息化建设的过程中，也必将带来一定规模的碳排放增量。

2. 能源发展步入"立破"衔接期，清洁能源替代可能面临阶段性压力

一是能源发展步入"立破"衔接期。能源转型应兼顾低碳效率和能源安全，要求"先立后破"。当前上海能源消费结构仍以煤炭、石油等化石能源为主，在庞大且呈上升趋势的能源消费需求下，积极稳妥推动"双碳"工作，需进一步处理好能源安全保障与碳达峰目标相协调统一的关系。在高碳的能源结构背景下，低碳新动能的培育可能需要一个过程，由于碳基能源的供应较为稳定，上海或将用较长时间来实现清洁能源的逐步替代。二是可再生能源面临资源不足、开发有限等发展瓶颈。由于大型可再生能源发电可供开发场址较为有限，分布式光伏发展受到屋顶资源、产权共有等因素制约，上海可再生能源面临资源不足、开发有限等发展瓶颈。同时，由于"制氢"环节缺乏资源和产量的优势，上海可再生能源制氢体系发展存在瓶颈，"西氢东送"长江氢能运输走廊、进口码头等基础设施建设处于前期阶段，当前支撑上海进一步实现减碳增汇难度较大。三是进一步提高外调清洁电力难度较大。由于上海本地火电厂能效提升难度较高，本地可再生能源竞争力相对有限，上海能源主要依靠外调实现。2020 年，上海外来电力比重已超过 18%，在全国用电趋紧整体环境下，新增外来电力（特别是外调清洁电力）的协调难度进一步提升。外来电力清洁化程度低、供应不稳定、调度能力受限，或将给上海能源供应和能源选择带来较大压力。

3. 城市交通领域仍有碳减排空间，航运航空领域碳减排压力较大

一是新能源汽车替代难度大。由于城市新能源汽车配套公共设施仍有一定提升空间，电动汽车储能功能与电网需求之间的匹配还处于探索阶段，消费者

选择绿色出行潜力尚有拓展空间。上海新能源汽车出现"新增多，替代少"的现象，据《文汇报》报道，截至 2022 年 6 月，上海新能源汽车保有量占汽车总量的 15.7%，电动车对燃油车的置换率较低。二是职住分离现象加剧城市交通用能需求。就业与居住的空间关系在很大程度上影响了城市交通的效率特征，市民通勤时间变长、城市交通需求变大、道路交通拥堵加剧，上海城市交通的用能需求呈刚性特征，全市移动源污染物排放、交通碳排放贡献占比持续走高。三是航空水运发展对能源需求较大。据上海市人民政府官方披露，在国际航运中心快速发展的背景下，2021 年上海港集装箱吞吐量连续十二年蝉联世界第一、航空货邮吞吐量保持世界第三、旅客吞吐量在世界第四的基础上位次提升。在"十四五"规划纲要和 2035 愿景目标中，上海也指出，未来上述指标也将保持增长态势。据上海市交通委员会发布的《2021 年上海绿色交通发展年度报告》分析，"十四五"期间国际航运中心建设用能需求增量占 2021 年其交通运输领域能耗总量三成以上。四是航空水运排放考核存在压力。上海是位列全球前列的国际航运中心之一，当前大规模来往船舶加注燃油过程产生碳排放将计入上海市，增加了其碳排放统计量，在上海注册的航空公司和航运公司，其碳排放也都计入上海本地考核范围。

　　4. 建筑节能改造压力较大，城镇建设需求仍呈刚性态势

　　一是既有建筑节能改造压力较大。建筑业是上海当前重点耗能领域，根据统计局的相关数据，截至 2021 年，上海建成区面积达到 1242 平方千米，位居全国城市第四，房屋竣工建筑面积达到 9232.4 万平方米，单位建筑面积能耗达 1.27 吨标准煤/平方米。在"双碳"目标下，由于建筑行业体量巨大，存量高能耗建筑的节能改造可能存在较大困难。二是城镇建设体量将保持一定程度的增长。当前上海承担了一系列国家重大战略任务，城市建设还未到定型阶段，随着城市建筑总面积的持续增加，其能耗需求也将保持一定规模的增长。上海"五大新城"建设对于上海的都市圈空间结构优化，系统推进城市群、都市圈的绿色低碳发展，将产生重要辐射带动意义，但短期来看，其新增的住房、工业园区、商务办公区、大型文体娱乐设施也将带来一定体量的能耗与碳排放。三是建筑节能对施工建设和监管提出更高要求。在"双碳"目标下，建筑领域节能减排必将加大对建设施工方的绿色低碳管理力度，提升建筑使用方对绿色建筑运行的重视程度，大力提高建筑节能水平，挖掘建筑低碳、智能技术发展和应用，提升对建筑能耗的实时监测能力，这将对有关行业监管工作带来新的挑战。

三、绿色低碳发展机遇

当前，上海城镇化发展进入了后期，基础设施相对完善，各行业新增碳排放规模预期收紧，城镇化进程与碳排放量的相关性逐渐减弱，已具备尽早实现碳达峰的前提条件。这一阶段，上海市节能减排工作取得了积极成效，碳排放强度显著下降，传统工业已基本完成向高新技术产业转变，工业生产对能源消耗的依赖不断降低。未来碳排放总量出现大幅反弹的可能性较小，在各方共同努力下，碳排放强度仍具备进一步下降的空间。上海未来的绿色低碳发展在产业结构、能源结构、碳交易市场及低碳技术、零碳技术等方面存在诸多机遇。

1. 产业和能源结构调整仍有较大空间，绿色低碳发展增长潜力有待释放

随着循环经济和节能减排新技术、新工艺的大力推广，绿色低碳核心技术研发攻关、产业化应用、试点落地的进程加快，上海提升产业链绿色发展水平的能力和动力持续积累，产业结构优化调整和可持续发展的前景依然较大。产业结构的系统升级将为绿色低碳发展释放更大空间，特别是电力、钢铁、化工等重点行业和用能单位，在能耗"双控"的目标指引下，积极引导工厂、园区实现绿色生产，同时千方百计发展本地太阳能、风电、氢能等非化石能源，积极争取低碳清洁的市外电源，提高外来清洁电力的比例，有利于以产业和能源的结构优化实现单位生产总值碳排放降低的目标。

2. 碳交易和碳金融市场广阔，为绿色低碳发展提供了合作平台

作为国际金融中心，上海具有强大的市场带动效应，其碳交易市场和绿色金融体系对全国绿色低碳发展发挥着重要的助推作用。经过多年的努力，上海已建立起一套制度明晰、管理有序、减排有效的碳交易体系，并逐步形成了一套以碳基金、碳质押和碳配额期货为代表的新型碳产品。上海的碳排放权交易市场体系不断改进和完善，能够更好地促进碳市场配套产业落地发展，增强碳市场的价格发现能力，提高上海在全球碳市场定价中的地位。在建设全球绿色金融中心的契机下，上海具有推进碳金融业务创新，构建绿色融投资机制，更好地服务绿色产业投融资的优质环境。

3. 研发与科创机制先进，为绿色低碳发展提供技术支撑

节能降碳与数字技术领域的科技创新将是上海实现绿色低碳发展的关键引擎。作为具有全球影响力的科技创新中心，上海依托其高校、科研院所、龙头企业人才和资源优势，以及雄厚的经济基础，有望在低碳、零碳、负碳领域的

科技创新率先实现重大突破和产学研结合。据上海市科学技术委员会官方报道，2021 年上海市拥有普通高等学校 64 所，跨国公司总部 831 家，外资研发中心 506 家。2021 年，上海市全社会研究与试验发展经费 1700 亿元，相当于全市地区生产总值的 4.1%，地方财政科学技术支出 450.3 亿元，牵头承担国家重大专项项目 929 项，获得中央财政资金支持 333.04 亿元，在沪两院院士 185 人，累计上海领军人才 1739 人[①]，从多方面来看，上海市的科技创新能力位于全国前列。通过出台支持高等院校、科研机构参与碳达峰重大技术攻关的政策措施，上海有能力实现低碳领域关键核心技术自主可控，加大绿色低碳技术成果转化，以先进技术引领全国绿色低碳发展。

第四节　城镇化视角下低碳发展的对策建议

在"双碳"目标下，上海应坚持走城镇化高质量发展道路，强化资源节约集约利用，充分发挥经济优势、技术优势、区位优势，依托并引领长三角区域一体化，努力塑造绿色低碳的城镇化高质量发展样板。

1. 分级分类做好能耗"双控"，加大力度推动能源逐步替代

进一步强化工业、建筑、交通和居民生活领域节能降碳措施力度，加大产业结构调整和相对落后产能的淘汰力度。针对能耗"双控"考核任务，应结合城市正常运行和高质量发展等实际需要，实行差别化的分类指导。对于保障城市运行、居民生活、服务业发展等刚性用能需求，例如各类民用建筑、城市公共交通等方面应予以全面确保。对于应当作为支持发展范畴的用能领域，例如先进制造业培育和改造、工业领域非高载能产业发展等，也应优先保障。对于部分重化工业等产值能耗高的新增用能需求，应谨慎决策，提高对这类项目的节能审查准入门槛。在清洁能源逐步替代方面，应适度加大燃气装机规模，增加天然气使用，从而降低一部分煤炭等化石能源的消费比重。同时，克服非化石能源发展的诸多困难，加快风电建设，积极布局建设近海风电基地，适时规划布局大规模深远海风电基地，不遗余力探索清洁能源逐步替代，并积极争取外调非化石能源，加大通道建设保障支持力度。

---

① 2021 年上海科技的这些数据你必须知道[EB/OL]. 上海市科学技术委员会(上海市外国专家局)官网，[2022-03-03]. https://stcsm.sh.gov.cn/xwzx/zt/2021nshkjndpd/zxbd/20220303/12177d7d456d47a48c851682807ab3fe.html.

2. 充分发挥国际金融中心优势，推动绿色低碳可持续发展

上海应充分依托其金融市场齐备、金融开放程度较高、金融机构和人才集聚等比较优势，鼓励绿色金融产品创新，激发绿色金融市场活力，积极探索绿色金融发展模式路径，努力打造成具有国际影响力的碳定价中心，支撑全国碳排放权交易市场建设。立足于国际金融中心的建设基础和有益经验，上海应继续做好绿色产业规划与绿色金融发展规划的有机衔接，在"双碳"目标引领下，强化金融对产业低碳发展的支持作用，在培育构建绿色低碳产业、产品和绿色金融标准体系的基础上，可探索建立绿色项目与绿色融资渠道的协同机制或对接平台，强化金融手段对低碳产业发展的支撑作用。通过加快绿色金融创新发展，推进碳金融业务模式创新，构建绿色投融资机制，探索面向国内外的碳金融服务功能，引导更多资金、技术、人才向绿色金融领域集聚，为上海经济社会高质量发展注入新动力。

3. 以数字化助力城市低碳发展，推动数字技术与绿色低碳产业深度融合

上海具有建设成为全球新型智慧城市排头兵、国际数字经济网络关键节点城市的优势条件，有望成为引领全国数字经济、数字社会、数字政府发展的先行者。依托互联网、大数据、人工智能等信息技术手段，可将低碳新技术融入并贯穿新型智慧城市建设始终，有利于城市治理能力和治理水平的不断提高。通过数字经济建设，激发新活力，探索新模式、创造新业态，积极探索构建数字赋能的碳排放监测与决策系统平台，提高城市低碳决策治理的科学性、有效性、精准性、时效性、系统性，运用数字技术实现城市低碳领域的治理能力现代化。与此同时，面向新一轮科技革命和产业变革等重大机遇，上海在推动各重点行业绿色低碳转型的过程中，应依托碳达峰、碳中和战略目标，积极引入互联网、云计算、大数据、人工智能、5G 等新兴技术在其产业发展中的布局应用，推动数字技术与绿色低碳产业深度融合发展，提高绿色低碳产业在经济总量中的比重。

4. 依托城市空间布局优化，推动区域功能与综合承载力相协调

上海整体经济社会发展水平较高，但其内部发展阶段和发展水平还存在明显梯度差异。为实现城市空间布局优化和区域功能协调发展，上海应立足各区域发展的差异化特征，加快形成"中心辐射、两翼齐飞、新城发力、南北转型"的空间新格局，促进市域发展格局重塑和整体优化，以此构建碳达峰区域协同机制。应进一步发挥崇明岛、临港片区、虹桥商务区、长三角示范区等重点区域的节能挖潜、降碳示范作用，强化重点片区集中引领、重点领域分类示

范。做好"十四五"和"十五五"规划衔接，针对优化城市空间布局、增强上海集聚配置资源要素能力的发展要求，依托"五大新城"规划建设，发挥城市顶层设计的引领作用，深化推动产城融合，逐步优化职住平衡，进一步促进区域功能与综合承载能力相协调适应。

5. 发挥科技创新比较优势，形成资本技术人才要素的低碳合力

上海应立足自身科技创新优势基础，加强产学研合作，充分发挥科技人才在低碳发展中的重要作用，加快推进集成、原创的碳中和领域科学研究与技术转化。鼓励本地高校承担或参与碳中和重大项目攻关，适当提高相关领域科研支持力度。建立碳中和创新信息平台，为产学研合作提供实时更新、统一规范的信息渠道。同时，应加强碳中和与数字化、公共管理、金融、工业、建筑、交通、能源等学科领域的融合发展，培养一批碳治理、碳核算、碳金融、国际气候变化谈判等领域的复合型专业人才。进一步健全完善有利于低碳专利成果转化运用的制度安排和激励机制，加强绿色低碳技术的研发应用，推动相关领域产业发展。基于科技创新中心建设优势条件，应充分发挥资本、技术、人才等各项要素的联动作用，推进政府、企业、居民多主体形成低碳合力，为全国总体实现碳达峰贡献上海的先锋力量。

第六章 "双碳"目标下城镇化
发展案例分析
——碳达峰潜力省份：江苏省①

  江苏省地处长江三角洲，是我国的经济大省、人口大省和制造业大省，也是长三角城市群的重要组成部分，是我国改革开放的前沿阵地和科技创新的高地，发挥着畅通国内产业关联和国际经济循环流转重要战略枢纽的支撑作用。2022年，江苏省城镇化率已经达到74.4%，位于全国前列，城镇化进程总体进入相对稳定阶段，但仍然面临着城镇化发展不平衡不充分的问题，推动城镇化高质量发展迈向新台阶势在必行。江苏省在发展壮大以制造业为主的实体经济的同时，不可避免地带来了以工业领域为重点的能耗和碳排放，但在近年节能降耗的不懈努力下，也以相对可观的能耗强度和碳排放强度反映出较好的能源利用效率。"双碳"目标的提出，不仅对新发展阶段下江苏迈向高质量发展新台阶提出了新的要求，也为江苏省城镇化进一步提质增效带来了新的机遇，成为江苏省发挥科技创新重要作用，持续推动产业结构、能源结构优化转型，进而实现绿色低碳发展的重要动力。江苏省委十三届九次全会指出，江苏要"努力在全国达峰之前率先达峰"，有望在全国推动高质量发展、构建新发展格局中起到表率与示范作用。在"双碳"战略目标下，江苏应立足现有发展基础，统筹好发展与减排之间的关系，着力发挥都市圈引领带动作用，构建低碳高效的城镇化空间格局，以节能减排重点领域为突破口，加快破除结构性高碳排放特征，因地制宜发展可再生能源，加大清洁能源跨省合作力度，发挥科技创新的节能降碳优势作用，大力推进数字技术与实体经济深度融合，推动实体经济和社会发展向绿色低碳持续转型，不断迈向高质量发展新台阶。

---

  ① 数据来源：本章江苏省城镇化率、常住人口、地区生产总值、产业结构、能源相关数据主要来自历年的《中国统计年鉴》《江苏统计年鉴》《2022年江苏省国民经济和社会发展统计公报》等；如无特指，本章碳排放总量、碳排放强度的数据主要来自清华大学中国碳核算数据库（CEADs）提供的2019年中国省级表观二氧化碳排放清单，在与全国各省份的分析比较过程中，由于数据原因，本章只讨论30个省份(不含西藏、港澳台)。

第一节　江苏省总体战略定位

　　江苏省位于东部沿海地区，与上海市、浙江省、安徽省、山东省接壤，东临黄海，地跨长江、淮河两大水系，处于丝绸之路经济带和 21 世纪海上丝绸之路的交会点上。江苏是我国经济最发达的省份之一，苏南地区更是我国乡镇工业的摇篮和"苏南模式"的发源地。经过几十年的发展，2021 年江苏工业总体增加值和制造业增加值均居全国第二。依托特殊的区位优势和实体经济基础，江苏在其"十四五"规划中，提出了建设"一中心一基地一枢纽"的重大战略部署，为江苏推动经济社会高质量发展指明了方向，以期将江苏建设成为具有全球影响力的产业科技创新中心，具有国际竞争力的先进制造业基地，以及具有世界聚合力的双向开放枢纽。

　　作为产业科技创新中心，江苏省锐意改革创新，勇当探路先锋，致力于发展成为全球创新网络中的重要节点，不断发挥引领和辐射带动的重要作用（韩子睿等，2017）。通过示范区建设，江苏省打造了苏南国家自主创新示范区、南京国家农业高新技术产业示范区等先行示范样板，不断加大产业创新力度①。其中，苏南国家自主创新示范区作为我国首个以城市群为基本单元的自主创新示范区，被赋予了引领打造具有全球创新资源配置能力的产业科技创新中心和具有全球竞争力的高技术产业基地的使命定位。江苏省第十四次党代会报告显示，2020年，苏南 5 市的研发投入强度已达到创新型国家和地区水平，拥有高新技术企业总数约占全省总数的 3/4，万人发明专利拥有量超过 62 件，是全国平均水平的 4倍。当前，苏南自创区科技创新资源已具备一定的产业科技集聚优势，为推动江苏省高质量发展提供了重要支撑。新时代，国家赋予了江苏"争当表率、争做示范、走在前列"的责任使命，未来江苏将牢牢把握"在科技自立自强上走在前"的重大任务，优化创新体系布局，集中精锐力量攻关，强化企业主体地位，深化科技体制改革，坚决扛起国家科技创新格局"第一方阵"的使命。

　　作为先进制造业基地，江苏大力推进全国制造业高质量发展示范区，坚持以培育先进制造业集群为总抓手，大力推进技术创新、优强企业培育和大规模

---

　　① "江苏省 8 个高新技术产业示范区"即苏南国家自主创新示范区、全国制造业高质量发展示范区、南京国家农业高新技术产业示范区、全域旅游示范区、长三角生态绿色一体化发展示范区、现代化建设先行示范区、交通运输现代化示范区、沿海可再生能源发展示范区。

技术改造，为推动全省制造业高质量发展提供强大助力。当前，江苏制造业高质量发展成效明显，具备了制造业规模优势和先进制造业技术优势。2021年江苏制造业规模总量保持全国领先，新型电力(新能源)装备、工程机械、物联网、软件和信息服务、纳米新材料、新型碳材料6个集群入围国家先进制造业集群、数量全国第一，累计承担国家工业强基项目数量全国第一，企业两化融合发展指数连续7年位居全国第一(谢志成，2022)。根据江苏省人民政府报道，截至2022年末，江苏形成了16个省级先进制造业集群，10个国家级先进制造业集群，数量居全国第一，制造业支持开放和创新先发先行的优势作用越发显著。江苏省工业和信息化厅表示，立足于先进制造业基地和全国制造业高质量发展示范区的建设平台，江苏将以先进制造业集群培育和重点产业链建设为总抓手，更大力度推进创新驱动、数字赋能、绿色转型，壮大优质企业和自主品牌群体，全力打造全国制造业高地。

作为东西双向开放的重要枢纽，江苏具有承东启西、江海联动的大通道和东西双向开放枢纽的重要战略地位，肩负着畅通国内国际双循环的战略链接任务(沈正平，2021)。江苏通过打造交通运输现代化示范区、现代化建设先行示范区，促进了交通基础设施初步实现现代化，加快了要素商品流动，提升了经济循环整体效率。当前，通过现代化交通枢纽体系建设，江苏双向开放能力得到极大提升，港口群建设不断取得突破，连云港新亚欧大陆桥东方桥头堡和"一带一路"重要支点作用持续加强。根据《江苏沿海地区发展规划(2021—2025年)》，2020年江苏沿海港口完成货物吞吐量3.4亿吨，为2009年的2.8倍。根据江苏省统计局的公开报道，2022年，江苏实际使用外资规模连续5年居全国第一，外贸进出口规模连续20年居全国第二。江苏省商务厅表示，江苏开发区作为经济发展的"主力军"一直走在全国前列，创造了全省1/2的经济总量和一般公共预算收入，完成了4/5的进出口总额，吸纳了4/5的实际使用外资。江苏立足于双向开放重要枢纽的战略定位，未来将持续加强与"一带一路"国家交流合作的重要作用，担负内外联通、要素共享搭建通道和平台的重大责任。

第二节　江苏省城镇化发展的历史进程、现状、挑战与趋势特征

截至2022年，江苏省下辖13个地级市、21个县级市、19个县，其城镇

化进程渐次经历了以小城镇、开发区、大城市、城市群和都市圈为主导的发展阶段，发展模式也由分散走向集聚集约，再到如今兼顾区域联动发展。2022年，江苏省城镇化水平仅次于上海、北京、天津和广东，常住人口数稳居全国前列，人口相对密集。历经70多年的发展，江苏城镇化空间布局不断优化，以城市群和都市圈为主体形态，大、中、小城市和小城镇协调发展的格局基本建立。城镇化快速推进的同时，江苏存在着资源环境压力较大、城镇化发展不平衡不充分等问题。未来，江苏将保持城镇化高质量发展的良好态势，在创新驱动、宜居友好、区域协同、空间高效等方面树立典型标杆，巩固强化全国新型城镇化先行省份地位，稳步迈向城镇化高质量发展新台阶。

一、城镇化发展历程及现状

当前江苏省城镇化进程总体上趋于成熟稳定。根据统计局的相关数据，截至2022年，江苏省常住人口为8515.0万，城镇化率为74.4%，位居全国第五；人口密度约为794.3人/平方千米，居全国23个省的首位（不含直辖市、自治区及特别行政区）。经参考相关文献资料，本书认为，江苏省的城镇化发展历程可分成五个阶段，逐渐实现了由以小城镇、开发区为主的发展模式，逐步向以大城市、特大城市为主的规模化、组团化城镇发展模式转变，进而向以人为核心、以提高质量为导向的新型城镇化模式迈进（唐启国，2014；陈小卉和胡剑双，2019）。

第一阶段是1949~1978年江苏省城镇化发展缓慢。新中国成立后，在党中央全面开展土地改革，大规模推动农业农村建设的背景下，江苏省以农业经济为主导，城镇化呈平稳发展态势。根据《江苏统计年鉴》，这一阶段，江苏第一产业比重在50%以上，第二产业、第三产业各占20%左右。1949~1978年，江苏省总人口由3512万上升到5834万，人口总量增长较快，但城镇人口占比变化相对较小，非农业人口总体占比处于11.4%~14.8%，城镇化率相对较低，一直保持在15%以内。

第二阶段是1979~1989年以小城镇为主的城市基本建设阶段。在第三次全国城市工作会议"控制大城市规模，多搞小城镇"的方针，以及全国农村实行家庭联产承包责任制的背景下，江苏首次提出"围绕农业办工业、办好工业促农业""以副养农、以工补农"的工作口号，鼓励省内乡镇企业发展，促进了农村实现非农化转变，率先创造了大量农村剩余劳动力"离土不离乡""进厂不进城"的转移模式，为我国"小城镇、大战略"的城镇化发展格局探索奠定了重要的模式基础(江苏省住房和城乡建设厅，2018)。这一时期，由于江苏农村小城镇化的模式兴起主要以苏南农村地区为代表，1983 年费孝通先生在《小城镇再探索》一文中，首次将这一发展模式称为"苏南模式"①，该模式迅速在省内复制借鉴，并曾一度成为最具特色的农村工业化和城镇化样板和中国县域经济发展的主要经验模式之一。根据统计局的相关数据，这一时期，江苏城镇数量急剧增长，工业生产拉动经济快速增长。江苏第二产业生产总值由 1979 年的 141.14 亿元增长到 1989 年的 657.06 亿元，带动了全省地区生产总值由 298.55 亿元增长到 1321.85 亿元；江苏省建制镇数量由 1979 年的 115 个增加到 1989 年的 392 个，城镇常住人口增幅为 56.1%，城镇人口占比也从 15.46% 上升到 21.56%(江苏省邓小平理论研究会课题组等，2011)。

第三阶段是 1990~1999 年以小城镇和开发区为主导的城镇空间拓展阶段。1992 年邓小平"南方谈话"后，江苏以开发区建设为抓手，大力发展开放型经济，迎来了其乡镇企业发展历史上的第二次飞跃。乡镇工业、民营经济和开放型经济的快速发展，引导了江苏省生产空间布局，生产要素向城镇快速集聚。在此基础上，江苏省积极推动设立各类开发区，引领全省发展，根据统计局的相关数据，1992~1993 年相继批准设立了 52 个省级以上开发区，基本覆盖江苏省各县级单元。由于开发区建设得到了空前发展，不少新的开发区构成了新城区，加快了生产要素流通，极大地推动了城镇化的进程。1990~1999 年，江苏省省辖市(地级市)由 11 个增加到 13 个，县级市由 15 个增加到 31 个，100 万人以上的城市从 1 个增加至 4 个。城镇人口比重由 1990 年末的 21.6% 上升到 1999 年末的 34.9%，高于全国水平 4.01 个百分点。1999 年城镇密度达 110 个/万平方千米，远远高于全国(19 个/万平方千米)(汤茂林，2003)。

第四阶段是 2000~2011 年以大城市、特大城市为主导的城市区域化发展阶段。以 2000 年全省城市工作会议为标志，江苏省城镇化发展进入了一个以大城市为主体，城镇规模快速扩张时期。全省城镇化率由 2000 年的 41.5% 上升到 2011 年的 62.0%，城镇人口累计增加了 1934.3 万，城镇化平均增速为 1.86%，城镇化进程快速增长。具体来看，2000 年开始，苏南乡镇企业基本完成民营化改制，建立起现代企业制度，探索建立了"新苏南模式"，逐步形成

---

① 苏南模式由社会学家费孝通在 20 世纪 80 年代初率先提出，指的是江苏南部的苏州、无锡、常州、南通等地农民依靠自己的力量，发展乡镇企业实现非农化发展的方式。

了"新苏南模式"蓬勃发展、苏中苏北①后发崛起的发展格局。在这一阶段，大城市的数量和人口规模快速增长，城镇建成区和建设用地规模也在快速扩张。2002 年，江苏在全国率先探索开展了第一轮"三大都市圈"规划，提出建设南京、苏锡常、徐州三大都市圈，区域合作、联动发展成为趋势。根据《中国城市建设统计年鉴》，2000~2011 年，江苏 100 万人以上的城市增加至 8 个，其城区人口占比从 20.5%增加到 29.6%。与此同时，由于经济基础差异，区域间发展差距也进一步拉大，统计局的相关数据显示，苏中和苏北地区经济总量占全省的比重分别由 2000 年的 19.2%和 23.51%下降到 2009 年的 18.41%和 20.78%。

第五阶段是 2012 年至今以人为核心、以提高质量为导向的新型城镇化发展阶段。自党的十八大明确提出"新型城镇化"战略以来，江苏大力推进以人为核心、以提高质量为导向的新型城镇化战略，积极探索具有江苏特色的新型城镇化道路。2013 年江苏省政府发布了《关于扎实推进城镇化促进城乡发展一体化的意见》，强调要积极响应转型发展要求，将扎实推进城镇化摆在突出位置，并提出了走以人为本、富有特色、健康协调可持续的城镇化发展道路。2014 年江苏省出台了《江苏省新型城镇化与城乡发展一体化规划（2014—2020年）》，明确了江苏省规划期内新型城镇化的总体目标、重大任务、空间布局、发展形态与发展路径，构建了"以沿江、沿东陇海线为横轴，以沿海、沿大运河为纵轴"的"两横两纵"总体布局，引导城镇化发展方式的深层次变革。之后，江苏省相继印发实施了《江苏省城镇体系规划（2015—2030 年）》《江苏省"十四五"新型城镇化规划》《南京都市圈发展规划》《苏锡常都市圈发展行动方案（2022—2025 年）》，着力推动构建特色鲜明、布局合理的新型城镇化格局，持续增强都市圈城市群能级。党的二十大进一步强调，"推进以人为核心的新型城镇化，加快农业转移人口市民化。以城市群、都市圈为依托构建大中小城市协调发展格局，推进以县城为重要载体的城镇化建设"。这些重要部署，为新发展阶段推进新型城镇化明确了目标任务、提供了重要遵循。在此阶段，江苏省城镇化进程和城镇现代化水平不断提高，城镇化空间格局持续优化，区域间差距逐渐缩小。具体来看，江苏省城镇化率由 2012 年的 63.0%上升到 2022 年的 74.4%，年均上升 1.14 个百分点，城镇化发展已从快速增长模式转向高

---

① 根据《江苏统计年鉴》区域划分，苏南包含南京、无锡、常州、苏州、镇江，苏中包含南通、扬州、泰州，苏北包含徐州、连云港、淮安、盐城、宿迁。

质量发展模式;"一群两轴三圈"的城镇化空间格局持续优化①,以都市圈城市群为主体形态、大中小城市和小城镇协调发展的格局基本建立,都市圈综合承载能力不断增强,省域全域一体化发展格局加速形成;同时,苏南提升、苏中崛起、苏北振兴的成效不断显现,区域发展不平衡的状况得到改善;城市综合竞争力显著增强,"十三五"期间,13 个设区市均进入全国经济百强城市行列,10 个县(市)纳入全国县城新型城镇化建设示范,宁锡常接合片区作为国家城乡融合发展试验区之一②。进入"十四五"时期,江苏省城镇化发展已经总体趋于相对成熟,经济发展水平和产业发展水平处于较高阶段。

从经济水平与产业发展来看,江苏省经济总量高,制造业优势明显,科技综合实力雄厚,数字经济赋能新兴产业、高新技术产业的潜力大。2021 年,江苏省地区生产总值为 11.64 万亿元,工业增加值总量达到 4.46 万亿元,占长三角地区总量的 46.75%③,同年,江苏省制造业规模占全国的 1/8④。2022 年江苏拥有 16 个重点发展先进制造业集群,10 个国家先进制造业集群,数量居全国第一。江苏科技综合实力雄厚,人民网公开报道显示,2022 年江苏全社会研发投入超 3700 亿元,对全国的贡献超过 12%,达到创新型国家和地区中等水平,科技进步贡献率高达 67%,区域创新能力连续多年位居全国前列。以创新为动力,通过不断完善产业链上下游,江苏先进制造业集群的发展质效正不断加速提升。统计局的相关数据显示,2022 年江苏高新技术企业数量达 4.4 万家,位居全国第二。同年,54 家省级以上高新区以占全省 6.2%的土地面积,创造了全省 40%的工业产值、54%的高新技术产业产值,成为江苏最具竞争力的创新高地和产业高地。同时,江苏扎实推进数字经济,以数字化、智能化推动传统制造业转型。根据江苏互联网大会所发布的《2022 数字江苏发展报告》显示,2021 年江苏数字经济发展规模突破 5.1 万亿元,占地区生产总值比重超四成,对战略新兴产业、高新技术产业的赋能作用进一步加强。

从城镇化空间格局现状来看,江苏省形成了由沿江城市群、沿海城镇轴、沿运河城镇轴、南京都市圈、苏锡常都市圈、徐州都市圈构成的"一群两轴三

---

① "一群"即沿江城市群,"两轴"即沿海城镇轴、沿运河城镇轴,"三圈"即南京都市圈、苏锡常都市圈、徐州都市圈。

② 来自《江苏省"十四五"新型城镇化规划》。

③ 根据《长三角一体化发展指数报告(2022)》,2021 年长三角工业增加值 9.54 万亿元。

④ 根据《中国统计年鉴(2022)》,2021 年江苏制造业规模 4.17 万亿元,全国制造业规模 31.4 万亿元。

圈"空间布局。该城镇化空间布局被赋予了增强都市圈城市群高质量发展、提高中心城市综合承载能力、推动区域协调发展的发展使命和功能作用。其中，沿江城市群承担着推进南北畅通、跨江联动，强化宁镇扬、苏锡常和(沪)苏通一体化发展使命。统计局的相关数据显示，2021年沿江地区贡献了全省77.68%的地区生产总值和93.26%的进出口总额①，成为构筑江苏高质量发展的引领典范和服务全国构建新发展格局的重要战略支撑。沿海城镇轴、沿运河城镇轴分别承担着实施向海发展战略的核心板块和彰显运河文化底蕴重要的功能作用，以期实现深化陆海统筹、江海联动和南北贯通，集聚发展海洋经济，推动沿运河、淮河、黄河故道地区城市发展联动。《江苏沿海地区发展规划(2021—2025年)》显示，2020年江苏沿海地区生产总值达1.93万亿元，占全省的18.4%，人均地区生产总值超过东部地区平均水平，综合发展实力显著增强。同时，沿海地区基本形成以石油化工和精细化工、船舶、新能源为主的现代特色产业体系，成为长三角地区先进制造业布局的重要板块。南京都市圈、苏锡常都市圈和徐州都市圈是江苏支撑城镇化进程的核心动力和代表国家参与国际竞争的重要载体，在增强省内区域协同发展，服务长江经济带发展能力，参与国际产业合作竞争等方面发挥着举足轻重的作用。未来，江苏将继续以优化"一群两轴三圈"城镇化空间布局为重要目标，使都市圈动力源作用更加鲜明，南京都市圈现代化建设水平全国领先，苏锡常都市圈国际化功能和发展质量效益显著提升，徐州都市圈的全国影响力和区域竞争力进一步增强。

二、当前城镇化发展的重要挑战②

江苏已进入城镇化进程中相对成熟的发展阶段，但城镇化发展不平衡不充分的问题仍然存在，一些新的矛盾挑战亟待系统应对破解。本节侧重于从绿色低碳发展的角度审视分析江苏省城镇化所面临的挑战。江苏省城镇化所面临的挑战主要表现在资源环境承载压力大，区域发展不平衡现象仍然存在，部分大城市辐射带动能力有待进一步加强，县域和小城镇发展动能有待进一步强化等。

---

① 根据《2022年江苏统计年鉴》，2021年沿江地区生产总值为90396亿元、进出口总额为47977亿元，江苏省生产总值为116364亿元、进出口总额为8069亿美元，进出口总额以2021年人民币对美元汇率中间价6.3757元/美元换算。

② 观点依据：《江苏省国民经济和社会发展第十四个五年规划和二〇三五年远景目标纲要》《江苏省"十四五"新型城镇化规划》等。

1. 资源环境承载压力大，综合承载能力有待增强

当前，江苏经济社会快速发展与资源环境承载力有限之间的矛盾依然存在。江苏省由于人口密度较大，集约化程度高，对能源需求也相应较高，加之自身资源相对贫乏，依赖外部资源较为严重。根据统计局的相关数据，2022年，江苏省人口密度为794.31人/平方千米，在全国23个省中排名第一（不含直辖市、自治区和特别行政区），约是全国平均人口密度的5倍，单位国土面积GDP为1.146亿元/平方千米，同样居全国23个省的首位。江苏虽江湖众多、水网纵横，但仍属于人均水资源相对短缺的省份。2021年，江苏人均水资源仅为588.4立方米/人，比2020年减少了52.1立方米/人，居全国23个省末尾。江苏能源消费总量较高，但一次能源较为缺乏，能源消费以接受外来电力能源为主。2021年，江苏能源消费总量居全国前三，仅次于山东、广东。新华网的报道显示，自江苏与山西以"专厂、专线、专供"形式协作共建第一条跨区输电线路以来，截至2022年末，江苏境内7条跨区电力输送已累计引入电量超1万亿千瓦时，累计接收跨区清洁能源达5972亿千瓦时，折合2.4亿吨标准煤。根据2021年江苏省测绘工程院研究显示，江苏资源承载能力区域分化也较为明显，呈现南部地区资源环境承载能力相对较低，北部和中部相对较高的特点(王勇和王玉芳，2021)，这与城镇化与工业化的集聚程度高度相关。

2. 江苏区域发展差距正逐步缩小，但区域不平衡现象依然突出

党的十八大以来，江苏区域发展差距虽然不断缩小，但是区域经济发展和城镇化水平不平衡的现象依然存在。根据统计局的相关数据，2021年，苏中地区、苏北地区经济总量占全省比重达到47.3%，比2012年提高了7.2个百分点，但苏南地区经济仍占据主导地位。苏南地区人均GDP、居民人均可支配收入分别是苏北地区的1.96倍、1.87倍，经济差距明显。截至2021年末，苏南地区、苏中地区、苏北地区城镇化率分别为82.6%、70.6%和64.8%，三大区域的城镇化率呈南高北低的梯度排列，苏南地区城镇化水平已经超过发达国家水平，苏中地区、苏北地区城镇化总体水平为66.9%，仍低于苏南地区城镇化率15.7个百分点。截至2021年末，城镇化水平最低的苏北地区的连云港市城镇化率为62.38%，与城镇化水平最高苏南地区的南京市相差24.52个百分点。区域产业发展不平衡的情况明显。苏南地区第二产业和第三产业占比远高于江苏省平均水平，其中2021年工业增加值是苏中地区和苏北地区的2.8~2.9倍。相比之下，苏中地区第二产业占比大、结构偏重，产业集约化水平相对较低、数字化经济与制造业融合水平也稍显不足；苏北地区第一产业发达，

2021年苏北地区第一产业增加值占全省第一产业增加总值的56.2%，而在工业制造方面，其产业价值链和创新链总体则处于相对低端。2021年江苏省政协提案相关报道显示，苏北在全省136个集群区域（包括重点企业）中仅有10个，约占全省的7%。江苏作为工业大省、制造业大省，在全国发展大局乃至全球竞争格局中具有重要地位，区域发展不平衡可能在一定程度上影响其作为整体，引领全国工业和制造业发展，并更好地作为先锋参与全球竞争与合作。

3. 部分大城市辐射带动能力有待增强，县域和小城镇发展动能有待进一步强化

一方面，部分大城市的辐射带动能力有待进一步加强。作为省会城市，南京在区域发展的辐射带动方面承载着重要使命，2019年江苏省政府将"提升南京中心城市首位度"①写入政府工作报告；2022年，省党代会报告和省政府工作报告中两次提出"支持南京争创国家中心城市"。然而现阶段，南京在经济发展、产业支撑等方面的辐射带动能力仍未充分发挥。根据统计局的相关数据测算，2021年，南京省会城市首位度达到了2.15，比2019年提高了0.4，但仍在全国27个省会城市中排名第17，2021年地区生产总值仅占全省14.1%，经济总量占比低于苏州5.4个百分点。《民营经济驱动产业集群高质量发展研究报告暨2023中国百强产业集群》报告数据显示，南京百强产业集群数量仅占江苏省的11.1%，不足苏州的一半。徐州市作为苏北地区重要的城市增长极，经济基础相对苏南地区较为薄弱，经济实力与城市规模相差较大，工业支柱产业以电力、机械、煤炭、钢铁、化工等重工业为主，工程机械产业集群整体规模偏小，且产业关联度和技术水平有待进一步加强，限制了其对周边城市的辐射带动能力。另一方面，县域经济发展动能有待进一步强化。《2022年中国中小城市高质量发展指数》研究成果显示，江苏作为县域经济强省，2021年全国百强县江苏占25个，拥有17个千亿级县，是全国千亿级县的39.5%。县域经济增速整体趋势有所减缓，新旧动能转换面临压力；县域主导产业存在一定的同质化竞争，产业链的错位发展与上下联动，以及产业集群的紧密协作仍有提升空间。同时，江苏小城镇呈现人口收缩和分化态势，《大变局中的小城镇：

---

① 城市首位度是城市经济地理学中一个重要概念，杰斐逊认为"首位城市"总要比第二位城市大得异乎寻常，并且在政治、经济、社会、文化生活中占据明显优势。该指标计算方法为首位城市与第二位城市的人口规模之比。根据我国城市人口统计方法，人口规模一般采用城区人口。一般认为，当首位度低于2时，城市表现双中心或多中心分布；当首位度等于2时，城市表现为位序—规模分布，其体现了大中小城市相对均衡的发展；当首位度大于2时，表现为首位城市领先发展，中间层级的城市发展不够。

2021 江苏省小城镇调查报告》数据显示，2021 年超过 80% 的小城镇常住人口较十年前减少，人口增长的小城镇主要集中在南京、常州（苏锡常）、徐州三大都市圈的人口持续增长的区县（崔曙平等，2021）。

三、城镇化发展的趋势特征①

江苏城镇化发展起步早、发展快，水平和质量总体呈现稳步提升态势，城镇化进程持续走在全国前列。下一阶段，江苏城镇化进程将进一步成熟稳定，不断提升发展质量，呈现一些新趋势、新特征。从本书的视角来看，主要包括以下三个方面：

1. 城镇化主体形态更趋鲜明，人口就近就地流动趋势明显增强

一方面，城镇化主体形态更趋鲜明。江苏在城镇化向纵深推进的阶段下，伴随基础设施建设水平、产业创新的持续推进、技术变革的不断深化，其城市间的经济社会联系越发紧密，推动以大中小城市协同发展为趋势特征的空间组织形态加快形成，促进城市从单打独斗的发展模式向以城市群、都市圈为城镇化主体形态的发展模式进阶演进。城市群、都市圈不仅成为支撑江苏城镇化进程的核心动力，也将成为江苏代表国家参与国际竞争的重要载体。另一方面，人口就近流动、就地流动趋势明显增强。伴随城市群、都市圈的城镇化主体形态加速形成，江苏人口向中心城市和县域城镇集聚的能力依然强劲，表现为资本、人口、产业、数据等要素资源进一步向城镇化优势地区集聚，人口就近就地流动趋势明显增强。在这一过程中，城市的产业层次、治理方式和就业结构持续深度调整，以适应外部环境变化、社会主要矛盾变革和科技革命不断演进，形成人民对美好生活需要的主要载体。

2. 城市现代化图景着力呈现，城市治理更趋专业精细

一方面，城市现代化图景着力呈现。面向现代化发展，江苏在城镇化进程中，将进一步发挥好城市是人口和经济重要载体的基本功能属性，不断促进新产品、新应用、新技术、新场景等在城市的加快集聚；为实现一批各具特色、富有活力、健康安全、和谐宜居的现代化城市的快速发展与成长，江苏省致力于推动城市发展方式朝着与现代化要求相适应的方向持续转变，推动城市功能品质朝着

---

① 观点依据：《江苏省国民经济和社会发展第十四个五年规划和二○三五年远景目标纲要》《江苏省"十四五"新型城镇化规划》等。

与禀赋特征相匹配的方向不断完善，推动城市治理结构朝着与高质量发展相协调的方向进一步优化，将城市作为展现社会主义现代化建设成效的重要窗口。另一方面，城市治理更趋专业化、精细化。江苏在城市治理过程中，越发重视遵循城市发展的内在规律，尊重并把握城市社会的系统特征，着力优化城市治理层级，以推动城市管理效率的进一步提升。通过促进新型基础设施在建设、应用和制度上的配合与协同，使"城市大脑"更显睿智与灵活，以促进居民生活舒适度和便捷度提升，共建共享的社会体系全面建立，推动群体间更为良性的互动与协作网络持续完善，城市运行模式朝着更加精准和高效的方向不断转型。

3. 新型智慧城市建设持续推进，绿色低碳成为普遍形态

一方面，新型智慧城市建设持续推进。依托较好的数字化发展基础，江苏将进一步发挥数字经济对城市建设和社会治理变革的推动作用，将信息化技术融入城市建设。江苏以建设高水平智慧民生服务体系为新型智慧城市发展为目标导向，通过推动政府数字化改革，促进政务服务、社会治理等领域的有机融合，统筹引领智慧城市建设，从而不断提升智慧城市服务质量。通过全力推动智能建造试点城市，江苏在智慧城市创新发展、改善民生和智慧治理等领域的探索越发深入，并不断创造数字技术新方向在智慧城市中的应用场景，以数字赋能助力新型城镇化建设，在培育发展新动能和支持绿色低碳发展中发挥了重要作用。另一方面，绿色低碳成为普遍形态。为克服资源环境约束趋紧的重要挑战，江苏根据客观实际，顺应自身发展规律特征，在未来的城市建设中，将从原先的增量扩张型发展模式，逐步转向存量优化型发展模式，以实现其城镇化规模、形态、布局与资源、生态、环境等方面更加适应匹配，推动其空间治理过程更加趋于集约、精细、高效。在城镇化进程中，江苏通过广泛应用先进的绿色技术，加快普及低碳的生产生活方式，全面构建生态文化体系，着力彰显人与自然和谐共生的趋势特征，将城市作为率先践行"双碳"战略目标的重要引擎。

第三节　江苏省绿色低碳的现状特征、重要挑战和发展机遇

　　江苏作为东部沿海经济大省，致力于打造成为制造业强省，在全国经济和工业发展中具有重要支撑作用，这也塑造了其相对较高的能源消费和碳排放总量，呈现能源消费基数较大、能源资源禀赋有限、化石能源依赖程度较高等特

征。当前，在推进城镇化进程中，江苏仍面临着工业绿色低碳转型压力较大、区域协同减排成效尚未充分发挥、可再生能源发展空间受到一定限制、绿色技术创新能力有待进一步加强等挑战。在"双碳"目标的驱动下，江苏应立足已有发展基础，通过加快发展方式绿色转型，先立后破有序推动能源结构优化调整，有望尽早实现碳达峰目标，实现经济社会向高质量发展转变。

一、绿色低碳发展现状

作为经济大省、制造强省、能源消费大省、碳排放大省，虽然江苏推进绿色低碳循环发展任务艰巨，但其能耗强度、碳排放强度、人均能耗、人均碳排放均表现较优，远低于全国平均水平，反映出相对较高的能源利用效率。参考发达国家的碳达峰发展历程，江苏在当前城镇化进程下，碳排放强度和人均碳排放均已逐步回落，推动碳排放总量达峰已纳入日程，未来将有望不断迈向绿色低碳高质量发展的新台阶。下面围绕碳排放水平、能源消费水平、能源供给水平三个方面，分析江苏省绿色低碳发展现状。

1. 从碳排放水平来看

中国碳核算数据库（CEADs）显示，"十三五"期间，江苏省绿色低碳发展呈现碳排放总量较高，碳排放强度低的特征。2019 年江苏省碳排放量达到 6.37 亿吨，居全国第四位，高于全国 30 个省份(不含西藏、港澳台)4.10 亿吨的平均水平，同年江苏碳排放强度仅为 0.64 吨/万元，远低于全国平均水平，碳排放强度总体已处于下降态势。在近年节能降碳的努力下，"十三五"期间江苏碳排放强度累计减少 20.5%[①]。具体来看，2021 年江苏以占全国 1.1% 的国土面积，产出了超过全国 10% 的经济总量，其单位国土面积 GDP 是全国 10 倍左右[②]；江苏省生态环境厅报道显示，2021 年江苏 GDP 增量居全国省(区、市)首位，但单位 GDP 碳排放量却下降了 2.9% 左右，相比全国总体而言，江苏已表现出较为集约的绿色低碳发展势头。从碳排放结构来看，工业部门是江苏省碳排放的重点领域。江苏省工信厅于 2023 年发布的《江苏省工业领域及重点行业碳达峰实施方案》显示，江苏工业领域碳排放量约占全社会碳排放总量

---

① 数据来源：《江苏省国民经济和社会发展第十四个五年规划和二〇三五年远景目标纲要》。

② 根据《江苏统计年鉴(2022)》，江苏土地面积 10.7 万平方千米，全国土地面积 960.0 万平方千米；2021 年江苏生产总值为 116364 亿元，全国生产总值为 1143670 亿元，江苏生产总值占全国生产总值的 10.17%；2021 年江苏每平方千米实现 GDP 为 1.1 亿元，全国每平方千米实现 GDP 为 0.1 亿元。

的 67.3%，其中钢铁、石油化工、建材、纺织和造纸五大行业碳排放量占全省工业领域碳排放量的 75% 以上。可见，在工业领域进一步推动绿色低碳转型，将成为江苏推动"双碳"工作的重点和要点。

2. 从能源消费水平来看

江苏以制造业为特色的产业体系拉动了庞大的 GDP 体量，由于江苏工业化程度较高，带来的能源消费需求也不可忽视。在当前仍然以煤为主的能源结构下，表现出能耗总量相对较高，但能耗强度相对较低的特征，体现出较为可观的能源利用效率。能源消费总量方面，根据统计局的相关数据，2020 年江苏省能源消费总量达 3.27 亿吨标准煤，位列全国第四，仅次于山东、广东、河北，但能耗强度仅为 0.32 吨标准煤/万元，低于同年全国 0.49 吨标准煤/万元的平均水平。据江苏省发展和改革委员会相关报道，"十三五"前四年，江苏以年均增长 2.1% 的能源消费支撑了年均 6.9% 的经济增长和社会发展。江苏产业基本特征为工业结构倚重偏轻，能源消费结构方面形成了以煤为主、多能互补的能源消费体系，非化石能源消费占能源消费总量的比重逐步提高。自然资源部发布的《中国矿产资源报告 2022》显示，2021 年江苏煤炭消费占比达 55.3%，煤炭消费比重略低于全国 56% 的平均水平；江苏省生态环境厅也在《江苏应对气候变化成效(2010—2021)》中表明，2021 年全省天然气消费量 314 亿立方，位居全国第二，尤其是在发电供热领域天然气对于煤炭的替代效应越发显著；非化石能源呈加速发展态势，其 2021 年消费占比达 12.3%，较 2010 年提高了 6.8 个百分点。能源消费领域方面，工业生产、居民生活和交通运输是江苏省能源消费排名前三的重点领域，作为制造业大省，高耗能行业占工业主导地位，2020 年江苏工业能源消费为 23459.6 万吨标准煤，占全省能源消费总量的 71.8%[①]。其中，江苏的钢铁、焦化、水泥、平板玻璃等行业是全省工业领域的高耗能行业，当前，江苏在着力推进这些重点工业领域的用能结构低碳化，工艺技术绿色化，从重点工业领域着手推动全省工业领域节能降耗。

3. 从能源供给水平来看

受资源禀赋限制，江苏资源能源主要依靠外部供应，由于较大的用能需求，社会用电仍以火力发电为主。根据中国煤炭工业协会分析，2022 年江苏省原煤生产量为 964.1 万吨，仅占全国原煤产量的 2.14%，排在全国 23 个产

---

① 根据《江苏统计年鉴(2022)》，2020 年江苏能源消费总量 32672.5 万吨标准煤，其中工业能源消费总量 23459.6 万吨标准煤。

煤省份的尾部。江苏通过与山西、内蒙古、陕西、安徽等能源大省形成合作，保障省内能源资源供给。根据江苏省社会科学院有关研究显示，江苏 2022 年 92%以上的煤炭、94%以上的原油、99%以上的天然气均来自外部供应。同时，从江苏省人民政府公开报道来看，2022 年其净受入区外电量 1450 亿千瓦时，约占当年全省用电总量的 20%。由于较大的用能需求，火力发电在全省能源生产中占主导地位，2021 年江苏发电量 5867.0 亿千瓦时，其中火力发电占全社会发电量的 80.8%[①]。可再生能源方面，风能和太阳能是江苏主要的可再生能源，近年来装机规模持续扩大。中国新闻网报道显示，截至 2022 年，江苏省海上风电和分布式光伏装机规模分列全国第一和第三。江苏省人民政府披露，2022 年江苏可再生能源总装机突破 5000 万千瓦，占全省总装机容量的三成左右，较 2012 年可再生能源发电装机规模增长了 20 多倍。从江苏省电力行业协会所公布的数据来看，2022 年江苏省新能源装机占总装机容量的 31.26%，新能源发电量占全省发电量的 15.15%，较 2020 年增长约 3 个百分点，全省能源结构渐趋优化。此外，根据江苏电力报评论，伴随"绿电入苏"通道开启，2022 年江苏受入区外清洁电量为 761 亿千瓦时，相当于为全省非化石能源消费比重提升贡献了 5 个百分点，截至 2023 年 4 月，江苏电网已累计接收清洁能源达 5972 亿千瓦时。

二、绿色低碳发展的重要挑战[②]

在城镇化高质量发展的背景下，江苏以其发达的产业集群、高端的科技人才、扎实的数字经济等优势，推动着城镇化建设朝着绿色低碳的方向稳步推进。本书认为，面向"双碳"目标，当前江苏在工业绿色发展、区域协同减排、产业协同降碳、可再生能源开发利用、绿色技术创新方面仍然存在一定挑战。

1. 影响工业绿色发展的结构性问题依然存在，绿色低碳转型面临一定压力

一方面，产业绿色低碳转型面临挑战。当前，江苏产业结构偏重，产业绿色低碳转型正处于攻坚期，经济增长与资源环境承载力存在矛盾，特别是"十四五"期间，江苏还面临着减煤空间进一步压缩、城镇水平提高及部分重大项目陆续投产，对能耗需求进一步加大等困难。江苏省生态环境厅公布的数据显

---

① 根据《2021 年电力工业统计资料汇编》，2021 年江苏全社会发电量为 5867 亿千瓦时，其中火力发电量为 4739 亿千瓦时。

② 观点依据：《江苏省"十四五"可再生能源发展专项规划》《江苏省"十四五"工业绿色发展规划》《江苏省"十四五"新型城镇化规划》等。

示，截至 2022 年，江苏省纳入全国碳排放权交易配额管理的重点排放单位有530 家，位列全国第二，占比约为 9%，江苏的产业结构与经济体量决定了其庞大的能源消费和碳排放量，短期内江苏产业绿色转型升级、社会减排降耗的压力依然较大。另一方面，能源结构优化面临挑战。由于环境承载能力有限、能源资源禀赋相对较少，加之现阶段可再生能源的开发利用尚不足以支撑庞大的能源消费需求，江苏能源资源对外依赖度较高，且短期内难以摆脱以煤为主的能源消费方式。2018~2022 年，江苏非化石能源消费占比以年均 1 个百分点的速度增长（肖睿，2023），2022 年江苏非化石能源消费占比为 14%。若按《2030 年前碳达峰行动方案》"到 2030 年，非化石能源消费比重达到 25% 左右"的全国总体水平预期，江苏能源结构转型仍有较长的路要走。

2. 区域协同减排格局尚未充分显现，产业协同降碳成效尚未充分发挥

一方面，江苏城镇化发展不平衡问题仍然存在，苏北地区、苏中地区仍有较大的碳排放空间。截至 2021 年底，江苏国土开发强度达 21%，而苏南部分地区已超 30% 的国际警戒线，土地资源尤为紧缺（汤春峰等，2023）。相比之下，苏北地区、苏中地区经济发展和城乡建设水平仍存在一定差距，城镇化进程仍有较大发展空间。江苏省在 2023 年《政府工作报告》中提出，要着力推进新型城镇化建设，加快形成苏南引领、苏中崛起、苏北赶超的区域发展格局。苏北地区、苏中地区将进一步加大交通、工业、建筑等基础设施布局力度，缩小区域发展水平差距。可以预见到，在未来一定时期内，其所产生的人口流动、城市建设、空间扩张将成为新的碳排放增长点，距离区域协同减排格局的形成，任务仍然艰巨。另一方面，江苏生产性服务业发展水平仍滞后于装备制造业，且产业区域分布有待进一步优化，对更高效率的节能降碳带来了潜在挑战。2022 年江苏省人大财政经济委员会调研报告显示，现阶段，江苏产业发展在技术研发、信息服务、供应链管理等高端生产性服务业发展方面仍较滞后。在制造业强省的建设目标下，江苏亟待在制造业集群和产业体系中打造更为完整的产业链条，以推动产业体系更高效率地协同节能降碳。由于产业的区域分布存在一定的不平衡现象，以苏南地区为代表的制造业发展高度集聚，但开发强度相对较大，难以支撑产业体系的可持续发展，苏南地区向苏北地区、苏中地区进行了一定程度的产业链延伸布局，或将有利于形成更高效率的区域协同减排格局。

3. 可再生能源发展空间受到一定限制，用能结构有待进一步优化

一方面，可再生能源发展空间受到一定限制。江苏风电和分布式光伏资源较丰富，但由于土地资源收紧，集中式光伏发电和陆上风电等可再生资源发展

空间受到限制，存在项目找地难、落地难、推进难等情况。《江苏省"十四五"可再生能源发展专项规划》的数据显示，江苏省约99%的风电和66%的光伏发电装机分布在长江以北地区，但60%的耗能分布在长江以南地区，省内电源侧调峰资源潜力受限，抽水蓄能调峰资源匮乏，过江通道输送能力偏弱，辅助服务市场机制尚未完善，电源灵活调节能力有限。另一方面，用能结构和用能成本有待进一步优化。江苏既是用能大省，也是资源小省，一次能源较为缺乏，较为依赖跨省跨区能源协作。但目前江苏省用能结构仍以化石能源为主，区外电量引入部分，清洁电能占比依然相对较小，清洁能源电量开发和区外引入仍有待加强。根据国网江苏省电力数据显示，截至2023年4月，江苏已累计引入区外电量达12095亿千瓦时，其中清洁电能为5972亿千瓦时，占区外引入总电量的49.4%。同时，省内集中式光伏发电等可再生能源发电开发利用的技术成本虽已大幅下降，但非技术成本仍然较高，叠加电网调峰等问题，可再生能源的竞争力相比化石能源仍然偏弱，用能成本整体仍然偏高。

4. 数字技术与实体经济融合渗透潜力未充分发挥，绿色技术创新能力有待进一步加强

一方面，数字技术与实体经济融合渗透潜力未充分发挥。数字化发展是推动江苏传统产业转型的重要动力，《2022数字江苏发展报告》的数据显示，截至2021年底，江苏全省数字经济规模超5.1万亿元，数字化发展水平位居全国第二。从产业数字化看，根据中国信息通信研究院统计，2020年我国数字经济内部结构中产业数字化占比为80.9%，而江苏产业数字化比例仅为64.0%，略低于全国总体水平。江苏数字经济在推动绿色技术创新上的作用尚未充分显现，制造业数字化智能化水平与江苏制造强省地位不相匹配，多领域数字化应用场景有待进一步挖掘。另一方面，绿色技术创新能力有待进一步加强。当前，江苏省工业绿色发展水平与发达国家还存在一定差距，绿色核心技术装备突破有限，先进适用技术尚未得到广泛应用。同时，由于绿色制造高端装备、关键零部件、基础材料、核心工艺等领域在一定程度上对外依赖，与系统完善的"一体化"产业链尚有一段距离，能源资源利用效率与先进水平存在差距，与全球前沿相比，绿色化生产水平还有较大提升空间。

三、绿色低碳发展机遇

江苏省迎来"一带一路"倡议、长江经济带发展、长三角区域一体化等国家重大战略交汇叠加的历史机遇，为深度破解重大技术突破受阻、资源环境约束，推动产业转型升级、优化能源结构提供了有利条件。因此，江苏省绿色低碳发展要积极融入国家发展大局，提升战略性新兴产业发展水平和现代服务业发展水平，并积极开展多层次能源合作，以"双碳"目标为指引实现重点领域高质量发展，从而推动产业结构绿色转型、能源结构优化调整，促进全社会节能减排，构建绿色低碳的循环发展体系。

1. 绿色低碳市场需求增长，能源和制造业领域潜力巨大

江苏省绿色低碳发展的市场机遇广泛，尤其是可再生能源、新能源汽车、节能环保和智能制造等领域具有较大的发展潜力。江苏省拥有较为丰富的太阳能、风能、水能等可再生资源，政府对可再生能源的支持和鼓励不断加大，市场需求持续增加，可再生能源行业具有广阔的发展前景和发展潜力。随着环保和能源保障双重需求的不断增长，新能源汽车市场快速崛起。江苏省的新能源汽车产业链完整，包括电池、电机、控制系统、整车等方面，形成了较为完整的产业生态系统，可为省内新能源汽车市场带来更多机遇。江苏省已经成为我国的制造业中心之一，随着信息技术和智能制造技术的不断发展，智能制造已经成为江苏省发展的重要方向，人工智能、大数据、工业互联网等技术可进一步应用于废物处理、绿色建筑、环保技术和环境监测等节能环保产业，缓解能源消耗和环境污染等问题，以及传统制造业面临的竞争压力，为江苏省带来更广泛的绿色低碳发展市场机遇。

2. 绿色技术创新前景广阔，为节能降碳释放巨大空间

伴随新一轮科技革命和产业变革的深入发展，数字技术成为驱动产业形态演进的重要力量，制造业技术体系、生产模式和价值链将发生系统性再造，为江苏省制造业加快转型升级提供了新的机遇。新能源技术、低碳交通技术、智能制造技术、节能环保技术正处于政策、人才、资源等有利条件叠加的创新红利期。江苏具备成熟的制造业和工业体系，拥有广泛的工业产业链和丰富的资源储备，为绿色产业发展提供了坚实的基础，也为技术研发和应用提供了实践空间和应用场景。新技术、新工艺、新设备将为江苏省严格控制高耗能、高排放行业产能增长，推动实现社会重点领域碳减排创造有利条件。此外，江苏省拥有众多高水平的大学和科研机构，能够为绿色技术创新提供良好的条件。江苏省有众多中小微企业，是推进"双碳"工作的重要力量，相关企业可以通过技术改造、生产制造和管理创新等方式，为节能降碳释放巨大空间。

3. 国内国际合作机遇广泛，为绿色低碳发展提供平台支撑

江苏以具有一定国际影响力的东西双向开放重要枢纽为发展定位，在国内大循环中发挥着重要战略支点的作用，在国内国际双循环中发挥着重要战略枢纽的作用。在国内大循环当中，江苏依托自身实体经济发达、科技水平高、人才资源富集等发展特征，形成了开放和创新先发先行优势。这为江苏充分融入"一带一路"建设、长江经济带发展、长三角区域一体化发展建设提供了有利条件，在促进区域间生态环境、基础设施、公共服务实现共建共享的同时，也推动加快自身形成生态保护和高质量发展的强大合力。在开放合作的双循环中，伴随新一轮科技革命和产业变革的深入发展，区域经济一体化，乃至经济全球化成为大势所趋，为江苏发挥自身优势，倒逼产业优化升级，塑造发展新优势，营造一流营商环境，吸引全球要素资源，在一些关键领域实现从跟跑到并跑、领跑提供了有利条件。同时，江苏省积极推进全球能源互联网建设和高水平研究合作平台搭建，这既为推动全球能源转型和应对气候变化做出了积极贡献，也为江苏省与国际合作伙伴建立长期关系和开展绿色低碳领域合作营造了良好氛围。

第四节　城镇化视角下的低碳发展对策建议

江苏省基于科技产业创新中心、先进制造业基地、国内国际双循环重要节点的发展定位，应依托较好的城镇化发展基础，围绕碳达峰、碳中和的重要战略机遇，发挥自身科技创新领域的重要优势，着力推动实体经济和社会发展向绿色低碳持续转型，践行"争当表率、争做示范、走在前列"重要使命，不断迈向高质量发展新台阶，为长三角地区的绿色低碳转型提供样板，为全国实现碳达峰、碳中和探索树立江苏典范。

1. 进一步统筹好发展与减排之间的关系，推动经济社会高质量发展迈上新台阶

根据发达国家的碳达峰经验，江苏当前在人均碳排放、碳排放强度方面已接近发达国家碳达峰经验范围，能耗强度、碳排放强度、非化石能源消费比重均完成了国家有关目标任务。江苏应夯实现有发展基础，进一步按照"强富美高"目标要求，统筹好发展与减排之间的关系，加快引领形成绿色低碳循环发展经济体系，推动重点行业能源利用效率达到国际先进水平，推动城镇化建设持续向绿色低碳转型发展，有效控制碳排放增量，实现经济社会高质量发展迈上新台阶，尽早实现碳达峰、碳中和战略目标。

一是推进城镇化进程持续向绿色低碳转型。统筹优化低碳发展区域布局，充分发挥中心城市辐射引领作用，推动江苏省全域更加平衡发展、充分发展。将绿色低碳发展理念融入城镇建设各环节，推动交通、建筑、居民生活等重点领域节能降碳，全面提升节能管理水平。

二是推进传统产业绿色低碳转型。立足制造业大省的发展基础，江苏应大力发展战略性新兴产业，加快传统产业转型升级和结构调整步伐，着力推动重点工业行业碳达峰行动，以绿色低碳赋能制造业发展，加快打造具有国际竞争力的先进制造业基地。

三是全面推进能源消费结构优化。大力发展非化石能源，综合运用能效型降碳、结构型降碳和替代型降碳措施，加快构建清洁低碳安全高效的现代能源体系。强化能源安全保障，科学做好化石能源对能源消费需求的保障兜底，在新能源安全可靠替代的基础上实现传统能源的逐步退出。

2. 发挥都市圈引领带动作用，构建低碳高效的城镇化空间格局

江苏应着力发挥"一群两轴三圈"城镇化空间格局辐射作用，以三大都市圈发展建设为抓手，进一步增强区域协调发展能力。

一是充分挖掘南京都市圈跨区域现代化建设潜力。南京都市圈作为全国首个获国家批复的跨省都市圈，应发挥自身连接南北的重要节点性城市的特殊作用，进一步增强城市综合承载能力，带动都市圈整体能级和国际竞争力的有效提升，成为长三角强劲活跃增长极的有力支撑。积极探索构建特大城市和大中小城市之间协同发展、优势互补的体制机制，通过科创产业的深度融合、基础设施的互联互通、生态环境的共保共治等，提升城市群整体绿色低碳发展水平，在双向开放合作中承担重要引领角色的作用。

二是深化苏锡常都市圈一体化建设实践。作为具备接轨上海、辐射江北、联系周边县市功能的都市圈，苏锡常都市圈应深化一体化建设实践，突出网格化城镇格局的优势，加强区域联通，强化科创资源统筹服务，积极探索人口经济密集地区资源整合型区域一体化发展模式，系统化提升都市圈集约高效的绿色低碳发展水平。

三是增强徐州都市圈综合竞争力。针对苏北经济发展不充分的问题，应着重夯实徐州都市圈中心城市的经济基础，扩大辐射影响力，引导布局新的产业协同和开放创新载体。着力提升徐州淮海经济区中心城市发展能级，创新省际

交界地区协同发展长效机制，培育共建共享的省际产业合作优势。

四是依托东西双向开放的重要枢纽功能定位促进区域协调发展。厚植江苏省 1 个国际性交通枢纽和 6 个全国性交通枢纽的基础优势，进一步发挥交通物流体系在都市圈城市群的"经脉连通"作用，提高区域资源配置效率与要素流通效率，推进苏南、苏中、苏北区域间协同减污降碳，促进综合交通体系在全省区域互补、跨江融合、南北联动工作中发挥重要催化作用。

3. 以节能减排重点领域为突破口，加快破除结构性高碳排放特征

江苏应在当前着力推动工业节能和绿色发展基础上，面向制造业强省的发展目标，进一步加快产业转型升级，大力实施绿色制造工程，推动经济高质量发展。

一是加快产业转型升级和结构调整步伐。破除能源结构和产业结构导向为特征的高碳排放，大力推行低碳节能技术、工艺，促进智能制造和服务业数字化的融合发展，推动传统产业结构升级。强化源头管控，坚决遏制高耗能、高排放、低水平项目盲目发展。同时，大力发展新一代战略性新兴产业，加快先进制造业和现代服务业融合转型。

二是积极稳妥推进工业等重点领域节能减排。针对重点行业、重点领域及现阶段碳排放增长较快的"新领域"，应围绕《江苏省工业领域及重点行业碳达峰实施方案》，持续关注产业集群与产业链之间的能耗联系，统筹全局，降低能耗水平，发挥产业集群集约高效的比较优势，不断改进生产模式，大力推动制造业节能减排。

4. 因地制宜发展可再生能源，加大清洁能源跨省合作力度

江苏应立足自身发展实际，保持发展定力，坚持先立后破，通过能源结构的逐步持续优化，积极稳妥推动实现碳达峰、碳中和。

一是因地制宜发展可再生能源。针对资源环境承载压力大，可再生能源发展空间受限等挑战，应通过因地制宜发展风电、光伏、生物质能等具备优势的可再生能源，进一步扩大可再生能源的应用规模。着力推动分布式光伏、海上风电等优势可再生能源成为江苏省能源增量的贡献主体，进一步提升可再生能源电力在全社会用电量中的比重。依托自身清洁能源比较优势，重点发展海上风电，持续优化风电发展结构，实现风能资源的科学开发和有效利用；稳妥有序推进城市屋顶分布式光伏就近开发利用，深化可再生能源建筑应用，鼓励建设和发展与建筑一体化的分布式光伏发电系统。

二是进一步加大清洁能源跨省合作力度。在与山西、内蒙古、陕西、安徽

等能源大省形成能源合作的基础上，依托西部、北部省份的风电、太阳能资源优势，以及西南地区省份的水电资源优势，江苏应进一步拓展与清洁能源富集省份的合作深度与广度，应对不同区域能源富余和用电缺口之间的差异化矛盾，缓解东部地区较高的能源消费负荷。通过加快送端配套电源建设，优化省间交易机制，提高存量通道送电规模，进一步发挥省际能源安全保障与互济互助的重要作用。

5. 发挥科技创新节能降碳优势作用，大力推进数字技术与实体经济深度融合

江苏应依托自身科技创新和数字经济在全国范围内的领先优势，持续加大新兴技术的研发、转化、融合、应用，塑造科技引领绿色低碳发展的重要典范。

一是充分发挥科技引领节能降碳的重要作用。充分发挥江苏产业创新中心的重要优势，依托省内高校、科研院所浓厚的科技创新氛围和较优的研究能力基础，鼓励开展绿色低碳领域的理论创新、技术研发、科技成果转化。加快推进基础前沿创新平台建设，围绕制约产业能效提升的关键技术和装备，培育构建产学研一体、上下游协同的低碳零碳负碳技术创新体系，进一步推进绿色低碳技术实现重大突破。在重点领域开展绿色低碳技术改造先行先试，发挥龙头企业、骨干企业带动作用，形成一批可复制、可推广的行业方案和技术经验。在大力引培高水平人才的基础上，充分激发人才创新活力和社会创造力，将人力资本和人才资源优势注入绿色低碳产业科技创新发展。

二是进一步发挥数字经济在产业转型的重要引擎作用。江苏应发挥比较优势，深入推进数字技术与实体经济融合渗透，加快制造业、服务业、农业等重点领域的数字化赋能水平，培育新业态、新模式，构筑实体经济发展新优势，从而不断提升江苏在全球产业链、供应链、价值链中的位势和能级。同时鼓励数字平台开发面向中小微企业的数字化技术服务、金融支撑，降低数字化转型门槛，着力培育一批苏北地区的引领型科技企业，强化数字经济的"新引擎"作用。

第七章 "双碳"目标下城镇化发展案例分析

——高碳城镇化省份：内蒙古自治区[①]

内蒙古自治区位于北部边疆，横跨我国华北、东北和西北三个地区，地域辽阔，地形狭长，人口分散，是我国的矿产资源大省和能源大省，也是我国向北开放的重要窗口。2022年，内蒙古自治区城镇化率达68.6%，在全国所有省级行政区中位于中上。全区近年来城镇化水平保持稳步增长，城镇化布局和形态不断优化，但也存在区内各地城镇化发展不够平衡、城镇化高质量发展动能有限、城镇化与资源环境利用协调度不足等问题。作为矿产资源和化石能源丰富的碳排放大省，内蒙古在保障全国能源供应和经济发展格局中具有重要的战略地位，当前面临着产业结构优化、能源结构调整等多重挑战。"双碳"目标对内蒙古在城镇化进程中的绿色低碳发展提出了更高要求，也为其高质量实现经济转型、产业结构升级、能源结构调整、国土空间布局优化带来了重大机遇。作为当前具备高碳城镇化特征的省级行政区，内蒙古在"十四五"规划中提出"围绕碳达峰、碳中和等应对气候变化中长期目标，强化能耗'双控'，倒逼产业结构转型升级"等一系列发展目标和举措。面向新发展阶段，内蒙古应立足实际，把握有利于绿色低碳发展的市场机遇、技术机遇和国际合作机遇，以生态优先、绿色发展为导向，积极推动关键领域技术突破，以煤炭清洁高效利用为着力点，推动新旧能源有序替代，因地制宜优化国土空间布局，促进传统产业逐步向高端化、智能化、绿色化转型，分类施策引导区内各地城镇化协调发展，走好高质量发展的新路，融入和服务新发展格局，实现"双碳"目标下更高质量、更可持续、更有效率、更为安全、更加公平的发展。

---

① 数据来源：本章内蒙古自治区国土面积、城镇化率、常住人口、地区生产总值、产业结构、能源相关数据主要来自历年的《中国统计年鉴》《内蒙古统计年鉴》《内蒙古自治区2022年国民经济和社会发展统计公报》等；如无特指，本章碳排放相关数据主要来自《内蒙古自治区"十四五"应对气候变化规划》《内蒙古自治区"十四五"能源发展规划》等，在与全国各省的分析比较过程中，由于数据原因，本章只讨论30个省份(不含西藏、港澳台)。

第一节 内蒙古总体战略定位

内蒙古横贯我国北方，南部与黑龙江、辽宁、吉林、宁夏、河北、甘肃、陕西、山西8个省份接壤，北部是我国北方陆上国界线主要组成部分。全区地广人稀，东西跨度达2400千米，南北跨度达1700千米，总面积占整个国土面积的12.3%，人口只占全国总人口的1.7%。内蒙古素有"东林西矿、南农北牧"之称，矿产资源和生态资源都极为丰富。根据其特性与优势，党中央为内蒙古确立了"两个屏障""两个基地""一个桥头堡"的重要战略定位，即把内蒙古建设成为我国北方重要的生态安全屏障、祖国北疆的安全稳定屏障、国家重要能源和战略资源基地、农畜产品生产基地，以及我国向北开放的重要桥头堡，为内蒙古新时代发展总体布局指明了方向。

作为我国北方的重要生态屏障，内蒙古肩负着生态优先、绿色发展的重要使命，其生态状况不仅与自治区各族群众的生存与发展紧密联系，也与我国华北、西北、东北等地区，乃至全国的生态安全息息相关。这意味着，内蒙古在发展历程中，需将生态环境保护放在突出位置，推动各区域、各领域实现绿色转型，把保护草原和森林作为在城镇化发展过程中需要兼顾的重要任务，同时把保护黄河生态环境摆在突出位置，加强绿色矿山建设，强化国土空间规划和用途管控，牢牢守住"三区三线"，大力宣传生态文明理念，倡导绿色低碳生活。

作为国家重要能源和战略资源基地，内蒙古肩负着保障华北、东北、西北等地用能需求的重大责任，在保障全国能源供应和经济发展格局中具有重要战略地位。根据内蒙古2023年公开报道，自治区的煤炭产能和外运量、发电量和外送电量均居全国首位。作为农畜产品生产基地，内蒙古是全国五个耕地保有量过亿亩的省区之一，2021年全区粮食总产量达768.06亿斤，连续4年突破700亿斤，排在全国第6位。截至2022年8月，全区"名特优新"农产品达到429个，数量居全国第一。内蒙古已成为国家重要的"粮仓""肉库""奶罐""绒都"，农畜产品生产基地的地位日益彰显。立足于"两个基地"的重要战略定位，内蒙古自治区由化石能源大区转向清洁能源大区的发展需求越发迫切，实现融合发展、集约发展、高质量发展的动能也将进一步增强。

作为我国向北方开放的重要桥头堡，内蒙古横跨"三北"，外接俄蒙，内连八省区，是我国"北开南联、东进西出"的重要枢纽。内蒙古拥有 20 个对外开放口岸，与俄罗斯、蒙古、中亚、东欧联系紧密。其中，满洲里口岸是中国最大的陆路口岸，承担着中俄贸易 65% 以上的陆路运输任务。作为"一带一路"陆路通道和中蒙俄经济走廊的重要节点，内蒙古的公路运输延续到我国东北地区和华北地区，并与亚欧大陆相互联通，内蒙古自治区人民政府的公开报道显示，区内过境的中欧班列由 2013 年的 3 列增加到 2021 年的 6100 多列，边境陆路口岸货运总量居全国首位。新时期，国家赋予内蒙古"桥头堡"的责任和使命，对内蒙古促进更大范围、更高层次的区域合作，全力打造对外开放新高地，高水平服务和融入国内国际双循环和新发展格局提出了更高要求。

第二节　内蒙古城镇化发展的现状、挑战与趋势特征

内蒙古自治区自 1947 年建立以来，城镇化率总体呈波动式增长。历经 70 多年的城镇化发展，内蒙古的城镇体系逐步趋于完善，城市空间布局不断优化，城市环境得到了明显改善。截至 2022 年，内蒙古城镇化水平达到全国中上位置，但区内 12 个盟市的城镇化水平存在较大差异，发展水平高低不一。随着城镇化持续深入推进，内蒙古以呼包鄂乌城市群为引领，推动城市间形成分工协作的空间格局。内蒙古坚持走以生态优先、绿色发展为导向的高质量发展之路，推动实现经济社会的绿色转型，成为其城镇化发展进程的重要趋势。

一、城镇发展历程及现状

内蒙古自治区首府为呼和浩特市，区内下辖 9 个地级市、3 个盟，合计 12 个地级行政区划单元，其中包含 23 个市辖区、11 个县级市、17 个县、49 个旗和 3 个自治旗，合计 103 个县级行政区划单位。自 1947 年建区以来，内蒙古城镇化建设经历了缓慢波动、加速推进和健康稳固发展三个不同阶段，内蒙古城镇化率总体呈现波动式增长。截至 2022 年底，内蒙古自治区常住人口 2401.1 万，居住在城镇的人口 1647.2 万，全区整体城镇化率达 68.6%，在全国省级行政区中处于中上位置。

改革开放前的 30 年内，内蒙古城镇化率上升不到 10%，改革开放从根本上建立了内蒙古推进城镇化进程的新机制。经参考相关文献资料，本书认为，以城镇人口规模和城市发展规模为依据，可将改革开放后的内蒙古城镇化进程划分为三个阶段(于光军和李莹，2011)。

第一阶段是 1978~1997 年，经济社会快速发展，城镇化进入启动期。党的十一届三中全会后，内蒙古农区和牧区开始实行承包责任制，提高了劳动生产率，解放了剩余劳动力。同时，改革开放促进内蒙古经济发展，第二产业、第三产业的增长吸引了大量农牧区剩余劳动力进入城镇。1984 年国务院颁布的《国务院关于农民进入集镇落户问题的通知》明确支持农民进入集镇务工、经商、办服务业。一系列制度改革实现了人力资本要素从农村牧区向城镇的流动，小城镇不断涌现，根据统计局的相关数据，内蒙古城镇化率从 1978 年的21.8%提高到 1997 年的 38.9%。

第二阶段是 1998~2012 年，城镇化进入了以新城区建设为特征的快速发展阶段。1998 年，内蒙古发布了《内蒙古自治区人民政府关于深化城镇住房制度改革加快住房建设的通知》，城镇住房制度改革使住宅业成为自治区新的经济增长点，这不仅满足了进城农牧民和城镇居民的住房需求，而且也带动了建筑、装修等劳动密集型产业的发展。1999 年，"西部大开发"计划的实施促使内蒙古建立了新的产业体系，同时带动了人口的集聚，推动了小城镇的发展。根据统计局的相关数据，在此阶段内，内蒙古城镇化率由 1998 年的 40.0%提高到 2012 年的 58.4%，年均增速 1.3 个百分点，主要表现为新兴城市、中心城镇、中心城市新区的建设。

第三阶段是 2012 年至今，城镇化进入由高速发展向高质量发展的换挡转型阶段。2013 年 5 月内蒙古自治区发布了《内蒙古自治区城乡规划条例》，区内各地加快了城乡规划的编制和修编进程，至此基本建立了以总体规划为指导、分区规划及详细规划相协调的城乡规划体系。2014 年，内蒙古新城建设的最后一个区域(集宁新区)基本建设完成，这标志着内蒙古自治区城镇规模加速扩张的告一段落。同年，内蒙古自治区提出了"转变城镇化发展方式，提高城镇化发展质量"的发展方向，内蒙古进入了推进新型城镇化的新阶段。2016 年以来，《内蒙古自治区"十三五"新型城镇化规划》《呼包鄂榆城市群发展规划》《呼包鄂协同发展规划纲要(2016—2020 年)》《内蒙古自治区国民经济和社会发展第十四个五年规划和 2035 年远景目标纲要》《内蒙古自治区新型城镇化规划(2021—2035 年)》《国务院关于推动内蒙古高质量发展奋力书写中国式现代化新篇章的意见》等文件相继印发，引领内蒙古围绕高质量发展这一核心目标，坚持生态优先绿色发展重要理念，积极转变发展方式，努力优化调整产业结构，着力构建多中心多层级多节点城镇体系，全面改善城市品质，稳步推进以人为核心的新型城镇化。统计局公布的相关数据显示，2012~2022年，内蒙古全区城镇化率平均每年提高1.0个百分点，相较城镇化发展第二阶段，增速下降0.3个百分点，反映全区城镇化进程已进入以人为核心的、提质增效的换档转型发展新阶段。

从人口城镇化发展现状来看，内蒙古城镇化水平处于全国中上水平，但城市规模不大，人口密度较小，集聚程度不高。根据统计局的相关数据，2022年全区常住城镇人口1647.2万，城镇化率达68.6%，城镇化水平处于全国中上位置，比全国65.2%的平均水平略高3.4个百分点，居全国第十位，在五个自治区中排名第一。内蒙古地广人稀，2022年自治区人口密度为20.3人/平方千米，仅为全国平均水平的1/7。全区没有超大与特大城市，2022年城区人口达到100万以上的大城市只有呼和浩特、包头、赤峰三市，其中首府呼和浩特市常住人口355万，城区人口约261万。按照《中国城市建设统计年鉴》划分标准，2021年内蒙古大中小城市比1∶1.3∶4.3，大中小城市平均人口规模分别为203.5万、63.8万、21.2万，且多数城市处在城市等级规模的下限，偏小的城市规模会对集聚效益的发挥产生一定影响（内蒙古自治区统计局，2022）。《内蒙古自治区国土空间规划（2021—2035年）》提出，到2035年要将呼和浩特建设成为Ⅰ型大城市，包头、赤峰与鄂尔多斯建为Ⅱ型大城市①，乌兰察布、通辽、乌海建为中等城市，进一步增强城市集聚效益，不断提高城市经济总量。

从经济水平与产业发展来看，过去一段时间，内蒙古经济总量不高，产业结构偏向传统产业和高耗能产业，主要以粗放型经济发展模式支撑城镇化进程。内蒙古经济发展水平略低于全国各省级行政区的平均线，2022年区内GDP为2.3万亿元，排在全国31省市的第21位。2022年，区内产业结构仍以第二产业为主，占比约为48.5%，较"十三五"期间的平均值上升了约9个百分点，其中区内工业领域以钢铁行业、有色金属行业、建材行业和化工行业为主要特征。尽管近年来战略性新兴产业、高技术制造业、高新技术产业呈现较好的增长态势，但是产业结构与资源的高度相关性依然是制约内蒙古经济发

---

① Ⅰ型大城市指城区人口在300万~500万。Ⅱ型大城市指城区人口在100万~300万。

展结构性变革的重点难题。

从城镇化空间格局现状来看，内蒙古"一群两级多点"的城镇化空间布局已基本定型①。具体来看，呼包鄂乌城市群位于内蒙古中西部的核心区，作为内蒙古最重要的经济圈，其经济总量占全区经济总量的半壁江山，承担着促进各类生产要素合理流动和高效集聚的重要功能。根据统计局公布的相关数据，2022 年，呼包鄂乌城市群地区生产总值占全区比重的 59%，其常住人口城镇化率达到 78.3%，高于全区平均水平 9.7 个百分点。作为"两极"的赤峰和通辽两市位于内蒙古东部，依托其区域和禀赋优势，致力于打造成为自治区东部地区高质量发展增长极，形成蒙东地区"双子星座"格局。通过推动赤峰、通辽两市在产业分工、文化交流、招商引资、对外开放等方面形成联动发展，着力提升中心城市承载力和辐射力。呼伦贝尔市、乌兰察布市、锡林浩特市、巴彦淖尔市、乌海市等中小城市，是全区城镇化空间布局的重要组成部分，通过稳步提升中小城市承载能力，不断加强城市间联系协作，推动大中小城市和小城镇实现协调发展，以期形成疏密有致、分工协作、功能完善的城镇化空间格局。

二、当前城镇化发展的重要挑战②

近年来，内蒙古以满足人民日益增长的美好生活需要为目的，深入推进以人为核心的新型城镇化，努力克服地广人稀、生产要素分散等基础条件的不足，城镇体系趋于完善，城市空间布局趋于合理，全区城乡面貌和人居环境得到了明显改善，城镇化水平稳步提升。目前，内蒙古整体城镇化水平较高，但城市人口密度低，城市规模偏小，经济发展水平不高，区内各盟市城镇化发展水平不平衡、城市间协作与联动程度有待提升、城镇化与资源环境利用协调度不足等现实挑战较为明显。

1. 区域发展不平衡，东西部城镇化差距较大

内蒙古区域地理形态狭长、东西跨度大、人口分散，全区 12 个盟市的城镇化水平存在较大差异，总体呈现"中部突起、两翼滞后"的格局，以呼包鄂

---

① "一群"指培育壮大呼包鄂乌城市群；"两极"指加快建设赤峰、通辽 2 个区域中心城市；"多点"指支持呼伦贝尔市、乌兰察布市、锡林浩特市、巴彦淖尔市、乌海市等中小城市发展壮大。

② 观点依据：《内蒙古自治区国民经济和社会发展第十四个五年规划和 2035 年远景目标纲要》《内蒙古自治区新型城镇化规划(2021—2035 年)》等。

乌为主体的中部地区经济发展和城镇化水平最高，西部次之，东部最低。由于东西跨度大，人口分散，内蒙古各盟市间城镇化建设水平差异较大。2022 年，乌海市常住人口城镇化率达到 95.9%，位居全国前列，而通辽市城镇化率最低，仅为 51.0%，全区城镇化率的上下极差高达 44.9 个百分点。东部城市城镇化发展明显落后于中西部城市，2022 年中部城市和西部城市总体城镇化率均在 71.7% 以上，而东部地区总体城镇化率仅为 59.5%。这主要是由于不同城市之间的资源禀赋差异导致产业结构不同，进而影响了区域城镇化进程。内蒙古东部植被丰富，天然草场面积辽阔，以农牧业为主，因此东部地区城镇化率相对更低。其中，呼伦贝尔草原是全国最著名的牧场，也是国内重要的畜牧业生产基地。而中部、西部地区风能、光能资源富集，矿产资源丰富。2020 年乌兰察布市可利用风能占内蒙古的 25%，阿拉善盟和包头市分别拥有千万千瓦级风电光伏基地和千亿级风能产业集群。呼包鄂蕴藏着世界上 80% 的稀土，全国 1/5 的煤炭和丰富的铁矿资源。优越的物质条件为中、西部地区产业发展提供有力支撑，吸引更多人口流入，加速了城镇化的发展。

2. 中心城市集聚和辐射效益尚未充分发挥，城市间协作与联动程度有待提升

虽然内蒙古自治区总体城镇化率领先于全国平均水平，但在高城镇化水平背后存在着城镇规模与人口密度较小、综合竞争力不足、中心城市集聚和辐射效益尚未充分发挥、城镇化高质量发展动能有限等问题。第一，中心城市经济和人口承载能力偏弱，辐射带动能力有待加强。按照《中国城市建设统计年鉴》划分标准，2022 年城区人口达到 100 万以上的大城市只有呼和浩特、包头和赤峰三市，城区人口 50 万~100 万的中等城市有通辽、鄂尔多斯、巴彦淖尔、乌海四市。呼包鄂乌城市群作为内蒙古最重要的经济圈，虽然以呼和浩特市为中心，包头、鄂尔多斯为城市群副中心城市的经济发展迅猛，但由于其经济体量有限，城镇对人口的吸纳和承载能力偏弱，城市群集聚效应与辐射带动效应有待进一步显现。同时，通辽和赤峰由于城镇化进程有待追赶，作为城镇空间格局的"两极"也在加快建设。第二，城市群内部协作有待进一步加深、产业集群效率仍有较大提升空间。呼和浩特、包头和鄂尔多斯作为内蒙古主要城市，均为资源依赖型城市，二产占比明显偏高，三产发展相对滞后。由于其产业链分工协同程度有待进一步提升，资源型产业转型升级任务艰巨，存在一定程度的低水平同质化竞争。第三，受限于地理条件等因素，区内各城市间的互动相对有限。当前，城市群内部生态交通存在不足，跨区域共保共治机制尚

不健全，城际交通网还未织密，时间、空间无法充分释放人们的出行需求，也制约了呼包鄂乌地区与京津冀经济圈的联系，以致经济发展空间呈间断块状分布，而未形成区域带状分布，不利于发挥城市群的协同作用。

3. 以往经济发展方式相对粗放，城镇化与资源环境利用协调度不足

城市是生产要素和经济活动的集聚区，也是资源能源消耗的集中区。过去内蒙古相对粗放的城镇化发展模式，带来了高投入、高污染和高排放的阶段性挑战，使城市资源、环境消耗，以及交通、水电热等供应压力不断增大，对人居环境和生态环境造成了一定影响（拓俊杰，2018）。内蒙古自治区的经济发展与城镇化建设是依托其工业化的快速发展而形成的，但过去长期以来的粗放发展方式使其面临两大挑战：一是产业结构层次不高，创新发展内生动力不强。当前，内蒙古三次产业结构中，第二产业占比明显偏高，第三产业发展相对滞后，产业产品处于全国供应链、产业链和价值链的低端。由于科研人才和研究活动严重不足，所生产的产品多以粗（初）加工为主，高技术含量、创造性和创新性产品较少。统计局的相关数据显示，2021 年内蒙古大中型工业企业 R&D 人员全时当量（人年）占总从业人数的 0.1%，仅为全国平均水平的1/5。专利申请量仅占全国 0.5%，是广东省的 2.8%。二是资源消耗和生态环境压力严峻。工业化是内蒙古实现城镇化建设快速发展的重要动力，但工业源攻坚仍是内蒙古大气污染防治的重点内容之一。统计局的相关数据显示，2021 年内蒙古工业颗粒物排放总量、工业二氧化硫排放总量分别为 62.08 万吨、22.48 万吨，排放总量均位列当期全国第一。大批量工业项目和基础设施建设项目的开工、生产、应用，在带来人口就业机会的同时，也对当地资源环境承载能力提出了更高要求。

三、城镇化发展的趋势特征[①]

随着城镇化的深入推进，根据《内蒙古自治区新型城镇化规划（2021—2035 年）》，内蒙古 2035 年常住人口城镇化率预计达到 72%左右，城镇化将进入成熟期。面向新发展阶段，内蒙古城镇化发展将更多地发挥城市群、都市圈重要作用，推动区域协调发展，增强城镇化高质量发展的基础保障，向集约低

---

① 观点依据：《内蒙古自治区国民经济和社会发展第十四个五年规划和 2035 年远景目标纲要》《内蒙古自治区新型城镇化规划（2021—2035 年）》等。

碳方向优化城市空间布局。因此，本书认为内蒙古城镇化发展的重要趋势特征大致包括以下三个方面：

1. 发挥城市群、都市圈作用，促进大中小城市协调发展

一是坚持把呼包鄂乌城市群作为促进区域协调发展的重要发力点，构建一体化发展空间格局，进一步增强城市群综合承载能力和区域中心城市辐射带动作用，推动城市群成为引领全区高质量发展的强劲动力。二是发挥区域中心城市引导人口集聚的重要作用，以盟市所在地城市为依托，以稳步提升中小城市承载能力为重点，促进大中小城市和小城镇协调联动，构建区域协调发展新格局。三是统筹全区东部、中部、西部差异化协调发展，深化城市分工定位，突出节点性城市的作用，以综合交通枢纽城市和重要口岸为依托，发挥多中心带动、多层级联动、多节点互动的优势，推动形成疏密有致、分工协作、功能完善的城镇化空间格局。

2. 以产业和能源结构转型升级为动力，推动城镇化高质量发展

持续提高能源资源利用效率，将改造提升传统产业作为推动城镇化发展的重要动力，大力发展战略性新兴产业，推动产业结构转型升级的趋势不断增强，发展模式从资源依赖和要素投入的传统增长模式转向更加依赖要素聚集、创新能力提升和产业链、供应链、创新链融合的高质量发展模式。为进一步激发高质量发展动能，需进一步加强以优化营商环境为基础的重点领域改革，完善城镇化高质量发展的硬件条件。为实现城市功能的拓展和城市服务的延伸，需进一步注重构建现代化基础设施体系，提早布局新型基础设施，统筹布局交通基础设施。

3. 以集约低碳的绿色发展为城市导向，促进城镇化与资源环境协调发展

一是坚持生态优先、绿色发展，立足资源禀赋特点，体现本地优势特色，明确区域功能定位，最大限度保护生态环境，培育绿色发展沃土。优化城镇空间保护开发格局，推动城镇向集中集聚集约发展，充分发挥新的增长极和增长带作用，实现生态价值向经济效益的转变。二是坚持把创新摆在发展全局的核心位置，引导创新创造成为未来城镇发展的主要内生动力，充分发挥创新平台、创新主体、创新技术的牵引作用，推进资源、要素、产业与城市功能深度融合，提高城镇化质量。三是倡导绿色低碳的生产生活方式，引导民众树立和践行新发展理念，从资源开发导向的思维定式和路径依赖中摆脱出来，让生态文明理念更加深入人心，从而提升城镇生态环境质量，推动低碳城市建设，促进城镇发展实现绿色转型。

第三节 内蒙古绿色低碳的现状特征、
重要挑战和发展机遇

作为煤炭资源丰富的碳排放大省，由于发展方式"倚能倚重"，内蒙古碳排放量总体仍处于刚性增长态势。根据内蒙古相关机构预测，自治区预计在 2035 年才能实现碳达峰，节能降碳任务相对较重，绿色低碳发展形势较为严峻。

一、绿色低碳发展现状

改革开放后，特别是进入 21 世纪以来，内蒙古抓住我国工业化和城镇化加速推进的历史机遇，依托资源禀赋，发挥比较优势，大力发展能源和原材料产业，客观上形成了重型化产业结构。由于产业结构重型化、能源结构高碳化特征明显，内蒙古高耗能高排放行业存量大、比重高，近年来碳排放总量处于高位、能源供给仍在不断增长，是全国减排降碳压力最大的省级行政单元之一。根据《内蒙古自治区"十四五"应对气候变化规划》《内蒙古自治区"十四五"能源发展规划》等，2020 年内蒙古碳排放达 6.3 亿吨，居全国第四（不含西藏、港澳台），单位 GDP 碳排放和人均碳排放是全国平均水平的近 4 倍。2020 年一次能源生产总量为 6.5 亿吨标准煤，占全国总量的 15.9%，"十三五"期间年均增速达 3%。虽然近年来，内蒙古努力优化发展现状，在产业结构调整、能源结构调整、绿色低碳生产生活等方面取得了一定发展成效，但作为国家重要能源和战略资源基地，内蒙古的能源保供工作责任重大，"倚能倚重"本底程度较深，同时区内可再生能源产业仍在加快布局，短期内摆脱高碳城镇化发展特征的难度依然较大。

从能源消费情况来看，内蒙古自治区能源消费总量庞大，能源效率偏低，能源结构高碳化特征明显。能源消费总量方面，自治区能源消费总量增长幅度较大，与 2015 年相比，2020 年能源消费总量增长了 0.81 亿吨标准煤，增幅42.86%，超出预期约束目标约 20%[①]。中国新闻周刊相关报道显示，2018 年、

[①] 根据《内蒙古自治区能源发展"十三五"规划》，预期到 2020 年能源消费总量增长 0.35 亿吨标准煤。

2019年、2020年内蒙古全区能源消费总量分别达到2.31亿吨、2.53亿吨和2.7亿吨标煤，均未完成能源发展"十三五"规划中的年均2.25亿吨的约束指标。能源利用效率方面，内蒙古能源利用效率总体不高，近年来能耗强度不降反增。根据统计局相关数据测算，2020年内蒙古能源利用效率仅为0.64万元/吨标准煤，低于全国同期2.03万元/吨标准煤的平均水平。国家发展和改革委员会环资司约谈内蒙古节能主管部门时表示，"十三五"前四年，内蒙古能耗强度累计上升9.5%，2019年能源消费总量较2015年增长6562万吨标准煤，已达到"十三五"增量目标的184%；能源消费弹性系数①由"十二五"的0.2上升到1.5，经济增长对能源消费的依赖程度有所提高，能耗"双控"压力相对较大。能源结构方面，煤炭占内蒙古能源消费的主导地位，统计局和相关报道的数据显示，2020年内蒙古非化石能源消费比重为11.2%，低于全国15.9%的平均水平，2019年内蒙古供电和供热占煤炭消费总量的50%左右，火力发电占该地区总发电量的84%左右，处于能源消费的主导地位。

从能源供给情况看，内蒙古初步形成了煤电油气风光并举的综合能源生产体系，但能源供给仍在增长，煤炭居于能源生产主导地位，可再生能源的对冲降碳作用尚不充分。内蒙古承担着全国能源保供的重要使命，2022~2023年内蒙古自治区能源局的相关报道显示，内蒙古在能源生产总量、煤炭产能、外送煤炭和外送电力等方面连续多年居全国第一，全区能源生产总量约占全国的1/6，外输能源占全国跨区能源输送总量的1/3，由此内蒙古能源供给呈现不断增长态势。根据《内蒙古自治区"十四五"能源发展规划》，现阶段，风能、太阳能等新能源成为内蒙古能源结构调整的主力军，占近1/3电力装机和1/5的全社会用电量，内蒙古新能源发电量达到1191亿千瓦时，居全国首位（孙绍骋，2022）。根据内蒙古自治区能源局公布的数据，2021年内蒙古风电光伏项目获批规模已突破4000万千瓦，其中保障性并网规模超过1000万千瓦，可再生能源发电量增长27%。尽管近年来通过不懈努力，内蒙古新能源得到了一定发展，但由于庞大的能源消费需求，其所占比例依然相对较小，对冲降碳作用

① 能源消费弹性系数是反映能源消费增长速度与国民经济增长速度之间比例关系的指标，其计算公式为：能源消费弹性系数=能源消费量年平均增长速度/国民经济年平均增长速度。当弹性系数的绝对值大于1时，说明能源消费的增长速度快于国民经济增长速度，经济增长对能源消费的依赖程度高；当弹性系数的绝对值小于1时，说明能源消费的增长速度慢于国民经济增长速度，经济增长对能源消费的依赖程度低。当前，内蒙古能源消费弹性系数大于1，反应近年来单位不变价GDP能耗的上升态势，继续提高经济增长利用能源效率需要付出更多努力。

尚且有限，以煤为主的能源供给形势依然没有得到显著改变。

虽然内蒙古自治区在经济社会发展呈现高耗能、高排放、高碳化特征，但是自治区近年来努力改善发展现状，在产业结构调整、能源结构调整、绿色低碳生产生活等方面取得了积极进展和成效①。一是优化调整产业结构。根据统计局的相关数据，自治区三次产业比例由 2015 年的 9.1：50.5：40.4 调整为 2020 年的 11.7：39.6：48.8，非煤产业增加值占比达到 63.6%，规模以上装备制造业、高技术制造业、高新技术产业、战略性新兴产业增加值分别较 2015 年增长 41.2%、17.5%、8.1%、7.5%。二是调整优化能源结构。"十三五"末期，自治区煤炭占一次能源消费总量的比重较 2015 年有所下降。能源结构调整对碳排放强度下降贡献率达到 2.5% 以上。火电供电煤耗从 2015 年的 337 克标准煤/千瓦时下降至 2020 年的 321 克标准煤/千瓦时，推动火电行业单位发电量碳排放强度下降 5% 左右。全区可再生能源发电量占总发电量比重达到 17.3%，较 2015 年提高了 4.2 个百分点。三是推动绿色低碳生产生活。"十三五"期间，自治区公共机构单位面积碳排放强度较 2015 年下降近 11%。铁路货运量占全社会比重达到 44%，城市新能源公交车、清洁能源出租车占比分别达到 63.3% 和 51.5%。

二、绿色低碳发展的重要挑战②

内蒙古优越的资源禀赋在支撑产业发展、带动城镇就业、为区内经济发展提供动力源泉的同时，也加剧了城镇化高能耗、高碳排的路径依赖问题。为实现"双碳"目标，内蒙古在平衡经济发展与节能降碳、整体与局部、长远目标与短期目标等关系的过程中面临着诸多挑战。

1. 伴随城镇化进程快速推进，内蒙古将面临统筹发展和减排的重要挑战

一是城镇化和经济发展空间较大，未来一段时间碳排放仍将刚性增长。内蒙古尚处于工业化、城镇化快速发展阶段，经济发展水平仍有较大增长空间。2022 年内蒙古地区生产总值为 2.32 万亿元，仅排在全国第 21 位。2022 年内蒙古城镇化率、人均 GDP 分别为 68.60%、9.65 万美元，距离发达国家实现碳达峰的参考区间仍有不小差距，城镇化和经济发展空间较大。内蒙古"十四

---

① 《内蒙古自治区"十四五"应对气候变化规划》。
② 观点依据：《内蒙古自治区"十四五"能源发展规划》《内蒙古自治区"十四五"节能规划》等。

五"规划纲要明确提出，未来地区生产总值将保持年均增长5%左右，立足能源资源优势，实施优势特色产业集群提质升级计划，推动传统产业高端化、智能化、绿色化，数字经济核心产业增加值占地区生产总值比重继续增长。随着经济发展、人口增长、产业布局、城镇化深度推进，内蒙古未来一段时间的碳排放仍将呈刚性增长趋势。二是"倚能倚重"模式不可持续，但存量产业在现阶段仍对经济、就业起到支撑作用。根据《内蒙古自治区"十四五"应对气候变化规则》《内蒙古自治区"十四五"能源发展规划》，2020年内蒙古钢铁、建材、化工等六大高耗能行业碳排放在全区排放总量中占比高达80%；能源结构"一煤独大"问题突出，煤炭消费占比高出全国25.2个百分点，导致单位能源（吨标煤）消费碳排放高达2.29吨。但与此同时，能源作为自治区的支柱产业，贡献了50%以上的工业增加值和税收，在促进自治区经济社会的繁荣和稳定方面发挥了重要作用。在较大的发展包袱下，内蒙古产业和能源结构短期内难有较大转变，高能耗、高碳化发展的特征或将在一定时间内延续，在未来逐步得到改善。三是能源结构和产业结构调整的过程，也将在短期内带来能耗和排放增长的"阵痛"期。优化调整能源结构和产业结构是高碳城镇化省份实现碳达峰的有效路径，但新兴产业和清洁能源的布局过程，也将产生较高的碳排放。当前，内蒙古正加快能源和产业结构调整的进程，全链条提升产业结构层次。这个过程将引导一定的新兴基础设施建设，以支撑新能源产业和战略先导产业的发展和应用，例如，新能源发电设施、电网和输电设施、新能源储存设施、通信网络和数据中心新型基础设施等。可以预见到，一定时期内，内蒙古将不可避免地进一步增加能源消费和碳排放。

2. 在区域性差异的背景下，内蒙古将面临整体和局部之间的重要挑战

一是内蒙古在全国发展大局中承担着重要使命责任。内蒙古是能源生产大省，肩负着能源保供、能源外送的重要使命，根据《内蒙古自治区"十四五"能源发展规划》，其能源生产总量约占全国的1/6，外输能源占全国跨区能源输送总量的1/3，能源生产总量、煤炭产能、外送煤炭和外送电力等均居全国第一。作为国家能源基地、新型化工基地、有色金属生产加工基地，内蒙古参与全国产业布局分工，承接了一批高水平煤电、现代煤化工、钢铁、电解铝等项目，同时积极推进煤制油气、外送火电等建设，全国千万千瓦级的九大煤电基地中，有两个位于内蒙古（锡林郭勒、鄂尔多斯）。内蒙古自治区能源局的相关数据显示，2021年，内蒙古外送电量达2467亿度，占全国跨省区外送电量的15%以上，连续17年领跑全国。这些项目的实施，在保障国家资源和能源

供应的同时，也在一定程度上提升了能耗和碳排放控制压力，短期内，以煤为主的能源结构难以改变。二是内蒙古东部、中西部城市尚未形成高效的减排协同机制。一方面，东部、中部、西部城市资源禀赋、产业布局和发展水平均存在差异，2021年内蒙古中部和西部城市的产业结构呈现"二三一"的特点，东部地区产业比重已达到"三二一"，东部、中部、西部城市的城镇化率差异最高可相差45个百分点。发展阶段差异加上产业结构差异，使内蒙古在区内尚未较好发挥产业链、供应链协同合力。另一方面，由于内蒙古东西跨度较长、交通连接难度相对较大等客观基础，以及自治区内综合交通网络效能有待进一步提升，东部、西部和中部地区间要素流动相对受限，中部地区对周围盟市的带动和辐射作用未能充分发挥，西部地区阿拉善盟大多以沙漠环境为主，其中著名的巴丹吉林沙漠、腾格里沙漠、乌兰布和沙漠三大沙漠横贯全境。虽然内蒙古12个盟市已全部通高速公路，但是综合立体交通网络覆盖深度和广度有待提升，距离实现内蒙古东部、中部、西部城市协同高效开展碳减排，仍然尚有一段距离。

3. 在当前结构性锁定效应的制约下，内蒙古将面临短期和长期的重要挑战

从短期来看，内蒙古减排压力大、难度大，减排空间有限，可再生能源优势尚未发挥。一是减排压力较大、减排难度较大。2018~2020年自治区能源消费总量连续三年均未能达标，未能完成能源发展"十三五"规划中的约束目标。2020年，全区碳排放强度较2015年不降反升，为13.86%左右，对标国家2030年碳强度下降65%目标任务，面临着还欠账、赶进度、控总量、降强度的多重压力。根据2022年发布的《内蒙古自治区"十四五"节能规划》，全区规模以上工业企业中，高耗能企业占比近50%，其中六大高耗能行业能耗占规模以上工业能耗的比重为87.7%，单位GDP能耗是全国平均水平的3倍。自治区高碳工业化程度仍较深，减排难度较大。二是短期内减排空间有限。短期生产环节的节能减排难以满足"双碳"结构性变革要求，内蒙古通过延伸产业链等方式有效降低了能耗和碳排放，但降幅空间面临逐年缩窄的困境。由于内蒙古主要行业多集中在资源型产业，通过减少资源使用量的方式来实现节能减排的空间非常有限。以电解铝企业为例，内蒙古多家电解铝企业的电耗均低于国家加价限额。这意味着内蒙古电解铝行业产生的能耗相对全国来而言较低，但同时预示着其的节能减排空间，在现阶段的技术支撑下已接近瓶颈(陈晓东和梁泳梅，2017)。三是可再生能源优势尚未发挥。新能源项目落地过程中存在用地困难和技术约束，特别是储能技术升级周期制约了新能源的利用，非化石

能源替代进程相对缓慢。可再生能源成为主体基础能源仍待发展，对冲降碳作用尚不充分。加之过去一段时间，内蒙古能源科技创新基础不强、创新投入不足、原创性科技成果不多、技术瓶颈等原因制约了绿色转型，过高的技术使用成本在很大程度上卡住了减碳储碳项目的大规模建设与应用。

从长期来看，内蒙古仍存在着产业结构高耗能、重工业化底色较深，生态红线束缚中长期能源转型，体制机制尚未健全及碳排放数字化治理作用尚未发挥等长期挑战。一是高耗能产业底色较深。过去几十年来，内蒙古对传统产业和高耗能产业的路径依赖导致其经济韧性不足、抗风险能力较弱，在"双碳"目标下，以能源化工等重工业为主的产业结构本底，使内蒙古面临巨大的产业变革难度、绿色转型挑战和减排降碳压力。二是节能降碳政策体系和长效机制有待进一步完善。《内蒙古自治区"十四五"节能规划》指出，内蒙古节能降碳制度体系仍然存在节能监察体系不健全，能源、建筑、交通、公共机构和服务业等领域节能监察处于空白状态，未形成覆盖全社会的节能监察体系，部分重点领域、重点用能单位、高耗能项目节能事中事后监管不到位等现象。此外，一些地方也存在节能审查与能耗"双控"目标有效衔接不足，新建高耗能项目对能耗"双控"影响评估不足，高耗能项目缓批限批落实不到位等情况。三是空间布局约束转型潜力挖掘。内蒙古可再生能源资源丰富，但可开发资源有限，区内60%的风能、光能资源分布在生态红线、基本农田等区域(洪冬梅，2022)。生态红线对内蒙古能源清洁转型中长期潜力挖掘产生约束，新能源行业发展所需的土地资源被压缩，土地利用条件被限制，绿色资源的巨大潜力尚未得到发挥。

三、绿色低碳发展机遇

在"双碳"目标下，国际、国内的新能源市场需求增长，有利于促进内蒙古发挥可再生能源开发利用的优势条件，逐步实现新旧能源转换。科技创新在国家支持下不断取得新的成果，内蒙古作为技术外溢效应的受益者，拥有丰富的转化应用场景。同时，"一带一路"和中蒙俄经济走廊建设正在加速推进，为内蒙古产业结构调整和可持续发展提供了有利条件。内蒙古仍然具备较好的市场机遇、技术机遇、国际合作机遇，要加快推进重点领域绿色低碳发展，构建更完善的绿色低碳发展体系。

1. 新能源需求持续增长，内蒙古清洁资源开发利用市场巨大

随着经济社会进入高质量发展时期，能源结构转型加速，新能源市场需求

旺盛，发展空间巨大。与此同时，伴随能源产业智能化升级进程的加快，我国互联网、大数据、人工智能等现代信息技术加快与能源产业深度融合，工业园区、城镇社区、公共建筑等领域的综合能源服务，扩大了新能源的需求，丰富了能源生产消费方式。当前，我国能源供需格局已逐渐呈现消费重心东倾、生产重心西移的态势。内蒙古既是传统能源大省，也是新能源资源富集地区，具备规模开发风电场、太阳能光伏电厂及氢能发电厂的巨大优势。在国家鼓励利用未利用地和存量建设用地发展光伏发电产业政策推动下，内蒙古发布《关于推动全区风电光伏新能源产业高质量发展的意见》，并大力推进以沙漠、戈壁、荒漠地区为重点的国家大型风电、光伏发电基地项目建设，进一步推动全区风电、光伏项目实行基地化、集约化、规模化开发。在能源结构加速转型和能源系统多元化迭代蓬勃演进的背景下，内蒙古的新能源开发利用市场或将迎来较大市场机遇。

2. 科技研发不断取得突破性成果，在内蒙古拥有广阔的转化应用场景

我国在大规模储能、氢能、智能电网等技术研发与产业化方面不断取得突破，而且科技创新从东部向西部外溢的效应日益增强。内蒙古地域广阔，能源行业基础雄厚，拥有丰富的风能和太阳能等资源，具有发展现代能源经济的天然优势，这为清洁能源技术开发、转化、推广提供了绝佳的"试验场"，大量技术项目可以选择在内蒙古落地应用。随着氢能产业进入市场化临界点，以及国家重大人才工程计划等地区性津贴倾斜政策实施，内蒙古可以依托丰富的能源资源和氢能应用场景强化技术创新，引进培养急需紧缺专业人才，增强创新发展能力。科技红利有利于为内蒙古由化石能源大区向清洁能源大区转变进行智慧赋能，有利于内蒙古加快现有产能升级改造，形成更强大的光伏装备制造生产能力。内蒙古成为技术创新与成果转化的优选地，能够吸引一批重点实验室、工程技术研究中心、高新技术产业开发区等创新平台和载体，集中区内优势在风能、光能、电能、储能、碳捕集与封存、可再生能源高效利用等领域开展技术攻关，有利于提高发展的协调性和产业的竞争力，发挥科技创新对绿色发展和经济社会高质量发展的引领作用。

3. 中蒙俄经济走廊进一步打通，助推内蒙古在国际合作中加强绿色可持续发展

中蒙俄经济走廊是"一带一路"的重要组成部分，随着《建设中蒙俄经济走廊规划纲要》的推进和落实，作为核心枢纽地区的内蒙古迎来了产业结构调整和可持续发展的新机遇。一方面，通过与周边国家的基础设施互联互通建设，内蒙古

可以转移部分产能，与周边国家形成能源资源合作上下游一体化产业链，持续推动经济发展方式转变，实现产业结构升级。另一方面，"一带一路"倡议框架下的中蒙俄经济走廊建设，有利于推进内蒙古面向国际加强绿色投资、绿色贸易、绿色金融，在技术、标准、人才、资本、经验方面进行全方位合作，建立健全多边生态合作机制和区域生态合作机制，打造"一带一路"沿线绿色生产网络体系，积极应对资源依赖和全球气候变化。

第四节　城镇化视角下的低碳发展对策建议

基于我国北方重要的生态屏障、国家重要能源和战略资源基地及向北方开放的重要桥头堡等战略定位，结合内蒙古城镇化发展现状与趋势，以及绿色低碳进程现状与特征，本部分从以下五个方面提出有关对策建议。

1. 坚持规划引领，因地制宜优化空间布局

一是坚持底线思维，强化国土空间用途管制，把"三区三线"作为调整经济结构、规划产业发展、推进城镇化不可逾越的红线。强化城镇开发边界对开发建设行为的刚性约束作用，同时考虑城镇未来发展的不确定性，适当增加布局弹性，科学预留一定比例的留白区，为有利于实现"双碳"目标的重大发展战略、重大技术变革和重大项目预留空间，增加城市发展的灵活性和弹性。二是坚持因地制宜，把握内蒙古幅员辽阔、地广人稀、边境线长、要素分散、城镇化发展阶段差异、生态环境多样性、各地区开发程度不尽相同的特征，依据资源环境承载能力、现有开发强度和发展潜力，在城镇化密集区发挥协同合力，集中特色优势产业，强化碳治理；在沙漠、戈壁、荒漠地区提高资源利用效率，因地制宜推进分散式风电、分布式光伏多场景融合发展；在生态功能区持续引导提高生态要素的碳汇功能，在农畜产品主产区增强农牧业固碳功能，推进农牧业绿色低碳循环发展，从而使不同类型的空间实现差别化、精准化的开发与管控，以此促进生产力布局与资源环境相适应。三是持续开展国土绿化行动，增强生态系统碳汇。按照全区"一区两带"（黄河重点生态区、东北森林带和北方防沙带）总体布局，持续开展国土绿化行动，切实强化森林保护与修复，不断提升森林质量，进而增加森林碳汇。

2. 以产业优化布局为抓手，推进各区域城镇化协同发展

一是大力发展区域优势特色产业，充分发挥资源相对集聚地区的辐射带动

作用。结合内蒙古东部的生态资源禀赋和西部丰富的矿产资源和清洁能源优势，分类施策，推进城镇化协调发展。特别是基于西部的资源禀赋，加强战略资源的保护性开发、高质化利用、规范化管理，加强能源资源的就地深加工，发展好战略资源产业，充分发挥大核心产业区的辐射带动能力，协同推进城镇化发展。二是构建绿色低碳产业体系，推动产城深度融合发展。促进传统产业转型升级和绿色发展，培育壮大现代装备制造、新材料、新能源、生物医药、节能环保等新兴产业，推动相关产业迈向高端化、智能化、绿色化发展阶段。严控"两高"行业新增产能，严控重点工业领域、城乡建设领域和交通建设领域的二氧化碳排放。三是以产业协作为抓手，积极参与共建"一带一路"和中蒙俄经济走廊建设，提升对外开放水平，构筑我国向北开放的重要桥头堡，持续加强产业布局优化，在联通国内国际双循环中发挥更大作用。同时，内蒙古应加强与京津冀、长三角、粤港澳大湾区和东三省的跨区域产业布局协作，更好地融入国内国际双循环。

3. 立足现阶段煤是主体能源的实际情况，推进新旧能源有序替代

立足内蒙古资源禀赋、战略定位，应推动转变经济发展方式同调整优化产业结构、延长资源型产业链、创新驱动发展、绿色低碳发展相结合，切实提高发展的质量和效益。提升煤炭开采科技应用水平，加快煤矿的开采数据可视化、开采过程透明化、开采设备智能化、开采现场少人化，推动煤炭采掘业升级。提升运输效率，降低煤炭在运输周转过程中的损耗和对环境的污染。大力推行煤炭清洁高效利用，对电厂煤电机组实施超低排放的节能技术改造，提升燃烧效率，降低二氧化碳和污染物的排放。借助内蒙古丰富的风能、光能资源禀赋和广阔的沙漠、戈壁等可开发地带，积极承接一大批风光发电项目落地，优化煤炭和新能源的组合，持续推进新旧能源有序替代，确保能源供应安全稳定和平稳过渡。

4. 坚持科技引领的城镇化发展进程，助力推动产业转型升级

进一步发挥科学技术在城镇化进程中的重要引擎作用，培育建立技术减碳国家实验室、科创中心、成果转化平台等抓手，支持绿色低碳技术的研发与落地，为产业由高碳向低碳、由低端向高端的转型提供技术支撑。大力发展新能源装备制造业和运维服务业等战略性新兴产业，力争在大规模新能源高效消纳、先进储能、氢能、碳捕集封存与利用等关键技术上取得突破，加快推动新兴技术与绿色低碳产业深度融合，推动内蒙古制造业向价值链中高端迈进。聚焦比较优势，坚持产业联动、错位发展，突出补链、延链、强链，促进上下

游、产供销、大中小企业整体配套协同发展，构建完善的绿色低碳技术体系和循环发展体系。

5. 考虑一些地方的重要功能定位发展要求，差异化开展绿色低碳的考核指标分解

推动实现碳达峰、碳中和应坚持"全国一盘棋"统筹布局，科学界定碳排放主体责任，充分考虑相关城市发展实际。内蒙古部分地区肩负着保障国家能源供应的重要使命，由此产生了相对较大的碳排放考核压力，相比产业结构和能源结构较轻的城市，其短期低碳转型预期有限。若在碳排放考核指标分解过程中，加以考虑城市间功能定位的差异，错位推动相关考评工作，给予一些地方合理的缓冲空间，或将更有利于内蒙古积极稳妥、科学有序推动碳减排。

第八章 "双碳"目标下城镇化发展案例分析
——低碳转型潜力省份：海南省[①]

　　海南省位于我国最南端，扼守中国的南大门，下辖范围包括海南岛、西沙群岛、中沙群岛、南沙群岛的岛礁及其海域，其中海南岛是我国最大的经济特区(毛志华，2020)。海南以"三区一中心"作为发展战略定位，即全面深化改革开放试验区、国家生态文明试验区、国家重大战略服务保障区和国际旅游消费中心。新中国成立以来，海南省城镇化进程大致经历了三个发展阶段，即曲折发展阶段、高速发展阶段和提质发展阶段，在建省办经济特区、国际旅游岛、自由贸易港等一系列国家重大战略部署下，正向城镇化高质量发展坚实推进。《2022 年海南省国民经济和社会发展统计公报》的数据显示，2022 年，海南常住人口城镇化率为 61.5%，人均地区生产总值 6.7万元，处于全国中下游水平。随着海南自贸港政策红利加快释放，其旅游消费、对外贸易、国际交流等服务领域不断展现出强劲活力。这使海南城镇化发展呈现第三产业主导的特点，碳排放基数总体较小。从中国碳核算数据库(CEADs)的数据来看，2019 年海南省碳排放总量几近全国末位，人均碳排放低于全国总体水平[②]。同时，热带海岛的特殊地理形态也赋予了海南丰富的森林和海洋碳汇资源，以及较大的风能、潮汐能等可再生资源储量，海上风电、蓝色碳汇等低碳技术应用前景广阔。因此，从产业结构、自然禀赋、战略定位来看，海南碳排放基数较小、增汇空间大、绿色低碳产业前景乐观，具备较强的低碳转型发展潜力。

[①] 数据来源：本章海南省城镇化率、常住人口、地区生产总值、产业结构、能源相关数据主要来自历年的《中国统计年鉴》《中国人口统计年鉴》《海南统计年鉴》《2022 年海南省国民经济和社会发展统计公报》等；如无特指，本章碳排放总量、碳排放强度数据主要来自清华大学中国碳核算数据库(CEADs)提供的 2019 年中国省级表观二氧化碳排放清单，在与全国各省份的分析比较过程中，由于数据原因，本章只讨论 30 个省份(不含西藏、港澳台)。

[②] 根据清华大学中国碳核算数据库(CEADs)，2019 年全国人均碳排放为 8.78 吨，海南人均碳排放为 6.99 吨。

做好碳达峰、碳中和工作是海南贯彻"三区一中心"战略定位、高标准高质量建设自由贸易港、实现低碳城镇化发展的必然要求。如何在自由贸易港建设背景下协调好生态环境高水平保护和经济高质量发展之间的关系是海南实现低碳城镇化过程中的重要议题。作为低碳转型潜力省份，海南省应结合自身经济社会发展实际、资源环境禀赋和产业发展特点，因地制宜地走出一条具有海南特色的低碳城镇化之路，为全国各省市绿色低碳转型发展提供海南样板。

第一节 海南省总体战略定位

海南于 1988 年建省，位于我国最南端，北以琼州海峡与广东省划界，西隔北部湾与越南相对，东面和南面与菲律宾、文莱、印度尼西亚和马来西亚为邻。全省陆地面积 3.54 万平方千米，海域面积约 200 万平方千米，既是全国陆地面积最小的省，也是总面积最大的省(毛志华，2020)。根据《2022 年海南省国民经济和社会发展统计公报》，2022 年，海南省常住人口约 1027 万，城镇化率约 61.5%，属于城镇化率偏低的省份。

海南因改革开放而生，因改革开放而兴，扮演着深化改革先行者、扩大开放探路者的重要角色。2018 年，《中共中央　国务院关于支持海南全面深化改革开放的指导意见》为海南提出"三区一中心"战略定位，赋了海南"建设自由贸易试验区和中国特色自由贸易港"的新使命，使海南发展转型迎来了全新的机遇。

作为全面深化改革开放试验区，海南彰显了我国"开放的大门只会越开越大"的决心以及推动建设开放型世界经济的责任和担当。海南是中国内地最大的岛屿，地理位置相对独立，同时也扼守中国南大门，是面向太平洋和印度洋的重要对外开放门户，具有在深化改革和对外开放等方面先行先试的便利条件(吴士存，2021a)。海南是全国最大的经济特区，也是目前除香港外全国唯一的自由贸易港。在历次国家级战略规划和政策设计的推动下，海南主动适应经济全球化新形势，实行积极主动的开放战略，朝着在 21 世纪中叶全面建成具有较强国际影响力的高水平自由贸易港的目标迈进。《海南自由贸易港建设总体方案》围绕贸易、投资、跨境资金流动、人员进出、运输往来等方面进行了一系列有利的制度安排，并提出了"'一线'放开、'二线'管住"的封关运作模式①。《中华人民共和国海南自由贸易港法》进一步赋予海南在贸易自由、投资自由、财政税收方面更大的自主权，为自贸港建设提供了坚实的法治保障。根据《2022年海南省国民经济和社会发展统计公报》，2022年海南货物进出口总额突破2000亿元，经济外向度达34.7%，外向型经济呈现良好的发展势头。从总量来看，海南的进出口总额仅位居全国第24，未来仍有较大的发展空间。海南全面深化改革开放引领我国对外开放向纵深推进，既为全国探索更高水平的改革开放探索新路径、积累新经验，也为其自身经济社会发展带来独特的政策红利和历史机遇。

作为国家生态文明试验区，海南肩负着在平衡保护与发展方面发挥示范作用的重要使命，在《国家生态文明试验区（海南）实施方案》的指引下，着力建设生态文明体制改革样板区、陆海统筹保护发展实践区、生态价值实现机制试验区、清洁能源优先发展示范区。在生态环境方面，海南具有独特的热带岛屿环境，《中国统计年鉴》的数据显示，海南森林覆盖率全国第五，各类环境质量指标常年位居全国前列。海南既是全球生物多样性保护关键热点地区之一，也是我国生物多样性最为丰富的地区之一，坐拥海南热带雨林国家公园，是长臂猿、红树林、珊瑚礁等生物种群的重要栖息地。优良的生态环境为海南发展旅游康养、南繁育种等绿色产业，建立和完善生态产品价值实现机制，探索低碳城镇化新道路创造了有利条件。在清洁能源方面，按照《海南能源综合改革方案》要求，海南着力优化能源供应体系，积极在引导能源清洁消费、完善能源市场体制、创新能源管理机制等方面开展探索。国家发展和改革委员会报道显示，目前海南省清洁能源装机量占比超过70%，领先全国②。为进一步加大清洁能源布局比重，《海南省风电装备产业发展规划（2022—2025年）》提出，海南将打造海上风电500亿元级产业链，以"风电+风机+应用"的模式推动建设清洁能源岛，"十四五"期间海南省海上风电项目建设规模为1230万千瓦。海南统筹自贸港与生态文明建设，深化"多规合一"、陆海协同、能耗"双控"等制度探索，坚持生态立省不动摇，努力探索平衡保护与发展的"中国方案"。

作为国际旅游消费中心，海南具有自由贸易港和热带海岛气候的独特优势，肩负着推进旅游消费领域对外开放，吸引境外消费回流的责任，持续推动免税购

---

① "一线"放开，"二线"管住：货物在海南自贸港与境外之间流转不征税，在海南自贸港与中国境内其他地区流转在进出口规范的基础上优化管理。

② 傅人意，刘梦晓. 争当"双碳"工作优等生　培育工业经济新增长点［N］. 海南日报，2022-01-24（A11）.

物、国际医疗、国际教育深度融合。海南早在90年代就喊出了"以旅游业为龙头，超前发展第三产业"的口号，旅游业是海南实现从第一产业到第三产业跨越式发展的重要抓手。2009年，国务院明确提出海南国际旅游岛建设的发展目标，其旅游业承担着促进产业结构调整、实现绿色高质量发展、助力偏远地区和少数民族地区脱贫致富、增进对外交流和扩大对外开放的使命。2018年，国家发展和改革委员会印发的《海南省建设国际旅游消费中心的实施方案》提出，海南要建设旅游高质量发展示范区、旅游体制机制创新试验区、世界知名国际旅游消费胜地，把海南的旅游业发展与全面深化改革，扩大对外开放的战略紧密结合，将海南省的文旅定位提高到了一个新的层次。根据海南省相关报道显示，2021年海南10家离岛免税店总销售额突破600亿元，博鳌乐城国际医疗旅游先行区与80余家国际药械企业建立深度合作，陵水黎安国际教育创新实验区迎来首批新生，国际旅游消费中心建设稳步推进①。自2010年国际旅游岛提出后，2010~2021年海南省以社会消费品零售总额年均13.2%的增长位居全国前列②，2021年海南省旅游及相关产业增加值占GDP比重增长至9.1%，高于全国平均约5个百分点③，旅游业对经济发展、提振消费做出了重要贡献，为海南低碳城镇化开辟了有效路径。

作为国家重大战略服务保障区，海南省下辖着具有重大战略意义、丰富矿产资源的南海岛礁和海域，是连接印度洋、太平洋的门户和我国进出两大洋的战略通道，在海洋强国、"一带一路"建设和军民融合发展等方面承担着难以替代的作用。在海洋强国方面，海南具有开发利用南海航运、渔业资源、矿产资源的便利条件。根据有关研究显示，南海地区关系着中国80%的海上贸易（吴士存，2021b），拥有超240万吨的渔业可捕量（张魁等，2017）、超过230亿吨石油储量、约20万亿立方米天然气储量（中国地质调查局，2012），以及各类海底结核、稀土等矿产。据统计年鉴数据显示，2021年，海南海洋经济增加值达到1953亿元，占其地区生产总值的30.2%，海洋经济发展成效显著。海南坐拥海南省深海技术实验室、中科院深海科学与工程研究所等重要海洋科研机构，在深海科考等领域成果丰硕。2020年，"奋斗者"号载人深潜器以三亚为锚地，展开对马里亚纳海沟等地的深海科考。在21世纪海上丝绸之路方面，海南积极打造对外交流

---

① 罗霞. 去年海南离岛免税店销售额突破600亿元[N]. 海南日报，2022-01-02(A01)。

② 根据《2022年中国统计年鉴》数据测算，海南社会消费品零售总额由2010年的639.3亿元增长至2021年的2497.6亿元，年均增速位于全国第七名。

③ 根据国家统计局公开报道显示，2021年全国旅游及相关产业增加值占比为3.96%。

平台体系，借助博鳌亚洲论坛等契机，为外事活动、多边交流创造良好条件。同时，海南加快推进交通基础设施建设、举办中国国际消费品博览会等商贸活动，将"一带一路"与自贸港建设紧密结合，协同推进高水平对外开放。在军民融合发展方面，海南坚决落实国家战略部署，保障文昌航天发射场建设运营，并以此为依托打造集科研、产业、旅游为一体的国际航天城，商业航天发展初见成效。同时，海南着力推进军地基础设施共建共享、南海应急救援与服务保障能力建设，承担起边疆和平与发展的重要使命。海南在承担一系列国家重大战略服务保障的过程中，获得了对标国际水准、探索前沿技术、吸引一流人才的独特机遇，为其实现高质量发展创造出更多的可能性。

第二节 海南省城镇化发展的历史进程、现状、挑战与趋势特征

海南省是海洋大省、陆域小省，经济总量在全国占比相对较小。海南省下辖4个地级市、5个县级市、4个县、6个自治县，由于历史上是广东省的一部分，海南省内行政区划比较特殊，是全国实行省直管县程度最高的省份。海南岛是全国最大的经济特区，在国际旅游岛、自由贸易港等利好政策下迎来了广阔的发展机遇，但在海南省城镇化发展进程中，也面临着城镇化载体建设尚不充分、经济基础和创新能力相对不足、城市发展面临生态环境约束等现实挑战。在当前加大力度推动全岛同城化，推动城市发展方式向高质量转型，着力构建现代产业体系等方面的不懈努力下，海南网络型城镇格局正逐渐形成，城市群逐步成为城镇化主体空间形态，城镇化进程越发向成熟期迈进。

一、城镇化发展历程及现状

作为多次承载国家层面重大战略部署的后发省份，海南省的城镇化发展历程起伏曲折。《2022年海南省国民经济和社会发展统计公报》的数据显示，截至2022年，海南省常住人口1027.02万人，常住人口城镇化率为61.49%，地区生产总值6818.22亿元，均位于全国中下游。由于建立省级编制较晚，农村范围广阔，海南的城镇化历程比较曲折。经参考相关文献资料，海南省的城镇化历程主要经历了三个阶段：

第一阶段是 1950~1988 年，海南的城镇化曲折推进。海南原为广东省下辖的一个行政区。在海南解放初期，其主要战略定位是边境国防和热带战略物资生产。由于扼守中国南大门的特殊地理位置，"加强防卫，巩固海南"的思想确定了海南作为中国国防前哨的战略地位（钟文，2010）。同时，海南的橡胶产业资源作为紧缺物资，受到了中央的高度重视。这一阶段，中央对于海南的建设投入、科研布局以第一产业为主，并成立了华南垦殖局海南分局，力图改变海南劳动力短缺、基础设施匮乏的状况。据海南史志记载，自新中国成立至 1982 年，约有 83 万人从内地迁移到海南，主要在农垦战线支持海南发展建设。这一时期，海南的城镇化和工业化进程相对缓慢，统计年鉴数据显示，1978 年海南常住人口城镇化率仅为 11%左右，低于全国 17.9%的平均水平，海南第二产业占比仅为 22.3%，低于全国 47.7%的平均水平。1980 年国务院召开海南岛问题座谈会，以明确海南农业发展方针、处理好国营与社队经营农场的关系为重点，提出"放宽政策，把经济搞活"，并兼顾恢复和发展林业资源、保护生态环境。1983 年，党中央、国务院批转《关于加快海南岛开发建设问题讨论纪要》，决定给予海南行政区包括使用地方外汇进口商品在内的较多自主权，确定了以对外开放促进海南岛开发建设的方针，使海南的发展迎来了重要转机，为后期海南成为改革开放前沿阵地打下坚实基础。

第二阶段是 1988~2009 年，海南的城镇化经历了高速发展。七届全国人大一次会议正式批准设立海南省、划定海南岛为经济特区。从此，海南获得了前所未有的发展机遇，进入了深化改革、扩大开放的历史新阶段，经济结构调整步伐加快。海南的改革开放举措在社会上反响热烈，据海南史志记载，1987~1992 年，仅有记录的进入海南政府机关、企事业单位和自主创业人才就高达 8 万以上，史称"十万人才下海南"。海南多措并举促进对外开放，其中 1992 年经国务院批准成立的洋浦经济开发区是我国第一个外商投资成片开发、享受保税区政策的国家级开发区，为国内其他产业园建设起到了示范作用，海南省第三产业在国民经济中的比重也在这一年首次超过第一产业，对外开放成效初显。与此同时，在全国积极稳妥推进城镇住房制度改革、海南加快深化改革和对外开放的背景下，大量外地资本进入海南房地产行业。相关数据统计，海南房地产开发投资额在 1990~1992 年以超 120%的速度增长，城市建设迅速推进①。

---

① 据海南省处置积压房地产工作小组办公室资料统计，1990~1992 年，海南省房地产投资比上年分别增长 143%、123%、225%。

然而，过热的增长催生了资本投机行为，大量外地炒房客推高了房价，使房地产开发远远超出了实际使用的需要。在这一阶段，海南政府出台《关于促进房地产业持续健康发展的若干意见》，加大力度压实市场监管责任、控制开发规模、加强用地管理，逐步完善相关政策体系，确保房地产市场平稳有序发展。1996 年，海南在"九五"规划中提出"一省两地"发展战略，即把海南建成中国的"新兴工业省、热带高效农业基地和海岛度假休闲旅游胜地"，重新强调工业发展的重要性，增速有所回升。2001 年，博鳌亚洲论坛召开成立大会，选定海南省琼海市博鳌镇为永久会址，区域性、国际性交流为海南对外开放提供了有力支撑。《海南统计年鉴》的数据显示，1988～2009 年，海南省常住人口城镇化率从 17.0%提升到 49.1%，逐步超过全国当期平均水平，海南城镇化事业在探索中不断迈进，实现了相对高速的增长。

第三阶段是 2009 年至今，海南的城镇化进入提质发展阶段。2009 年，《国务院关于推进海南国际旅游岛建设发展的若干意见》将国际旅游岛建设上升为国家层面的重要工作部署，提出要"形成以旅游业为龙头、现代服务业为主导的特色经济结构"，标志着海南的城镇化进入了提质发展的新阶段。在这一阶段，海南吸引和吸纳人口能力不断增强，据国家统计局相关报告显示，2010 年海南的商品房销售额达 746.6 亿元，成为全国商品房销售额同比增幅最大的省份①，并在 2011～2017 年里持续稳中有增。2013 年，习近平总书记考察海南时强调"要以国际旅游岛建设为总抓手，闯出一条跨越式发展路子来"，为新时代下海南发展注入了强大信心。2018 年，《中共中央 国务院关于支持海南全面深化改革开放的指导意见》发布，提出了"三区一中心"的新定位，即全面深化改革开放试验区、国家生态文明试验区、国家重大战略服务保障区和国际旅游消费中心。2020 年和 2021 年，《海南自由贸易港建设总体方案》和《中华人民共和国海南自由贸易港法》相继发布，赋予了海南在贸易、投资、财税等方面更大的自主权。根据统计局的相关数据，2021 年和 2022 年，海南货物进出口总额在疫情中逆势增长了 57.7%和 36.8%，自贸港优势正在不断彰显。2022 年 4 月，习近平总书记再次考察海南，对海南各项工作取得的成绩给予肯定，并嘱托海南以"功成不必在我"的精神境界和"功成必定有我"的历史担当，把海南自由贸易港打造成展示中国风范的亮丽名片。在全方位的顶层

---

① 国家统计局发布 2010 年全国房地产市场运行情况［EB/OL］. 中华人民共和国中央人民政府网，［2011-01-17］. https：//www.gov.cn/gzdt/2011-01/17/content_ 1785894. htm.

设计和战略布局牵引下，海南城镇化发展经历了提质增效的十余年。统计局公布的相关数据显示，2009～2022 年，海南省常住人口城镇化率从 49.1%提高到了 61.5%，增加了 12.4 个百分点，且仍然保持着良好的发展势头，海南省逐步进入城市占较大主导地位的城镇化发展阶段。预计到 2025 年，海南城镇化率将达到 65%，形成更加协调、更高效率的城镇化新格局①。

从城镇化空间格局来看，海南呈现海口、三亚两个省域中心城市"南北两极带动"的格局。统计局相关数据显示，2022 年海口和三亚城镇人口分别达到 243.2 万和 76.5 万，常住人口城镇化率分别达到 82.73%和 71.79%，集中了全省超过 50%的城镇人口。其中，以海口为核心的"海澄文定"综合经济圈，包含海口、澄迈、文昌、定安四个城市，集中了海南 44.6%的经济产值，是海南省综合实力最强，人才、创新等要素最集聚的高地。"大三亚"旅游经济圈包含三亚、陵水、乐东、保亭四个县市，是全国唯一的热带滨海地区，以旅游业引领区域一体化发展。同时，海南在东西两翼分别设置了一个区域中心城市。以儋州为核心的西翼城镇带以石化等工业为主导，打造自由贸易港先行区。以琼海为核心的东翼城镇带，主打国际文化交流、促进对外开放。海南省着力推进"全岛同城化"，将全省作为整体统一规划，利用环岛高速公路、高速铁路实现 3 小时畅行全岛、"海澄文定"和"大三亚"两大经济圈实现 1 小时通勤，由此形成"南北两极带动、东西两翼加快发展、中部山区生态保育"的整体发展格局。在城乡一体化发展层面，在《海南省总体规划（2015—2030）纲要》引领下，海南正着力加快特色产业小镇和美丽乡村建设，坚持梯度推进、城园互动、产城融合的原则，全面提升城镇对周边乡村的就业吸纳能力和经济带动能力，促进城乡要素流动和协调发展，力争形成"日月同辉满天星"的开发建设结构。

从经济发展与产业结构来看，统计局的相关数据显示，2022 年海南省一二三产业占比分别为 20.8%、19.2%和 60.0%，呈现出一三产业优先发展的特点。海南紧抓自由贸易港建设的重要契机，继续聚焦"3+1"主导产业，即旅游业、现代服务业、高新技术产业和热带特色高效农业。具体来看，"海澄文定"综合经济圈协同打造高新技术和临港经济产业带，海口江东新区重点发展总部经济、临空经济和科教等产业，文昌重点发展航天、食品加工等产业，定

① 海南省发展和改革委员会．关于印发《海南省"十四五"新型城镇化规划（公开版）》的通知 [EB/OL]．海南省人民政府网，[2022－06－04]．https：//www.hainan.gov.cn/hainan/tjgw/202206/92d9e 6c1e5ef446587561eae46dfed27.shtml．

安重点发展食品加工、绿色建材、文旅等产业。三亚经济圈方面，三亚崖州湾科技城协同乐东抱孔洋基地、陵水安马洋基地打造"一主两辅"南繁产业格局，陵水黎安国际教育创新试验区、崖州湾科技城则大力发展教育产业。统计局的相关数据显示，2021年海南省"3+1"主导产业实现增加值占地区生产总值比重达69.9%，其中现代服务业占比达31.0%，高新技术产业占比达14.9%，增长势头良好。此外，海南省油气产业、旅游产业、互联网产业、热带特色高效农业也于2020年率先突破千亿元级产业大关，为海南新型城镇化打下了坚实基础。经过海南多年来的不懈努力，特别是在自贸港战略的推动下，海南经济已经基本摆脱了"房地产依赖症"（刘小明，2023），转型升级成效显著。而对于高污染、高能耗和低端制造业，海南则出台《海南省产业准入禁止限制目录（2019年版）》加以严格的禁止或限制，体现了海南践行绿色低碳发展、平衡保护与发展的重要努力。

二、当前城镇化发展的重要挑战

1. 城镇化载体建设尚不充分，以城带乡能力仍需加强

统计局的相关数据显示，海口、三亚作为省域中心城市，虽然2022年其常住人口城镇化率分别达到了82.73%和71.79%，已进入城镇化发展的相对成熟期。然而，其在产业集聚、研发创新、提供高品质公共服务等方面仍然存在一些不足，经济和人才集聚能力存在一定提升空间，"全岛同城化"建设仍需进一步推进。在县域层面，由于历史原因，海南的县均为省直辖，行政区相对较小，很多县甚至只有十几万人口，区域辐射能力较弱、公共服务规模效应较低、地域协同成本较高，增加了其带动周边区域发展的难度（林森，2022）。与此同时，海南的一些县城在特色产业培育发展方面存在不足，载体作用发挥不充分，带动农民进城动力不足。万宁、乐东等8市县十年来城镇人口增加均不足1.5万人，个别市县甚至出现负增长[①]。在特色小镇方面，作为城镇化重要载体的特色小镇建设虽然取得了一定成效，但也存在产业基础薄弱、同质化现象突出等问题。

---

① 海南省发展和改革委员会. 关于印发《海南省"十四五"新型城镇化规划（公开版）》的通知[EB/OL]. 海南省人民政府网，[2022-06-04]. https://www.hainan.gov.cn/hainan/tjgw/202206/92d9e6c1e5ef446587561eae46dfed27.shtml.

2. 经济基础和创新能力相对不足，与世界一流自贸港存在差距

在经济基础方面，统计局的相关数据显示，海南省 2022 年地区生产总值 6818 亿元，居全国第 28 位；人均地区生产总值约 6.7 万元，居全国第 21 位，经济基础相对薄弱。虽然 2021 年，海南省外商直接投资高居全国第一，但同年外商投资企业货物进出口总额仅为广东省的百分之一左右，居全国第 22 位。海南省对外开放虽然已经取得了显著成效，但当前自贸港仍然存在部分口岸功能定位不清晰的问题，口岸基础设施建设和临港产业布局配套等方面尚有提升空间，自贸港口岸综合优势有待充分发挥①，依托自贸港建设的产城融合发展仍在蓄力。相比之下，同为自由贸易港的香港和新加坡，也曾通过引进外资，在纺织、制造等领域的国际贸易当中扮演重要角色，而后逐渐成为大量进出口贸易企业的资金聚集地，成为世界级物流中心和金融中心。在创新能力方面，根据统计局相关数据显示，2021 年海南省本科生和研究生人数占 6 岁以上人口比重分别为全国第 27 位和第 28 位，高素质人才相对紧缺；海南省每万人规模以上工业企业研发人员约 2.85 个，每万人拥有有效专利数量 2.30 个，与全国平均水平 27.09 个和 11.98 个相比仍存在差距，创新能力有较大提升空间。未来海南省仍需着力提升劳动力素质、吸引外地人才来琼、激发企业创新活力，做大做强四大主导产业，避免出现"高端政策红利与本地发展条件不匹配"的问题。

3. 城镇化发展路径面临生态环境约束，绿色发展道路有待深入探索

海南的生态环境不仅是海南人民的宝贵财富，也是全国人民的宝贵财富②。海南省委领导多次强调，海南省要"确保生态环境只能更好、不能变差"。为此，海南在土地利用、行业准入等方面都出台了比较严格的限制措施。根据 2019 年海南省《政府工作报告》，2018 年海南改革省对市县经济社会发展目标考核办法，取消了对全省三分之二市县的地区生产总值、工业产值、固定资产投资等传统经济指标的考核，并把生态环保列为"一票否决"事项。同年出台的《海南省人民政府关于进一步加强土地宏观调控提升土地利用效益

---

① 海南省发展和改革委员会. 关于印发《海南自由贸易港口岸建设"十四五"规划（2021—2025）》的通知[EB/OL]. 海南省发展和改革委员会网，[2021-12-17]. http：//plan. hainan. gov. cn/sfgw/0503/202112/2c3fba3e9cd042d0a7f3771afa9a7157. shtml.

② 沈晓明：把保护得天独厚的生态环境作为海南的"国之大者"推进中央环保督察和国家海洋督察反馈问题整改到位[EB/OL]. 海南省人民政府网，[2021-01-18]. https：//www. hainan. gov. cn/hainan/szfldhd/202101/9e3318f7cb96446b9dc0920d6bfe7446. shtml.

的意见》从供地端限制高污染、高能耗企业以及房地产项目的建设，并进一步严格对于开发边界的管理，打击擅自调整用地规划的行为。《海南省产业准入禁止限制目录（2019 年版）》对高污染、高能耗以及低端制造业进行了严格的准入限制。上述措施在服务国家生态文明试验区建设大战略的同时，也为海南的城镇化发展路径带来了明确约束，要求其不能走依靠传统粗放发展模式带来城镇化发展和经济增长的老路。未来，海南需加大改革创新力度，探索出一条符合自身特点的绿色发展道路，在自由贸易港建设背景下协调好生态环境高水平保护和经济高质量发展之间的关系。

4. 城镇化总体水平偏低，农业人口转移潜力有限

统计局的相关数据显示，2022 年，海南省常住人口城镇化率为 61.5%，低于全国平均水平。其中，海口市常住人口约 294 万人，与其 2035 年达到 400 万人口的国土空间总体规划目标尚存在较大差距。这与海南第二产业占比较低，以及热带农业经济形态的固有特点密切相关。由于历史定位强调边防和战略物资生产，以及对生态环境保护方面的考虑，海南省第二产业体量较小，该领域创造的就业岗位较少。统计局的相关数据显示，2021 年海南第二产业从业人员占比仅为 11.4%，在省级行政区中处于全国末位。同时，海南省热带农业的固有特点决定了其机械化程度低、劳动力需求大，但人均农业产值较高。2021 年，海南省农用机械总动力位列全国第 26，而人均农业产值高居全国第 4[①]。2022 年，海南省农村居民人均可支配收入 1.91 万元，城乡居民收入比为 2.1：1，均位列全国第 17，城乡差距处于相对良性水平。上述因素都使海南农业人口向大城市转移的动力弱于人口稠密的内地农业大省，传统的"进城务工+农业集约化"模式并不一定适用于海南。海南应结合发展实际，探寻与自身发展路径、战略定位相匹配的城镇化新模式。

三、城镇化发展的趋势特征

海南省经济社会发展蓝图在《海南省国民经济和社会发展第十四个五年规划和二〇三五年远景目标纲要》中进行了全方位绘制，《海南省"十四五"新型城镇化规划》也指出，到 2025 年预计海南省常住人口城镇化率将达 65%，新增

---

① 根据《中国统计年鉴（2022）》数据测算，2021 年海南农用机械总动力为 630.8 万千瓦，在全国 31 个省份中位列第 26，人均农业产值＝农业总产值/农业从业人口，海南 2021 年农业人均产值为 7.4 万元，仅次于浙江、福建、江苏。

城镇就业 75 万人，引进高层次人才 5 万人，转移农村劳动力 45 万人。到 2035 年，城镇化率预计达到 75%，农业转移人口市民化基本完成，基本公共服务均等化走在全国前列。基于现状和目标，海南城镇化发展的趋势特征可归纳为以下几点：

1. 城镇化进程逐步走向成熟期，城市群成为城镇化主体空间形态

在自由贸易港等一系列政策利好背景下，海南省城镇化进程稳步推进。从整体进程来看，海南省城市常住人口城镇化率将延续较快增长势头，城镇化动力持续优化，并逐步走向成熟发展期。在摆脱"房地产依赖症"之后，海南人口城镇化与土地城镇化进程日趋匹配，城镇发展动力由投资、消费拉动逐渐向要素、创新驱动转变（刘小明，2023）。从发展格局的视角来看，随着"全岛同城化"建设的持续推进，中心城市、沿海重点市县的公共服务、产业发展带动能力日渐提升，日益成为承载人口和经济的主要空间形式。在 2015 年"多规合一"改革试点的背景下，海南省将"五网"（包括光网、电网、路网、气网、水网）建设作为统筹城乡和区域协调发展的重要抓手，城乡基础设施辐射能力显著增强。环岛高速铁路、高速公路的贯通进一步打通城乡要素流动的通道，越发强化了中心城市的辐射带动能力。如今，"海澄文定"综合经济圈和"大三亚"旅游经济圈引领作用正日渐凸显，海口省会城市功能及核心带动功能不断增强，三亚同城品牌和规模效应持续发挥；部分县城已经承担起农民进城的重要载体，逐步呈现差异化、特色化发展趋势；特色小镇建设不断取得新成效，海南省城镇带、城市群格局逐步显现。

2. 全岛同城化效应增强，网络型城镇格局逐渐形成

随着"全岛同城化"战略的不断推进，多中心、多层次、多节点的网络型城镇体系格局正在不断形成。把全岛作为一个大城市、大景区统一规划、建设和管理，将有利于实现岛内各生产要素的高效流动，促进产业链的形成和发展。在具体行动上，海口、三亚、儋洋三大经济圈不断推进基础设施互通、产业协作共兴、公共服务共享、生态环境共治。以环岛公路为主轴、高速铁路和高速公路为纽带，实现"3 小时畅行全岛"，逐步增强经济圈辐射能力，带动滨海城市带发展。同时，海南通过因地制宜建设中部生态型城镇，支持森林康养、山地旅游开发，促进农业转移人口就地城镇化。在"全岛同城化"的大趋势下，海南省国土空间保护开发格局得到不断优化，逐步形成主体功能明显、优势互补、高质量发展的网络型城镇格局，实现区域、城乡协调发展和资源利用效益最大化。

3. 现代产业体系加快构建，城市发展方式加快向高质量转型

自由贸易港为海南现代产业体系的构建带来的前所未有的机遇，旅游业、高新技术产业、现代服务业、热带高效农业呈现良好的发展势头。海南将聚焦四大主导产业，集中打造一批千亿元级产业和一批百亿元级园区，加快发展数字经济、石油化工新材料和现代生物医药三大战略性新兴产业，做大实体经济基本盘，建立外向型、服务型、生态型产业体系。在构建现代产业体系的同时，海南也立足于"生态岛"的基础，将以人为本、尊重自然、绿色低碳、智慧生态等理念融入城市发展和产业升级当中。坚持集约集聚、争先创优、优胜劣汰原则，高质量建设重点园区。海南将持续加强能源资源节约，强化能耗"双控"，力争提前实现碳达峰，以现代产业体系为全省城镇高质量发展和人民高品质生活提供重要物质生产基础。

第三节　海南省绿色低碳发展现状特征、重要挑战和发展机遇

海南省碳排放总量在全国各省当中几近末位[①]，具有绿色、低碳、可持续发展的多方面优势。以第三产业为主的经济结构使得海南的碳排放压力小于同等发展水平的其他地区，自由贸易港等国家战略将继续强化这一优势。不仅如此，丰富的森林与海洋资源又进一步富裕了海南发展"绿色碳汇"和"蓝色碳汇"的巨大潜力，广阔的南海海域也给予海南海上风电等清洁能源的发展空间。然而，作为低碳转型潜力型省份，海南在绿色低碳发展中机遇与挑战并存。未来如何发挥自身优势，将自由贸易港、清洁能源岛建设与碳达峰碳中和战略相融合，探索出一条特色化、差异化的城镇化低碳发展道路，打造低碳转型引领的高质量发展样板模式，是海南近年来需要关注的重要议题。

一、绿色低碳发展现状

在"三区一中心"战略定位引领下，海南呈现巨大的绿色低碳发展潜力。

---

① 根据清华大学中国碳核算数据库（CEADs），2019 年海南碳排放总量为 6609.7 万吨，几近全国末位。

自国务院提出建设海南国际旅游岛以来，海南经济社会加速发展，能源供应持续稳定增长，能源消费日趋清洁高效，节能降耗工作不断取得新成效。海南以清洁能源岛建设为抓手，依托良好的资源禀赋，重点发展清洁能源，大力推进蓝碳事业，不断释放低碳转型发展潜力。通过践行生态优先、绿色发展的目标导向，海南致力于走高质量发展道路，不断推动经济社会发展全面绿色低碳转型，有条件成为碳达峰碳中和战略目标下的"优等生"。

在能源供应方面，海南的战略定位和资源禀赋决定了其在清洁能源开发利用等方面具有较大潜力优势，以加快探索实现能源结构转型。当前海南能源供应体系表现出清洁能源装机规模加速扩张、清洁能源发电量和占比大幅提升、新能源消纳能力不断增强、新能源供电保障能力领先等特征。关于装机规模，根据统计局及南方能源监管局相关数据显示，2021年海南电力装机总容量达1042万千瓦，其中，2012~2021年清洁能源装机占比上升了近32个百分点，增长幅度快于全国同期水平，电力装机规模持续扩张，2021年海南清洁能源装机占比达71%，远高于全国平均水平23个百分点①。关于实际发电，自"十二五"期间起，海南即实现了太阳能光伏发电"从无到有"的转变，此后能源供给转型步伐进一步加快。海南省发展和改革委员会和中国电力企业联合会数据显示，2021年海南清洁能源发电量首次超200亿千瓦时，清洁能源发电占比由2010年的14%上升至2021年的35%，增长幅度快于全国同期水平约8个百分点②。据海南省公开报道，伴随海南装机规模和清洁能源发电能力稳步提升，截至2020年，海南电源性缺电问题已彻底根治，区域性"拉闸限电"已成为历史③。为应对清洁能源发电的调峰波动和季节性用电高峰所造成的电力供需紧张形势，近年来海南同其他南方省份建立了电力互济交易机制④，2021年，在全国能源供需偏紧、价格居高不下的情况下，海南成为全国少数没有限电的省份。作为拥有丰富"风光"资源的热带岛屿，海南具备发展新能源的天然优势和能源转型雄厚基础，其所管辖海域面积广阔，拥有近200万千米海洋资源可供开发。根据2035年海南基本建成清洁能源岛的远景目标，海南未来

---

① 傅人意，刘梦晓. 争当"双碳"工作优等生　培育工业经济新增长点[N]. 海南日报，2022-01-24（A11）.

② 根据《2021年电力工业统计资料汇编》数据显示，全国清洁能源发电占比由2010年的19.2%上升为2021年的32.5%。

③ "十三五"建设发展辉煌成就系列之第八场新闻发布会[EB/OL]. 海南省人民政府网，[2021-01-18]. https://www.hainan.gov.cn/hainan/zxxx/202101/daa52282569b4a6ea3820b7c43c94dbd.shtml.

④ 海南先后与广东、云南、广西建立电力互济交易机制。

将朝着深远海进发，结合海洋牧场、海上制氢等配套产业形成完整的海上能源集群，清洁能源岛建设进程加快前景广阔。

在能源消费情况方面，自党的十八大以来，海南积极建设国家生态文明试验区，坚持生态立省，走绿色发展道路，大力推进清洁能源岛建设，能源利用效率显著提高，能源消费结构持续优化。从能源消费水平来看，由于全面禁止"三高"产业①及低端制造业产业发展，海南第二产业比重较低，能源消费整体偏少，统计局的相关数据显示，2021年能源消费总量为2446万吨标煤，为全国最低。从能源利用效率来看，自2009年《海南省节能行动计划》和2012年《海南省低碳试点工作实施方案》等文件发布以来，海南在保持经济快速发展的同时，其能源利用效率得到大幅提升。统计局的相关数据显示，海南能耗强度从2009年的0.76吨标准煤/万元下降至2021年的0.40吨标准煤/万元，明显优于全国平均水平②。在节能减排工作推进下，海南能源消费结构持续优化，由传统的以煤炭、石油为主逐渐转向以天然气、清洁电力为主体，以可再生能源为补充的清洁能源体系，化石能源消费得到有效控制。国家能源局数据显示，海南清洁能源消费比重从2012年的28.7%提升至2021年的38.7%，清洁能源占比明显优于全国当期水平③；2021年，海南煤炭消费比重下降至30%，低于全国56%的平均水平。近年来，伴随经济和城镇化水平稳步增长，海南能源结构转型取得显著成效，真正实现了"在发展中保护，在保护中发展"。

在海洋和森林碳汇方面，海南森林和海洋两大生态系统是重要的碳汇宝库，是海南低碳转型发展的重要潜力来源，也是提早实现碳达峰碳中和的关键途径之一。《中国统计年鉴》的数据显示，2021年海南森林覆盖率达57%，位列全国前五，将为海南创造较为丰富的"绿色碳汇"经济价值。作为海洋大省，海南海域面积约200万平方千米，占我国海域总面积五分之二以上，中国南海研究院院长王胜认为，蓝碳在碳捕获与封存方面相较于绿色碳汇有着更为明显的优势，单位海域中生物固碳量是森林的10倍，是草原的290倍，其中渔业碳汇潜力和海洋微生物固碳总量十分可观。海南省环境科学研究院院长邢巧认为，海南拥有丰富的滨海生态系统种类，其海草床分布面积全国最大，红树林

---

① "三高"产业即高能耗、高污染、高排放产业。

② 根据《中国统计年鉴（2022）》数据测算，全国能耗强度从2009年的0.96吨标准煤/万元下降至2021年的0.46吨标准煤/万元。

③ 国家发展和改革委员会数据显示，我国清洁能源消费占比由2012年的14.5%提升至2021年的25.5%。

面积约占全国的14%，较完整红树林群落进一步促进了渔业碳汇和微生物碳汇开发。海南的蓝碳资源潜力在全国不可替代，发展蓝碳不仅可以充分挖掘海洋资源优势，推动海洋生态环境保护，还能与自贸港政策相结合，为应对气候变化作出海南的积极贡献。

二、绿色低碳发展的重要挑战

海南是全国4个国家级生态文明试验区中唯一一个清洁能源优先发展示范区①，独特的战略定位、自然条件和资源禀赋为海南绿色低碳转型发展产生巨大的赋能效应。然而，在当前发展阶段下，海南的能源消费与经济发展尚未脱钩，仍然面临着发展和减排之间的重要矛盾，以及清洁能源发展空间载体有待拓展、市场动能有待进一步挖掘，创新发展动能相对不足，绿色低碳领域技术支撑有待发力等方面的艰巨挑战。

1. 能源消费与经济发展尚未脱钩，城镇建设降碳压力依然较大

根据2022年海南绿色金融研究院测算，当前，海南能源消费与经济发展距离脱钩拐点尚有一段距离，能源消费及碳排放仍有刚性上升空间。从发达国家碳达峰历程经验来看，海南在人均地区生产总值、城镇化率等指标特征上，距离实现碳达峰的经验区间也有一定差距。现阶段，海南正迈向高质量发展，经济发展由高速增长转为中高速增长，当前仍然面临发展和减排之间的重要矛盾，能源消费增长压力仍较为严峻。此外，建设用地利用效率不高等问题也为海南城镇化进程造成一定降碳压力，主要表现为存在大量批而未供土地和闲置土地，城镇扩张导致城外林地面积减小，居民建筑和重点项目开工建设所带来的用电需求增速较高等（丁式江，2022）。根据海南"十四五"规划及2035年远景目标，其对经济高质量发展、新型城镇化建设、三大主导产业②进行了系统布局，也设定了未来城镇化水平、地区生产总值、现代服务业、高新技术产业等方面积极的发展目标，这将对海南在发展中实现转型，在转型中促发展提出更高要求。

2. 清洁能源开发空间有限，市场动能有待进一步挖掘

海南陆地空间有限，且80%的土地为农地，工业厂房屋顶面积规模相对较

---

① 截至2023年，我国已设立了福建、江西、贵州、海南4个国家生态文明试验区。
② 三大主导产业指旅游业、现代服务业、高新技术产业。

小，可供安装光能、风能等基础设施的陆地空间有限（杨政，2021），清洁能源开发主要以海上风电、海上制氢等产业为主。然而，海南的海洋经济发展呈现浅近海资源开发充足而深远海资源开发相对滞后的特征，海洋新兴产业尚处于培育期，新动能、新业态发展具有较大空间，海洋经济潜力仍有待挖掘①。与此同时，由于市场体量有限，低碳产业和低碳技术在海南的发展动能有待进一步提升。当前，海南城镇化总体水平不高，人口总量较小，经济发展基础相对薄弱，其在节能环保、高新技术等绿色低碳产业的市场空间仍然有限，较多依赖政府的引导和支持，这对相关产业降低成本，形成规模化、集聚化效应带来一定挑战。未来如何能够更好发挥市场在资源配置中的决定性作用，加快清洁能源体系和低碳技术应用向市场驱动发展、平价低价发展、经济规模化转变，仍有待进一步挖掘探索。

3. 创新发展动能相对不足，绿色低碳领域技术支撑有待发力

经济高质量发展离不开创新研发、成果转化能力的支撑。海南低碳转型潜力能否得以充分发挥，在很大程度上也依托低碳技术科技创新，然而现阶段其人力资本相对不足。统计局的相关数据显示，截至2021年，海南6岁以上人口本科率和研究生率位居全国第27和28。虽然海南在热带农业领域、新药创制领域建立了一批实验室、技术创新中心和科学观测研究站，但在清洁能源、节能环保领域的技术和人才积累则相对不足，缺乏全国领先的核心技术和成果转化，特别是在化石能源，可再生能源，氢能，碳捕集、利用与封存（CCUS），生态碳汇等重点领域的前沿探索与创新实践有待加强。按照《海南省创新型省份建设实施方案》要求，到2025年海南将进一步提高创新生态环境，每万人发明专利拥有量达到6.2件以上，但截至2021年海南每万人发明专利拥有量仅为2.30个，海南创新型省份建设步伐仍有待加快。海南仅有海南大学一所"双一流"建设高校，截至2020年，全省以海洋为主要研究特色的高校和科研机构仅为16个②，与山东、广东等沿海省份差距仍然较大。在海洋技术领域，其科技创新资源整合力度有限，成果转化率有待进一步提高，在科研机构、科研人员、研发投入和专利授权等主要涉海科技指标方面仍有一定提升空间。

---

①② 海南省自然资源和规划厅. 海南省海洋经济发展"十四五"规划（2021—2025年）[A/OL]. 海南省人民政府网，[2021-06-08]. https：//www. hainan. gov. cn/hainan/tjgw/202106/f4123d47a64a4befad8815bf1b98ea4e. shtml.

三、绿色低碳发展机遇

作为全面深化改革开放试验区、国家生态文明试验区、国际旅游消费中心，海南在经济结构转型升级和绿色低碳发展方面具有独特的资源条件和重要的制度优势。与国际接轨的功能承载、严格的生态环境约束、丰富的可再生能源与碳汇储量、较优的产业结构，为海南的绿色低碳转型发展带来了巨大潜力。面向碳达峰、碳中和战略目标，海南有望依托自身资源禀赋与历史机遇，深入践行生态文明理念，超前谋划、弯道超车，对标"双碳"优等生，兼顾保护与发展，成为提早实现碳达峰、碳中和的先锋力量。

1. 依托全面深化改革开放试验区，以对外开放促进高质量发展

国家赋予海南省全面深化改革开放试验区的战略定位和全岛建设自由贸易港的重大责任和历史使命，为海南的经济发展带来了前所未有的机遇，使海南更加具备实现跨越式发展的有利条件。作为全国最大的经济特区，海南先行先试，依托自身能源资源富集、产业结构偏轻等发展特征，努力推动经济发展由资源驱动向创新驱动转化，为绿色低碳发展创造有利条件。与此同时，在"一带一路"和21世纪海上丝绸之路的建设背景下，海南作为海上"丝绸之路"重要桥头堡的作用日益凸显，地缘优势为海南对标国际先进水平，推动绿色低碳发展提供了重要驱动力。当前，海南立足区位特点及能源资源禀赋，借助更高水平开放的政策优势，不断推进能源综合改革，加强能源国际合作，海南国际碳排放权交易中心是我国率先提出面向国际定位的碳排放权交易中心①。同时，借助地处东盟国家最前沿和 RCEP 区域中心点的区位优势，积极探索构建符合自贸港建设需要和国际交易规则的碳汇交易模式、标准体系。如能充分发挥地缘和自贸港政策红利，海南有望依托全面深化改革开放，加速实现绿色低碳转型发展。

2. 发挥生态文明试验区优势，大力发展清洁能源和海洋碳汇

海南是我国唯一一个具有清洁能源优先发展示范区这一特殊定位的国家级生态文明试验区，肩负着在平衡保护与发展方面发挥示范作用的重要使命。一方面，海南承担着先行先试发展清洁能源，持续优化能源结构，在全国战略布局中发挥推广示范作用的重要责任。特殊的清洁能源发展定位，对海南绿色低

---

① 王培琳. 海南国际碳排放权 交易中心获批设立[N]. 海南日报, 2022-03-19(A01).

碳转型发展提出了更高的要求，当前海南着力推动海上风电规划实施、严格限制高污染高能耗项目上马、建设洋浦"绿色低碳"国际航运枢纽、加大力度提升绿色建筑占比。立足国家赋予的战略定位优势，海南有条件探索出一条清洁能源先行的可持续发展道路，力争打造成为接轨国际的绿色低碳重要门户窗口。另一方面，海南拥有全国五分之二以上的海域面积，具有十分优越的蓝碳资源，广阔的海域蕴藏丰厚的蓝碳经济价值，也成为海南实现绿色低碳发展的重要载体。近年来，海南积极探索生态产品价值实现机制，强化蓝碳相关研究，充分发挥蓝碳资源优势，在总结梳理国内外蓝色碳汇研究与实践经验的基础上，成立了蓝碳研究中心。未来，海南在碳汇方面得天独厚的潜力优势，将较大程度助力生态文明试验区建设，成为碳达峰、碳中和进程中的鲜明亮点。

3. 立足国际旅游消费中心，绿色低碳产业发展潜力巨大

依托国际旅游消费中心和国际旅游岛建设，海南充分发挥绿色、生态、服务、开放发展优势，积极打造自由贸易港特色产业体系，形成了以旅游业、现代服务业和高新技术产业等绿色低碳产业为重点的发展模式，以第三产业引领产业结构持续优化。现代服务业具有附加值高、资源消耗少等特点，海南省现代服务体系得以快速发展，是其绿色低碳发展导向的必然要求。同时，由于海南产业发展的历史包袱较轻、生态环境优美，其发展健康产业、休闲产业、旅游产业的前景十分广阔。现代服务业和旅游业的蓬勃发展为海南产业转型创造了有利条件。此外，在生物医药等高新技术产业的积极布局下，海南也正在积极探索科技引领型的发展路径，以知识密集型产业拉动经济社会发展。在现代产业体系构建的过程中，海南坚决遏制高耗能、高排放、低水平项目盲目建设，制定项目引进低碳指南，为推动能耗"双控"向碳排放"双控"转变创造有利条件。

第四节 城镇化视角下的低碳发展对策建议

"三区一中心"的战略布局赋予了海南实现低碳转型的巨大潜力。在高标准建设自由贸易港、打造清洁能源岛、发展网络型城镇格局的背景下，海南在城镇化低碳发展方面具有广阔的成长空间。结合海南省城镇化发展目标及绿色低碳发展所面临的挑战，本节从产业体系、清洁能源、空间格局、技术创新、

对外开放五个方面提出海南省新型城镇化发展建议。

1. 加快构建现代产业体系，促进经济绿色高质量发展

当前，海南省正处在现代产业体系重点培育阶段，在国际旅游岛、自由贸易港等战略背景下，海南有条件、有潜力以高质量发展为导向，以第三产业引领实现跨越式发展。一是持续推动产业低碳转型。加大力度推动现有制造业向智能化、绿色化和服务型转变，实施能源资源综合利用和梯级利用，促进传统工业向绿色低碳转型，持续提升产业能级。同时，不断夯实实体经济基础，增强产业竞争力，推动产业向集群化发展，形成产业链闭环，着力提升资源能源利用效率，建立开放型、生态型、服务型产业体系，开展研发、测试、保障与服务等高附加值产业环节。二是加快发展培育绿色低碳产业。结合自由贸易港、博鳌亚洲论坛等功能承载优势，加快推进产业结构优化调整，聚焦发展旅游业、现代服务业、高新技术产业、热带特色高效农业，着力培育构建现代产业体系，推动现代物流、医疗健康、金融商贸、商务会展等高端服务业发展。积极发展总部经济，吸引国内外金融机构、跨国公司来琼落地，以绿色低碳产业引领海南经济高质量发展。

2. 加强碳排放控制，推动生态文明试验区建设

在建设生态文明试验区、打造清洁能源优先发展示范区的背景下，海南应结合自身能源和产业发展特征，多措并举加快构建清洁能源岛。一是加强碳排放控制。严格执行固定资产投资项目节能审查制度，制定项目引进低碳指南，坚决遏制高耗能、高排放、低水平项目盲目发展，为推动能耗"双控"向碳排放总量和强度"双控"转变打下坚实基础。二是持续优化能源供应体系。大力发展风、光、生物质等可再生能源，高效安全、积极有序发展核电。加强储能设施建设，全面提升绿色电力消纳能力。不断提高非化石能源在能源消费中的比重，清洁高效利用现有化石能源，持续推动能源结构转型。三是引导能源清洁消费。完善能源市场体制，创新能源管理机制，推进能源技术创新，加强国际和地区能源合作，着力提升单位 GDP 能源利用率。大力推广新能源车船应用，逐步替代燃油车，构建低碳智慧物流交通体系，以能源高质量发展助力海南低碳城镇化进程全面推进。

3. 协调优化城镇格局，推进绿色低碳城乡建设

科学合理的空间格局和城乡建设是影响城镇低碳发展的重要因素，海南应进一步强化陆海统筹、山海联动、资源融通，推动城乡区域低碳发展。一是持续优化城镇空间格局。充分发挥海口市和三亚市区域增长极的辐射作用，带动

全省其他县市城镇化水平提升。进一步推动"海澄文定"综合经济圈、"大三亚"旅游经济圈一体化发展，着力提升海口、三亚、儋州、琼海4个中心城市能级，促进部分县市提质扩容。加快打造儋州、琼海产业发展平台，在沿海地区推动生态岸段和生态海域保护，在中部地区高质量建设森林城市。二是深入推进"全岛同城化"。进一步提升城市综合承载能力和城市吸引力，加强公共交通基础设施运营管理和物流基础设施建设，使都市圈公共服务和产业链进一步向外延伸，推动县城、中小城镇、农垦场部、村庄融合发展，促进城乡要素资源高效配置。此外，应进一步提升城市建设和运行效率，减少城市建设用地闲置或低效利用，避免城市内部长距离通勤以及城市的过度扩张，坚持规划引领实现城市科学、紧凑的高效运行。

4. 坚持创新驱动发展，加快提升技术创新水平

城镇化低碳发展离不开技术创新的支持，海南应把创新驱动作为高质量发展的首要战略，加大产学研方面投入，加快提升技术创新水平。一是加强低碳、零碳、负碳技术攻关。围绕清洁能源开发利用、节能减排等关键领域，坚持应用导向，培育低碳高新技术产业，拓展数字技术与高新技术产业融合应用，在数字化转型过程中推进城镇化绿色发展。二是培育创新驱动体制机制沃土。加大科技创新和成果转化力度，推广先进成熟的国内外绿色低碳技术，在省内开展示范应用。提升知识产权交易中心的国际化水平，通过"定向招商+精准支持"等制度设计，吸引国内外领先的清洁能源、节能环保研发机构、生产企业落户海南。三是促进科研人才和科研机构落地海南。做好招才引智工作，加大对研发型人才、数字化人才的吸引力度，提升人才创新创造活力。加大政府研发投入，积极吸引与减排、低碳技术相关的产学研机构落地，着力构建数字驱动、绿色驱动、创新驱动的合作平台。

5. 开拓国际交流合作新模式，以对外开放促进经济提质增效

海南应充分发挥全面深化改革开放试验区、国际旅游消费中心的政策优势，增强制度创新的整体性、协同性，促进经济提质增效。一是发展高附加值产品和服务的对外贸易。发挥"一带一路"地缘优势和自由贸易港对外开放前沿优势，充分挖掘利用博鳌亚洲论坛平台资源，鼓励研发设计、节能环保、环境服务等知识技术密集型产品与服务国际合作。大力发展高质量、高附加值的绿色产品贸易，深化低碳产品、技术、服务等方面的国际合作与交流，探索推动绿色低碳的国际合作机制创新。二是对接国际标准、支持高质量产业"走出去"。加大自主品牌培育，支持企业开展国际认证，提升出口

商品附加值，鼓励企业全面融入绿色低碳产业链。鼓励面向东南亚等潜在市场进行产业合作与推广，加强与沿线国家在港口、码头等基础设施建设方面的合作，将"引进来"与"走出去"相结合，扩大高水平对外开放，促进经济发展提质增效。

第九章 "双碳"目标下城镇化发展案例分析
——城镇化追赶型省份：青海省①

  青海省位于青藏高原东北部，其生态本底脆弱并且对气候变化敏感，长江、黄河、澜沧江等大江大河自此发育，水源涵养、水土保持、防风固沙、固碳释氧、生物多样性保持等生态系统服务功能突出，是我国生态大省、民族大省、资源能源大省。新中国成立以来，经过 70 余年的发展，青海省城镇化发展历经城镇化起步阶段、城镇化快速发展阶段，目前正处于新型城镇化发展阶段。2022 年，青海省常住人口约 595 万，城镇化率达到 61.43%，地区生产总值仅占全国的 0.3%，距离全国平均水平仍有一定差距。青海最大的价值在生态，最大的责任在生态，最大的潜力也在生态，"三个最大"省情定位决定了青海省必须坚持保护自然的生态文明理念，这也塑造了青海作为城镇化追赶型省份的发展路径。立足生态保护优先的发展底线，如何深化推进新型城镇化建设，避免走粗放、高碳的发展老路，发挥自身绿色低碳发展本底优势，加快推动城镇化进程和经济模式迈向高质量发展，是青海在未来发展过程中的重要议题。青海省具有丰富的风能、光能、水能、热能等清洁能源资源，随着近年来政策的引导和支持，清洁能源产业正处在快速发展阶段。2019 年，青海省在全国 30 个省份中(不含西藏、港澳台)，碳排放总量居于末位，碳排放强度、人均碳排放也低于全国平均水平。依托碳达峰、碳中和战略的有利契机，青海不断挖掘生态潜力，促进生态优势转化为发展优势，以城聚产、以产促城，在追赶式的发展进程中，有望实现弯道超车，甚至是跨越式发展。由于青海未承载较大的高碳历史包袱，其在"十四五"发展目标中进一步提出力争要在全国

---

  ① 数据来源：本章青海省国土面积、城镇化率、常住人口、地区生产总值、产业结构、能源相关数据主要来自历年的《中国统计年鉴》《青海统计年鉴》《青海省 2022 年国民经济和社会发展统计公报》《第七次全国人口普查公报》等；如无特指，本章碳排放相关数据主要来自清华大学中国碳核算数据库(CEADs)提供的 2019 年中国省级表观二氧化碳排放清单，在与全国各省份的分析比较过程中，由于数据原因，本章只讨论 30 个省份(不含西藏、港澳台)。

率先实现碳达峰的目标。因此，作为具有低碳产业潜力的"城镇化追赶型省份"，在"双碳"目标的背景下，青海省应发挥低碳产业的引领带动作用，通过新型城镇化协同经济发展和生态保护，把握能源保障、产业升级、生态旅游等方面的重要发展机遇，加快实现城镇化水平高质量发展。

第一节　青海省总体战略定位

青海省位于我国西部地区，东北部与甘肃接壤，西北部毗连新疆，西南部与西藏相接，东南部和四川省相接。全省国土空间均位于青藏高原范围内，由于青藏高原影响着亚洲乃至全球的大气环流，且是全球 1/5 人口的水源地，每年载畜量超过 1.5 亿羊单位①。面积超过青藏高原 1/4 的青海省，在全国乃至全球具有特殊的生态地位。习近平总书记在 2021 年 6 月考察青海时指出"进入新发展阶段、贯彻新发展理念、构建新发展格局，青海的生态安全地位、国土安全地位、资源能源安全地位显得更加重要"。

青海被誉为"三江之源""中华水塔"，生态地位重要而特殊。青海省不仅拥有丰富的生态资源，也是我国主要的生态产品输出供给地，肩负着生态保护优先，筑牢国家生态安全屏障的重要使命。青海拥有各类自然保护地 217 处，占全省国土面积的 35% 左右；既是"三江之源"，也是哺育河西走廊的三大内陆河发源地，每年向下游输送近 620 亿立方米的江源活水；湿地总面积 814.36 万公顷，居全国首位，是全球影响力最大的生态调节区。据 2020 年自然资源部估算，青海省生态资源价值总量约为 18.4 万亿元，每年的生态服务价值约 7300 亿元。青海生态环境敏感而脆弱，维系着全国乃至亚洲水生态水安全的命脉，是亚洲乃至全球气候变化的重要启动区，在维护国家生态安全、维系中华民族永续发展的战略全局中具有不可替代性。这意味着青海在发展历程中需牢牢把握"青海最大的价值在生态、最大的责任在生态、最大的潜力也在生态"的省情定位，站在服务国家发展大局和维护国家生态安全的高度，把生态文明建设放在更加突出的位置，不断提升生态产品供给能力，创造更高的生态产品价值。

青海承东启西、连疆络藏，自古就是"稳疆固藏"、维护国土安全的战略

---

① 数据来源：国家青藏高原科学数据中心发布的《青藏高原实际载畜量数据集（2000—2019）》。

要地。青海南通西藏，北达甘肃，西出新疆，境内生活着藏族、回族、撒拉族、蒙古族等少数民族群众，特殊的地理位置和多民族聚居的特点使青海肩负着维护国土安全和支撑"一带一路"建设的重要使命。《青海省国民经济和社会发展第十四个五年规划和二〇三五年远景目标纲要》指出，伴随新时代西部大开发、黄河流域生态保护和高质量发展、东西部协作和对口支援等国家战略深入实施，青海省连南接北、承东启西大通道优势和纽带功能日益凸显。进入新发展阶段，青海全面贯彻新时代党的治藏方略，铸牢中华民族共同体意识，承载着维护国土安全的重要责任。这要求青海在国土空间开发保护过程中，要深入贯彻生态文明建设思想，牢固树立底线思维和风险意识，坚决守住耕地红线、生态保护红线和国土安全底线，强化系统思维抓推进，处理好生产、生活和生态的关系，持续优化青海省国土空间开发格局，以守护"三江之源"、保护"中华水塔"为使命，夯实国土安全新安全格局基础，保障社会新发展格局。

青海依托青藏高原地理优势和盐湖资源，钾、钠、镁、锂储量居全国首位，太阳能、风能、水能等清洁能源储备资源富集，是我国重要的资源接续储备地。2022年青海省人民政府述评报告显示，青海通过加快世界级盐湖产业基地建设，已成为我国资源保护与利用的重要支点之一，已基本建成"钾、钠、镁、锂、氯"五大产业集群。其中，青海现阶段已占据了全国约1/3的锂电池产能，也通过钾肥供应为保障国家粮食安全做出了积极贡献。青海清洁能源资源丰富，开发潜力巨大，肩负着发展成为国家重要的新型能源产业基地，培育打造国家清洁能源产业高地的重要使命。青海省能源局表示，截至2022年，青海依托独特的生态价值潜力和特有的资源禀赋，持续保持可再生能源装机占比、发电量占比、电力消费占比和非水可再生消纳权重在全国名列前茅，具备实现更大规模向中部、东部地区输送清洁电力，更大力度助推实现"双碳"目标的基础和潜力。此外，青海依托青藏高原"超净区"的地理生态资源优势，成为绿色有机农畜产品输出地。当前，青海草地生态畜牧业"拉格日模式"，生态、生产、生活"三生"共赢的"梅陇模式"，修复、保护、发展并重的"甘德经验"等成为了借鉴学习的典型。

良好的生态是青海走绿色、循环、低碳发展之路的先天优势，这要求青海既不能走以牺牲生态环境为代价的粗放的高碳发展方式的老路来换取经济增长，也不能仅仅守着绿水青山的先天优势坐吃山空。因此，青海在发展过程中，应在地上资源的开发和地下资源的保护方面进一步做好统筹，着眼于产业生态化、生态产业化，加快建立生态经济体系，从"绿水青山"向"金山银山"

稳健转化，不断促进产业结构绿色转型，着力推动生态优势转变为发展优势、经济优势和产业优势。

第二节 青海省城镇化发展的历史进程、现状、挑战与趋势特征

新中国成立以后，青海城镇化发展相继经历了起步阶段、快速发展阶段、新型城镇化阶段三大发展阶段。随着青海城镇化进程持续快速推进，2022 年全省常住人口城镇化率为 61.43%，在全国各省级行政区中处于中下游水平。当前，青海省城镇化发展仍然存在城镇集约化程度较低，区域城镇化发展不平衡，城镇体系等级结构存在断层，区域间整体组织性不强，工业化滞后于城镇化进程，产业转型仍处于关键阶段，县域经济发展缓慢，城乡差距依然较大等重要挑战。立足于自身生态、经济、社会条件，未来青海将坚持生态保护优先，优化都市圈生产力布局和城镇空间布局，增强重点开发区经济和人口承载能力，推动人口规模和分布、产业结构和布局与自然资源承载力相适应，促进城镇化发展全面绿色转型。

一、城镇发展历程及现状

青海现代意义上的城镇化，始于新中国成立之后，随着经济稳步、持续、健康发展，第二产业、第三产业不断壮大，城镇吸纳人口的能力明显增强，城镇数量迅速增加，城镇规模持续扩大。根据统计局的相关数据，1949 年青海省的城镇人口为 7.08 万，城镇化率为 4.8%，全省仅有西宁市一个城市。经过 70余年的发展，截至 2022 年末，青海省下辖 2 个地级市、6 个自治州，城镇化率增长到 61.4%。经参考相关文献资料，根据城镇化发展的速率和质量，本部分认为青海省城镇化发展历程总体上可以划分为三个阶段(青海省统计局，2021)。

第一阶段是 1949～1978 年的城镇化起步阶段。在此阶段，由于历史原因及自然原因，青海省人口城镇化率增长过程几经波折，起伏变化很大，不同时间段的人口城镇化速率也有差别。但从整体上来看，青海省在这一阶段实现了人口城镇化率的起步增长。社会主义工业化初期(1953～1955 年)是青海省城镇化人口规模增长较快的阶段。在此期间，我国开始实施第一个五年计划，也

是国家第一次较大规模开发建设西部。随着国家三线建设的开展，在青海安排了一批工业建设项目，组织大量内地青年来到青海，在荒芜的柴达木盆地新建城镇，城镇规模逐渐扩大，城镇人口快速增加。在较低的城镇人口基数背景下，仅 1953～1955 年青海省增加城镇人口 5.42 万，年平均增长 9.94%，是总人口年平均增长的 3.09 倍，高出同期全国城镇人口年平均增长率的 3.74 个百分点(那小红，2008)。截至 1978 年，青海省城镇人口增加至 67.84 万，城镇化率为 18.6%，人口城镇化率提高到 1949 年的 4 倍左右。

第二阶段是 1979～2013 年的城镇化稳步发展阶段。改革开放后，青海省的经济建设和各项社会事业快速发展，城镇规模和数量不断扩大，城镇人口也随之增长。在农村家庭联产承包责任制实施、乡镇企业自主经营和发展、允许农民进城务工经商等全国政策背景下，大量农业人口进城，从事非农经济活动，促进了这一阶段青海城镇化的快速发展。截至 2013 年，青海省城镇常住人口为 281.5 万，常住人口城镇化率达到 49.3%，比 1978 年增加了约 30 个百分点。城镇化率平均每年上升 0.88 个百分点，约是第一阶段城镇化年均增速的 2 倍。随着青海农牧区基层综合改革，乡(镇)机构设置和公共服务职能得以逐步完善，农牧区政治、经济、文化等领域得到进一步提高，全省城镇数量迅猛上升，城镇规模不断扩大。根据统计局及发展改革委的相关数据，1979年之前，青海省仅有 1 个城市和 7 个建制镇，2000 年增加至 47 个，到 2013 年底，青海省城市数量增加到 5 个，建制镇数量增加到 137 个。也在这一阶段，青海省初步形成了以西宁为中心城市，以海东、格尔木、德令哈市、玉树市为次中心城市，以各县城城关镇为小城镇的三维城镇建设体系。

第三阶段是 2014 年至今的新型城镇化扎实推进阶段。"西部大开发"战略在全国推行以来，青海已逐步形成了具有一定发展特色的城镇化格局。在这一时期，青海的城镇化进程已进入加快发展、转型发展的历史新阶段，一方面农村人口不断向大城市集聚，另一方面也出现了大量的就地城镇化现象，因此新型城镇化建设步伐加快，同时伴随城市边界的不断扩张。具体来看，一是随着青海的新型工业化和信息化加快发展，其农业现代化水平持续提升，人口城镇化持续深化，对城镇综合承载能力提出了更高要求。二是伴随主体功能区战略和生态保护战略的深入实施，青海省人口逐步由生态脆弱、发展困难的地区向基础配套条件相对完善、人居环境适应性较优、资源环境承载力相对较高的城镇集中，从而腾出更多的生态保护空间，推动城镇化与自然生态系统和谐共生。三是人口流动方向更加集中于三类区域：向"祁河线"(祁连、河南县连线)以东区域聚集,向西宁、海东、格尔木、德令哈、玉树5个城市聚集,向交通要道、县城集聚。四是伴随人口向城镇的快速流动,青海省城镇包容可持续发展面临更大挑战。由于青海省城镇承载能力相对不足、大部分建制镇在基础设施建设方面相对滞后、生产生活条件艰苦,推进城镇可持续发展仍然任重道远。五是以城镇为平台的开放合作相比以往更为活跃,伴随丝绸之路经济带的加快建设,全国产业分工合作日趋紧密和广泛,青海城镇化重点区域对外联系更加频繁,省内外城镇交流合作也日趋活跃,在承接产业转移、资源要素加快流动、产业布局优势互补方面的需求较以往更为迫切。为此,青海省相应制定了《青海新型城镇化发展规划(2014—2020年)》《关于贯彻新发展理念统筹推进新型城镇化的实施纲要(2019—2035年)》,围绕"人、水、地"三个重要条件,坚持"三定四融"基本原则①,统筹推进新型城镇化工作。此外,青海立足自身城镇化发展阶段特征,研究发布了《关于青海省推进以县城为重要载体的城镇化建设的实施方案》,进一步提出青海要聚焦县域城镇化建设,遵循县城发展规律,分类施策,补齐县城在城镇化方面的短板与弱项,通过着力培育县域经济发展新动能,进一步加强市政基础设施建设,不断提升人居环境质量等方式,大力推进具有青海特色的县城城镇化发展之路。在此阶段,青海城市规模持续扩大,统计局的相关数据显示,2021年青海城市增加至7个②,建制镇数量增加到140个。截至2022年,青海省常住人口增长至595万,城镇化率达61.43%。

从经济发展、产业特征、交通基础设施情况来看,"十三五"期间,青海省地区生产总值年均增长率为5.9%。根据统计局的相关数据,2022年全省地区生产总值为3610.1亿元,三次产业占比依次为10.5%、43.9%、45.6%,相较全国同期三次产业结构,青海第一产业占比相对较高、第三产业相对不足。此外,2022年青海人均地区生产总值为6.07万元,在全国各省区市的排名相对靠后。青海结合自身资源禀赋和发展阶段性特征,围绕产业"四地"开展重点培育,即世界级盐湖产业基地、国家清洁能源产业高地、国际生态旅游目的地、绿色有机农畜产品输出地。具体来看,2023年青海省《政府工作报告》显示,青海通过综合利用盐湖资源,2022年钾肥产量达到860万吨,增产

---

① "三定"是指以地定域、以人定城、以水定城,"四融"是指产城融合、园城融合、乡城融合、文城融合。

② 根据《青海统计年鉴(2022)》的行政区划数据,2021年青海省增加至2个地级市和5个县级市,分别为西宁市、海东市、同仁市、玉树市、茫崖市、格尔木市、德令哈市。

100 万吨，察尔汗盐湖成为了全国最大的钾肥生产基地；2022 年 7 月，全国首个 100% 利用清洁能源的大数据产业基地在青海建成，吸引了大批行业领军企业入驻青海，推动了全省新能源、新材料、光伏装备制造产业进一步发展，截至 2022 年，青海省电力装机规模和清洁能源装机规模处于全国领先地位。生态旅游是青海现代服务业的主要组成部分，青海位列 2022 年全国旅游目的地人气榜前十；农牧业提质升级，"净土青海·高原臻品"农产品品牌知名度持续提升，截至 2022 年青海省牛羊肉、青稞、枸杞等绿色产品累计输出 80 万吨，发展成为全国最大的有机畜产品、有机枸杞、冷水鱼生产基地。根据青海地域辽阔、人口东稠西稀等特征，构建现代化综合交通体系是促进要素流动，实现青海经济发展战略的重要保障。据青海省交通运输厅披露，2021 年，青海省公路通车总里程数超 8.5 万千米，所有市州和 30 个县级行政区通高速公路，所有县级行政区通二级及以上公路，具备条件的乡镇和建制村全部通畅，基本形成了"东部成网、西部便捷、青南通畅、省际连通"的路网布局，交通基础设施为经济社会发展提供了有力的支撑。

从主体功能优势互补的空间格局来看，青海正着力构建"两核一轴一高地"[①]的区域协调发展新格局和"一群两区多点"[②]的城镇化空间发展新格局，通过进一步明确各区域的功能定位，着力培育和发挥各区域间的比较优势，布局构建以城市群为主体的省内空间动力系统，发挥东西协同共进的牵引作用，以逐步破解青海各区域间发展关联度不高、城市群和中心城市的辐射带动功能不强，区域发展机制仍不健全等问题，不断促进资源环境与人口经济实现动态平衡，推动其尽快形成优势互补高质量发展的区域经济布局。具体来看，西宁—海东都市圈承担着构建"大西宁"发展格局、发挥省会城市辐射带动作用，成为支撑和引领青海发展核心增长极，优化生产力布局和城镇空间布局的发展使命；柴达木盆地位于海西州境内，横跨东西，覆盖格尔木市、德令哈市等 7 个市县，通过构建柴达木循环经济试验区，推动海西州经济转型升级，发挥柴达木东西呼应的核心增长极的功能作用；兰青—青藏（西格段）—格库铁（公）路为主线横贯东西、侧翼相连的经济发展轴，依托自身独特的地理特征，被赋

---

① "两核"即西宁—海东都市圈、柴达木东西呼应的核心增长极；"一轴"即兰青—青藏（西格段）—格库铁（公）路为主线横贯东西、侧翼相连的经济发展轴；"一高地"即三江源国家重点生态功能区、青海湖国家级自然保护区、祁连山国家重点生态功能区共同构筑的国家生态文明高地。

② "一群"即河湟谷地城市群，"两区"即柴达木盆地城镇区、泛共和盆地城镇区，"多点"即玉树、玛沁等重点生态功能区城镇。

予了承载促进甘、青、新、藏相互联通，强化沿线城镇集聚辐射，促进区域协同发展的功能作用；立足"三个最大"省情定位，打造国家生态文明高地、筑牢国家生态安全屏障不仅是青海生态文明建设的要求，也是青海需坚决扛牢的政治责任；河湟谷地城市群着眼于治理谷地生态环境，建设百里长廊经济林带，推动以新材料、先进制造业为重点产业发展，实现流域经济社会生态协同发展的城市群建设目标；柴达木盆地城镇区以构建格尔木为区域中心、德令哈为区域副中心，以茫崖、都兰、乌兰等为组成部分的"两心三带多节点"城镇区空间发展格局，统筹推进盐湖、可再生能源、生物资源等综合开发利用，打造开放"柴达木"循环发展带动极；"泛共和盆地"城镇区以打造泛共和盆地绿色发展新增长极为建设思路，培育共和区域中心城市和同仁、海晏、贵德等新兴城市，实现盆地生态、城镇、产业布局的优化。

二、当前城镇化发展的重要挑战①

青海正处于新型城镇化扎实推进阶段，城镇化增速相对较快，发展不平衡不充分的问题仍然存在，新的矛盾挑战亟待系统应对破解。本部分侧重于绿色低碳发展，审视分析青海城镇化所面临的挑战，其主要表现在城镇集约化程度较低，区域城镇化发展不平衡；城镇体系等级结构存在断层，区域间整体组织性不强；工业化滞后于城镇化进程，产业转型仍处于关键阶段；县域经济发展缓慢，城乡差距依然较大等。

1. 城镇集约化程度较低，区域城镇化发展不平衡

一方面，青海虽然地域辽阔、资源富集，但适宜人居的空间有限、资源可供开发的区域也有限，整体呈现人口分布不均衡、城镇空间布局分散、城镇土地集约化程度较低等特征。根据统计局的相关数据，青海省国土面积约72.23万平方千米，2022年常住人口仅有595万，平均人口密度是8.2人/平方千米，约为全国总体水平的1/16，甚至与人口密度居23个省份之首的江苏相差96倍，呈现地广人稀的区域特征和分散布局的城镇空间特征。即便按照集约化程度较高的城市主体来看，其城市建成区面积占比也处于全国低位。根据《2022年中国城市建设统计年鉴》，2022年青海省内城市建成区面积②为250.08平方

---

① 观点依据：《青海省国民经济和社会发展第十四个五年规划和二〇三五年远景目标纲要》。
② 此处包括2个地级市和5个县级市，分别为西宁市、海东市、同仁市、玉树市、茫崖市、格尔木市、德令哈市。

千米，仅占全省市区面积的 0.12%，远低于同期全国 2.69% 的平均水平①。其中，茫崖市建成区面积占比甚至低至 0.03%，土地利用率仍有待提升。青海都市圈、城市群和城镇区尚处于培育发展阶段，青海仍在积极促进将中心城市和城市群作为承载发展要素的主要空间形式，从而推动城市集约高效发展。另一方面，青海城镇化进程呈现"极化"现象，区域城镇化发展不平衡。根据统计局的相关数据，以青海占地面积最大的海西州为例，2022 年承载了 46.8 万常住人口，人口密度仅为 1.4 人/平方千米，西宁市人口密度约为海西州的 225 倍(西宁 7660 平方千米的土地上承载了 248 万常住人口，人口密度为 323.8 人/平方千米)，人口分布极不均衡。在青海省 8 个地市(州)中，2022 年青海西宁市和海西州的城镇化水平均高于其他市(州)，城镇化水平达 70% 以上，处于高水平阶段。海南州、海东市、海北州、黄南州、果洛州、玉树州六州是典型的农牧交错区和农区，由于受到自然和生态环境约束、基础设施建设相对滞后、区域人口和经济发展不均衡等因素制约，2022 年城镇化率均低于 52%。其中，海南州是青海最大的农牧交错区，城镇化率仅为 41.69%；果洛州人口城镇化率为全省最低，2022 年仅有 36.32%，和全省城镇化水平最高的西宁市相差约 44 个百分点。

2. 城镇体系等级结构存在断层，区域间整体组织性不强

一方面，青海城市空间结构呈现断层现象。青海省国土空间广阔、总人口较少，城镇化发展过程中城镇空间格局分散，形成了中等规模城市缺失的断层。《2022 年中国城市建设统计年鉴》数据显示，青海省仅有西宁市一座大城市②，而其余城市城区人口均低于 50 万。青海省域面积大，各小城镇距离较远，缺乏中等城市，城镇结构上出现了中等城市断层的现象，这不仅影响了区域之间物资产品的集散与流通，阻碍创新成果沿各级城市扩散，也制约了青海腹地创新能力的提升。另一方面，青海区域间整体组织性不强。当前，青海"一群两区多点"的城市群和城镇区仍处于培育发展阶段，区域间整体发展表现为发展关联度低、城市群和中心城市带动功能不强、区域发展机制不完善等特征。西宁是青海省会城市，也是西北地区重要的中心城市。西宁和海东分别

---

① 根据《2022 年中国城市建设统计年鉴》，2022 年全国 302 个地级市，393 个县级市，市区总面积为 2371373 平方千米，市区建成面积为 63676.4 平方千米，全国城市建成区占市区总面积的 2.69%。

② 根据住房和城乡建设部发布的城市规模划分标准，城区常住人口 100 万以上 500 万以下的城市为大城市，50 万以上 100 万以下的城市为中等城市，50 万以下的城市为小城市。2022 年西宁城区常住人口数为 135.16 万，其余城市城区常住人口均低于 50 万。

是青海常住人口排名前二的地区，统计局的相关数据，截至 2022 年末，西宁市常住人口城镇化率为 79.87%。而海东市常住人口城镇化率仅为 42.53%。同时，西宁、海东两市行政界限毗邻，是西宁—海东都市圈的发展主体，2022 年西宁经济总量约是海东的 3 倍，两市城镇化水平相差 37.3 个百分点，西宁作为省会城市和都市圈中心的辐射作用仍有待增强。此外，在城市群、都市圈的协作联动长效机制上，青海省仍然有一定的发挥空间。截至 2022 年，西宁—海东都市圈、河湟谷地城市群、柴达木盆地城镇区、泛共和盆地城镇区尚未形成针对都市圈、城市群协同发展机制的系统性顶层设计，区域发展长效机制有待进一步完善。

3. 工业化滞后于城镇化进程，产业转型仍处于关键阶段

第一，青海总体上工业化进程滞后于城镇化进程。根据《工业化蓝皮书：中国工业化进程报告（1995~2020）》，从工业结构指标来看，2019 年青海省制造业增加值占比为 41.0%，明显低于 61.6% 的全国平均水平，也低于西部地区的平均水平 49.3%，处于工业化中期的前半段；而城镇化指标显示青海处于工业化中期的后半段，工业化进程仍滞后于城镇化进程。当前，青海省着力通过信息化推动高质量发展，以期加快推进新型基础设施建设，促进工业化、信息化、城镇化和农业现代化的同步发展。第二，青海产业链总体处于价值链中低端，产业发展关联度低、协同性弱。青海具备丰富的锂、铝、镁等矿产资源，但产业链尚处在资源开采、冶炼阶段，资源联合开发的层次较低，产业链短，精深加工能力尚不足突破。当前，青海打造了较为完整的光伏制造新能源产业链，但盐湖资源综合利用产业链、新材料产业链、有色冶金产业链等产业链的现代化水平、协同能力仍有待提高。第三，产业创新能力薄弱，传统产业转型升级依然处在爬坡过坎的关键阶段。根据统计局的相关数据，2021 年青海高新技术制造业增加值占工业增加值比重为 9.9%，略低于同年全国 15.1% 的总体水平。2021 年青海万人拥有发明专利数量和技术交易额在西部 12 个省份中分别排第 7 位和第 11 位。专利发明数量少、自主创新能力薄弱、科技创新能力弱是制约青海省产业发展和转型、技术迭代进步、社会经济高质量发展的重要短板。

4. 县域经济发展缓慢，城乡差距依然较大

一方面，青海县域经济水平低于全国县域总体水平，发展较为缓慢。根据统计局的相关数据，2021 年，青海仅有格尔木市被评为西部百强县之一，其当年地区生产总值为 367.14 亿元，而其余县域经济发展水平均在 132 亿元以

下。青海有将近3/4的县域地区生产总值均低于同年全国县域平均水平①，其中玛多县地区生产总值为3.6亿元，是2021年全国县域经济发展水平最低的县。目前，青海正着力推进县城产业园区等配套设施，加大力度培育县域特色产品及区域品牌等，以打造一批工业经济强县、高原特色农牧业大县和旅游名县为目标，推动县域经济发展。另一方面，青海各市州城乡公共服务水平、城乡收入差距依然较大。2022年国家统计局青海专题调研数据显示，优质的基础教育、文化与医疗卫生等公共服务主要集中在经济发展较好的西宁、海东两市，其他六市(州)相关指标数总和不及两市总和，青海省农村各项社会事业发展明显滞后于城市。在收入水平方面，2012~2021年青海城乡居民收入相对差距持续缩小，农村居民生活质量明显改善，但区域内城乡收入不平衡的现象仍存在，与全国城乡居民收入平均水平仍有一定差距。根据国务院新闻办发布会报道，青海城乡居民人均收入比(以农村居民人均收入为1计算)由2012年的3.28下降为2021年的2.77，收入比缩小了0.51，但与2021年全国平均水平2.50仍有一定差距。分区域而言，玉树、果洛、黄南等地城乡居民收入差距显著大于西宁、海东、海西等城市化地区。

三、城镇化发展的趋势特征②

现阶段，青海经济社会发展上升的总体态势没有改变，表现出生态文明建设攻坚期、转型升级关键期、竞争优势重塑期、改革开放深化期四期叠加的特点。基于青海省"生态立省"的总体战略定位，青海省新型城镇化发展重点在于把握好保护和发展的关系，推动生态环境保护和经济发展相协调，城镇化与自然生态系统和谐共生、人口规模分布与产业结构布局同资源环境承载力相适应，促进经济社会发展全面绿色转型。因此，本部分认为青海省城镇化进程的重要趋势特征大致包括以下四个方面：

1. 区域空间格局持续优化，推动城镇协调融合发展

促进区域城乡协调发展是青海现代化建设的战略重点，现阶段青海处于以城市群高质量发展为主要空间形式和动力源的区域竞争优势重塑期，通过打造"两核一轴一高地"区域协调发展总体布局和"一群两区多点"城镇化空间体系，

---

① 根据《2021年中国县域统计年鉴》，全国县域经济平均水平为233.68亿元。
② 观点依据：《青海省国民经济和社会发展第十四个五年规划和二〇三五年远景目标纲要》《青海省2022年新型城镇化和城乡融合发展工作要点》等。

培育和发挥各地区的特色比较优势，持续优化以城市群为主体的空间动力系统，从而使区域城乡发展布局更趋科学。基于特殊的地域状况，青海未来将以"做优谷地、做强盆地、做活流域、做美高地"为目标导向构建空间发展格局，发挥承东启西的区位优势，牵引东部、中部、西部城市协同共进，区域间发展关联度进一步提升，推动形成全方位开放、优势互补、高质量发展的区域经济布局，从而促进大中小城市和小城镇协调发展，构建疏密有致、分工协作、功能完善的城镇化空间格局，打造高质量发展的动力系统。

2. 发挥产业"四地"基础优势，创新引领产城双向融合

现阶段，青海正处于新旧动能转化、产业转型升级的关键期，在产业"四地"建设步伐加快趋势的带动下，实现生产要素驱动向要素与效率共同驱动、效率与创新联合发力转变，以科技创新和生产要素流动引领城市经济高质量发展。具有青海特色的产业体系正加快构建，传统产业逐步向高端、绿色、智能转型，以清洁能源、有机农牧、生态旅游为主的生态型产业越发呈现发展新优势。未来，青海将围绕"一优两高"战略部署和"三定四融"基本原则，推动工业产业、农业产业和高新技术产业"三类园区"的建设发展，打造国家重要的锂电、光伏、生物医药、新材料、特色化工等产业集群，系统推进城市生态、生产和生活的"三生融合"发展，以及国家级产城融合示范区建设。

3. 以生态资源和国土开发保护为导向，城市趋向绿色低碳高质量发展

在绿色发展逐渐成为发展内在要求和理念普遍共识的大背景下，青海正致力于探索一条实现生态环境保护与经济增长协同共生的发展之路。立足"三个最大"省情定位，青海坚持生态保护优先，从人口规模分布、产业结构布局与资源环境承载力相适应的角度出发，提升城市综合承载能力，推进城市绿色发展。此外，当前国家战略机遇汇聚叠加，青海生态安全、国土安全和能源安全的战略地位显得更加突出。青海通过持续打造能源资源优势，在全面建成国家清洁能源示范省的基础上，推动生态能源资源价值转化，引领城镇绿色低碳高质量同步发展。基于"三区三线"国土空间规划，青海国土空间治理能力现代化水平进一步提升，通过推动中心城区功能布局、用地结构和城镇开发强度的优化，促进青海省城镇化健康发展。

4. 以县城为重要载体的城镇化持续推进，高原美丽城镇示范效应提升

伴随高原美丽城镇示范省试点稳步推进，以县城为重要载体的城镇化建设显得尤为重要。青海以打造一批工业经济强县、高原特色农牧业大县和旅游名县为目标，在城镇化建设中突出地域特色，补齐县城基础设施短板，提高县城

承载能力，引领带动以县城为载体的城镇化发展。在高原美丽城镇试点建设趋势的带动下，青海围绕城镇发展品质、城镇发展韧性、城市治理等方面，通过打造城镇生态空间网络，开展城镇蓝绿空间提升行动，鼓励大中型企业独立或牵头打造运营特色小镇等举措，形成一批涵盖文旅农体字号的新兴特色城镇，增强高原美丽城镇建设基础，扎实推进新型城镇化建设。

第三节　青海省绿色低碳的现状特征、重要挑战和发展机遇

2019 年，在全国 30 个省市区中(不含西藏、港澳台)，青海省碳排放总量处于末位，这与现阶段青海省经济发展、城镇化进程、产业模式的总体特征息息相关。作为我国生态大省，青海清洁能源发展优势明显，生态固碳增汇潜力巨大，但城镇化绿色低碳发展进程中仍面临着城镇布局、产业结构、能源利用、低碳经济规模化等方面的艰巨挑战。在"双碳"目标下，青海利用清洁能源的资源禀赋优势，进一步挖掘绿色经济和生态产业的特色潜能，这有助于青海省加快城镇化进程，在推进经济社会高质量发展的同时，有望率先实现碳排放达峰。

一、绿色低碳发展现状

位于青藏高原的青海省是我国生态大省，也是清洁能源产业高地。长期以来，青海碳排放和能源消费均处于全国较低水平。青海依托清洁能源资源富集优势和生态固碳总量优势，坚持从供给端、消费端、固碳端协同发力，推动能源结构持续优化，以期形成低碳、可持续、高质量的发展模式，实现在城镇化建设追赶进程中，兼顾生态绿色的发展本底，在全国率先实现碳达峰(谢笛等，2022)。

1. 从碳排放水平来看

自 2000 年以来，青海城镇化率增速进入拐点，呈稳步快速发展态势，城镇数量不断增加，城镇规模不断扩大，城镇人口快速增长，2000~2022 年城镇化率从 34.76% 上升到了 61.43%，年均增速超过 1.2 个百分点。这一阶段，伴随快速的城镇化进程，其碳排放增速更为显著，根据第四章所述的城镇化进程

与碳排放水平脱钩分析，2000～2004 年、2005～2009 年、2010～2014 年均呈现负脱钩态势；2015～2019 年开始总体转为弱脱钩，碳排放伴随城镇化快速增长的趋势有所放缓，在"十三五"期间甚至多次出现强脱钩的波动情形，反映出近年来青海省在碳减排方面的不懈努力。根据中国碳核算数据库（CEADs）的数据，2000～2019 年，青海已在 2013 年以 70.83 百万吨的碳排放水平达到阶段性峰值。此后几年碳排放总量虽然并未持续稳定下降，但已出现低位波动的情形，2013～2019 年，碳排放年均降幅为 7.19%。2019 年，青海省碳排放量为 45.28 百万吨，为全国 30 个省份最低（不含西藏、港澳台），仅占全国碳排放总量的 0.37%。其中，工业、服务业、农业是构成碳排放的主要领域，其行业排放量分别占 2019 年度排放总量的 77.4%、11.8%、0.6%（索端智和孙发平，2022）。基于当前较优的低碳发展实际，青海省在"十四五"规划中提出，要力争在全国率先实现碳达峰。但值得注意的是，未来青海仍有较大城镇化发展空间，工业产业、农业产业和高新技术产业"三类园区"也正积极布局，预计也将带来一定的碳排放增长潜力。未来如何巩固自身低碳发展优势现状，平衡好发展和减排之间的重要关系，仍然是青海需要关切的重要议题。

2. 从能源供给端来看

近年来青海能源生产呈现新格局，清洁能源比重占主导地位，清洁能源消纳能力不断提高。一方面，清洁能源发电总量大、覆盖广，清洁能源发电供给在全省占主导地位。根据青海省发展和改革委员会公布的数据，截至 2021 年底，青海省清洁能源装机占比超过九成，保持全国领先，清洁能源发电量占全省发电量比重为 83.1%，青海省集中式光伏装机和光热装机均居全国第一，新能源成为第一大电源，为全国首个实现新能源装机过半的省级行政区。2021 年，青海省清洁能源发电量由 2015 年的全国第 11 位上升到第 8 位。另一方面，清洁能源外送电力规模持续提升。2022 年青海外送电量 208.5 亿千瓦时，其中清洁能源外送电量 170.1 亿千瓦时，占总外送电量的 81.6%；新能源外送电量 123.2 亿千瓦时，占总外送电量的 59.1%，新能源外送规模较 2021 年增加 23%。青海省统计局报道显示，截至 2022 年，青海先后与江苏、湖北、安徽等地达成协议，实现跨省跨区交易，建成青豫直流输电工程及配套新能源500 万千瓦，实现青海清洁能源电力在山东、河南、江苏等 15 个省（区）消纳。

3. 从能源消费端来看

近年青海节能降耗成效显著，消费结构持续优化。在能源消费总量方面，根据《青海省"十四五"能源发展规划》，2020 年能源消费总量为 4150 万吨标准煤，2015～2020 年年均增速 0.1%，低于全国 2.6% 的年均增速。在能源消费强度方面，2021 年，青海能源消耗强度为 1.4 吨标准煤/万元，略高于同年全国平均水平，而我国东部和中部众多省份单位 GDP 能耗值基本保持在 1 标准煤/万元以下，说明青海在能源利用效率方面还有待进一步提高。近年来，在节能降耗工作的推进下，2015～2020 年青海单位 GDP 能耗已累计下降 24%，能耗强度呈现逐年下降趋势，并提前超额完成"双控"目标任务。在能源消费结构方面，2020 年，青海非化石能源消费比重为 47.2%，较全国平均水平高30.5 个百分点，能源消费结构优于全国。在产业能源消费方面，第二产业能源消耗最高，其中绝大部分主要为重工业，具体包括有色金属冶炼和压延加工业、黑色金属冶炼和压延加工业、化学原料和化学制品制造业等。

4. 从生态固碳端来看

青海林草资源碳汇总量富集，碳汇交易实现零的突破。截至 2022 年，青海的草原综合植被盖度较 2012 年提高了 11 个百分点，达到了 57.8%，国土绿化新增林地为 1800 万亩，湿地面积达到了 8 万多平方千米，土壤荒漠化、沙化现象呈现缩减趋势。截至 2022 年，青海的生态系统固碳总量位列全国第一，是巨大的碳汇盈余地（陈瑞峰，2022）。此外，根据青海省人民政府的信息，青海成功申报果洛藏族自治州成为国家林业碳汇试点市（县），在国际核证碳标准机制（VCS 机制）下，试点将 240 万亩草原综合治理项目的生态价值通过草原碳汇项目开发，实现了经济价值转化。试点项目于 2021 年 12 月完成碳汇量的签发，首个监测期签发碳汇量约 260 万吨，总成交额超 3000 万元，实现了青海草原碳汇交易"零的突破"。

二、绿色低碳发展的重要挑战①

三个"最大"的省情定位决定了青海立足生态保护优先的发展底线，依托其生态资源禀赋优势，正加快形成具备青海特色的绿色低碳高质量发展模式。本部分认为，面向"双碳"战略目标，当前青海在城镇化进程中，面临着城镇建设、空间布局、产业优化、能源资源利用、低碳经济规模化发展等方面的艰巨挑战。

1. 伴随城镇化建设持续推进，青海将面临城镇建设与减排之间的挑战

一方面，青海的城镇化进程距离全国平均水平仍有一定差距，当前仍处于

① 观点依据：《青海省碳达峰实施方案》《青海省"十四五"能源发展规划》等。

快速发展阶段。在经济总量相对不足、城镇化发展仍在追赶、工业化进程积极布局的背景下，虽然青海的碳排放总量不高，但未来仍具有较大的发展潜力和碳排放空间，能源利用效率也有待进一步提升。在城镇化快速发展阶段，青海也将面临低碳发展稳定性的重要挑战。例如，在2021年8月，国家发展和改革委员会发布的《各地区能耗双控目标完成情况晴雨表》一度将青海能耗强度列为一级预警。由此可见，在保持快速发展的进程中，青海面临的节能形势也较为严峻，经济社会发展与节能减排约束保持平衡任重道远。在青海城镇化的追赶过程中，若仍然仅走依靠建设用地扩张来拉动经济增长的发展老路，不仅将造成碳减排难度加大，具备固碳能力的森林、草地等生态系统面积也将被迫缩减，不利于碳达峰、碳中和工作的长期布局。另一方面，由于自然地理特征和城镇化空间布局因素，部分地区的城镇化发展与绿色低碳布局衔接难度较大。根据《青海打造国家清洁能源产业高地行动方案（2021—2023年）》，由于当前青海城镇空间布局较为分散，农牧区城镇化进程缓慢，生产方式较为粗放，玉树州、果洛州等偏远牧区仍存在电网延伸困难等现象。在推进以县城为重要载体的城镇化建设过程中，如何在相对分散的城镇建设和基础设施投入中，降低碳排放增长和能耗增长，将是青海省未来一段时间内实现碳达峰所面临的重要挑战。

2. 产业布局与生态建设矛盾突出，减污降碳协同工作任重道远

一方面，以开采、冶炼为主的工业能耗相对偏高。虽然青海的第二产业结构占比较低，工业经济发展水平有待提升，但第二产业当前仍是青海能源消耗的主要产业。由于工业科技创新程度有限，中小企业规模较小，工业化与信息化融合程度较低，导致青海省工业经济主要以矿产资源开发为主，能源消费需求较大。2021年，青海工业能源消费总量为3482.2万吨标准煤，占当年能源消费总量的75.9%。因此，如何优化青海工业发展格局，进一步提升产业链层级，实现由聚焦工业领域节能减排转向兼顾产业优化转型的碳排放治理模式，是青海探索低碳化发展的重要内容。另一方面，在工业化进程追赶的发展阶段下，清洁能源产业高地、世界级盐湖产业基地等建设布局能耗需求预期较大。以盐湖产业基地为例，建设成为"世界级盐湖产业基地"是青海省发展的重要目标，也是打造高效集聚产业集群的重要路径，但其基础设施建设过程必然导致能源消费需求较大。2022年，经海西州人民政府初步测算，基本建成世界级盐湖产业基地需要新增能耗3000万～5000万吨标煤，能耗缺口和盐湖产业发展之间的矛盾也是未来需要克服的重要挑战。

3. 生态资源丰富但开发受限，能源资源总体利用程度和效率不高

一是青海承担着维护全国生态安全的重要使命。由于青海省地处青藏高原腹地，对我国生态文明建设有着重要影响，生态地位异常重要且十分脆弱，在一定程度上限制了其发展过程中对自然资源的开发和利用，生态保护与基础设施建设、自然资源开发利用的矛盾仍然存在。二是基础设施相对薄弱。青海省地理位置偏远、地形复杂、交通不便、基础设施相比发达地区较为薄弱，资源开发利用程度和利用效率相对较低，环境保护难度和成本较高。同时，由于地理条件因素，青海与其他地区的产业合作和技术交流相对受限，能源资源难以充分调度和利用。因此，青海亟须进一步加强基础设施建设，优化交通网络，提高交通便利度，降低运输成本，促进产业发展，提升能源资源利用率。三是能源资源利用程度和效率尚不充分。人民政协报的数据显示，青海省光伏、风电开发量仅占可开发量的 0.5%、12.6%，生物质能与地热能有待进一步开发，资源未能充分利用，与清洁能源产业高地规模要求差距较大。《青海省节约用水管理办法》政策解读显示，青海省存在水资源时空分布不均、开发利用不易、利用效率不高等问题，其中部分流域仍存在资源性缺水和工程性缺水问题。

4. 数字经济发展基础不足，低碳经济规模效应有待发挥

一是数字经济基础不足。数字技术是经济社会低碳发展的重要抓手，近年来，青海出台《青海省加快融入"东数西算"国家布局工作方案》，主动融入"东数西算"国家布局，积极承接"东数西算""东数西存"等数字产业落地，在云计算、大数据、物联网等产业领域取得了较快发展，但在以区块链、人工智能、5G 等为代表的新型高端领域，其竞争力、影响力、创新力等方面仍有较大差距(严维青，2022)。二是数字产业化、产业数字化发展相对滞后。由于青海高新技术产业发展基础薄弱，自主创新能力略显不足，当前在数字产业细分领域仍未实现较大突破。《2020 年中国数字经济指数报告》数据显示，2020 年青海数字经济产业指数仅为 0.4，远低于广东等发达地区 4.1 的水平；与西部地区其他省份相比，青海仅高于西藏，与宁夏基本持平。三是低碳经济规模效应有待发挥。青海省人口密度相对较低，市场规模较小，企业在开展低碳经济领域的投资和创新时具有一定的市场顾虑，实现规模效应尚有难度。作为城镇化追赶型省份，资金短缺一直是制约青海低碳经济发展的一个重要因素，如何更好发挥市场在资源配置中的决定性作用，进一步推动清洁能源、环保产业、节能减排等低碳经济领域的发展，是青海面临的又一重要议题。

三、绿色低碳发展机遇

在新时代西部大开发新格局加快构建，黄河流域生态保护和高质量发展、东西部协作和对口支援等政策红利背景下，青海生态文明建设向纵深推进资源能源优势更加凸显，国家发展大局中的"青海分量"明显提升。伴随清洁能源产业高地建设进入新阶段，林草资源固碳增汇能力巩固提高，产业绿色低碳发展潜力不断激发，青海绿色低碳发展正处于重要战略机遇期。

1. 清洁能源开发潜力巨大，清洁能源产业高地建设进入新阶段

青海省清洁能源开发潜力大，全省新能源开发可利用荒漠土地约 10 万平方千米，光伏技术可开发容量 35 亿千瓦，风电技术可开发容量 7500 万千瓦以上[1]。风能资源丰富，风能资源年利用时间在 1000~2300 小时；太阳能资源开发前景广阔，太阳能资源约占全国的 11%；水电理论蕴藏量大，水电理论蕴藏量 2187 万千瓦[2]；中国地质调查局分析评估，青海地热资源储量高，地热资源总储量为 $1.43×10^{20}$ 焦，折合标准煤为 $8.10×10^9$ 吨，可开采地热资源总量为 $1.40×10^{17}$ 焦/年，折合标准煤为 $7.98×10^6$ 吨/年，具备打造国家清洁能源产业高地的绝对优势资源条件。青海省能源局表示，截至 2022 年，青海电力总装机 4325 万千瓦，其中清洁能源装机 3933 万千瓦，占比 90.9%；新能源装机 2674 万千瓦，占比 61.8%。非水可再生能源消纳比重达 29.3%，三项指标持续保持全国领先，青海已成为全国清洁能源、新能源装机占比最高的省域。在当前"双碳"目标重要机遇下，青海立足自身资源禀赋优势，围绕国家清洁能源产业高地建设目标，有望依托能源转型策略实现低碳化的赶超式发展。

2. 生态固碳增汇能力不断巩固提高，助力青海"双碳"目标实现

立足"三个最大"省情定位，青海生态文明建设持续向纵深推进，生态文明体制机制正逐步完善，国土开发保护格局、生态优势不断转化为竞争优势。近年来，随着国家生态文明试验区的加快建设，森林面积和森林蓄积量实现双增长，省内生态系统碳汇增量进一步提升。例如，果洛州国家林业碳汇试点市（县）项目是亚洲首个成功开发与交易的草原碳汇项目，不仅实现了生态价值转化，也实现了草原碳汇项目方法学在国内的技术验证，具有典型的示范推广

---

① "风光"正好 "风"生"水"起——青海清洁能源产业发展一路高歌猛进[N]. 青海日报，2022-08-12(6).

② 万玛加. 直击青海"绿电 9 日"[N]. 光明日报，2018-06-28(10).

意义。青海草原碳汇工作所取得的探索成效，将加速省内低碳资源利用步伐，有利于青海积极参与全国碳市场建设，探索实现较低碳排放增量的快速发展模式，走上越发稳定的绿色、循环、低碳发展之路。

3. 产业绿色低碳发展潜力巨大，助力青海在"双碳"目标中实现弯道超车

当前，青海依托自身较优的生态资源和能源禀赋优势，已逐步打下较好的绿色低碳产业发展基础，其有空间、有条件、有能力在工业和服务业等领域的绿色低碳转型中取得跨越式进展。伴随全省的产业结构、能源结构进一步优化，产业"四地"建设和重大低碳技术工艺装备创新持续深入推进，未来青海有望建立起具有地区特色的、绿色低碳循环发展的现代工业体系，推动重点能耗行业的能源利用效率提升，实现新突破，大力培育清洁环保、绿色低碳的战略新兴产业。同时，在"双碳"目标的战略机遇下，青海积极提倡绿色低碳的生产生活方式，正不断将碳达峰、碳中和目标愿景渗透至产业发展全过程，通过构建便捷通达、绿色低碳的现代化交通运输体系，积极推进生产性服务业、生活性服务业进一步迈向绿色低碳模式，为青海各行业领域提升低碳发展水平提供了重要引擎。

第四节　城镇化视角下的低碳发展对策建议

面向碳达峰、碳中和战略目标，在积极稳妥、有力有序推进城镇化进程中，青海省应立足自身发展实际，避免过度依赖传统粗放的发展模式，而是要探索出一条具有青海特色的城镇化发展道路。在此过程中，应平衡好发展和减排控排的重要关系，加强顶层设计，做好布局统筹，守住生态绿色的底线定力，发挥绿色低碳潜力的比较优势，力争在追赶中实现低碳模式下的弯道超车，推动青海实现高质量发展。具体而言，本书提出以下五个方面的对策建议：

1. 充分发挥生态资源能源禀赋优势，加快迈向绿色低碳高质量发展

当前青海城镇化发展进程相较全国仍有一定差距，扎实推进生态文明建设，提升经济发展水平，加快推动城镇化高质量发展是青海未来发展的重要议题。在新型城镇化的过程中，青海省应发挥生态资源、清洁能源禀赋优势，加快培育绿色低碳新兴产业，推动国家清洁能源产业高地建设，着力将能源优势转化为产业优势、经济发展优势。未来青海既要着眼于破解城镇化发展不平衡

不充分的问题，推动城镇化建设与绿色低碳协同发展，也要加快形成节约资源和保护环境的产业结构、生产生活方式、空间格局，率先推动经济社会发展全面绿色低碳转型，率先走出生态友好、绿色低碳、具有青海特色的高质量发展道路，夯实青海作为全国生态文明高地的基础。

2. 科学优化城镇空间布局，增强城市群和中心城市的带动作用

青海省应科学统筹区域城镇化布局，进一步促进人口、土地、资金、技术等各类生产要素合理流动和高效集聚，充分利用不同城镇主体的差异化功能和优势资源，发挥不同城镇主体的差异化功能和发展潜力，实现因地制宜的低碳发展目标。科学确定城镇开发强度，提高城镇空间利用效率，加快建设"两核一轴一高地"区域协调发展新格局和"一群两区多点"城镇化空间发展新格局。针对中等城市断层问题，应进一步明确各地区发展的功能定位，发挥区域比较优势，通过"多点"城镇主体加快培育中等规模的城市形态，加快推动以县城为重要载体的城镇化，以城市群为主体加大力度构建大中小城市和小城镇协调发展的城镇格局，着力破解城镇体系等级结构存在断层、区域间整体组织性不强、城市群和中心城市带动功能不强等问题，充分利用城市群和中心城市经济增长的空间溢出效应，促进各类要素合理流动和高效集聚，辐射带动周边区域协调发展，并且进一步增强城镇创新能力、产业承接能力和就业创业吸纳能力，促进人口城镇化和基本公共服务均等化，推动县域经济发展。

3. 促进城镇化与自然生态系统和谐共生，推动城镇化建设与绿色低碳协同发展

青海省4/5以上的地区为高原，东部多山，西部为高原和盆地，具有独特而多样的高原景观，具有成为国际生态旅游目的地的巨大潜力。青海应加大力度加强省级层面的顶层设计，统筹生态旅游、生态农业等产业发展。发挥好国家公园示范省建设赋予三江源、祁连山、青海湖的区域绿色品牌价值，建设生态人文旅游一体的城镇发展共同体。针对农牧区城镇化进程较缓慢、城镇基础设施建设与节能减排约束等问题，青海省应加大力度支持生态功能区人口逐步有序转移，建设点状分布、规模适度、功能配套的生态人文旅游城镇，增强城镇对生态保护的基础支持作用。在新型城镇化建设过程中，青海应以促进生产和生活能源体系低碳化为目标，推动工业、建筑、交通等重点行业从化石能源使用进一步转变为清洁能源消费，实施全省清洁供暖工程，逐步改造城市以煤为主的传统供暖体系，推广乡村清洁供暖设备的使用，逐步替代农牧区煤和生物质能供暖方式。

4. 严格限制高耗能高排放项目，打造低碳绿色现代产业体系

青海省生态地位突出、生态本底较为脆弱，因此发展过程中需严格限制高耗能、高排放项目，进一步发挥清洁能源禀赋好的鲜明优势，加快培育多元经济增长点，推动国家清洁能源产业高地建设，着力将能源优势转化为产业优势、经济发展优势。在以国内大循环为主体、国内国际双循环相互促进的新发展格局中，青海省应依托碳汇丰富、电价竞争潜力大等优势，承接国家重大发展项目，从研发、应用、推广等环节入手，推动清洁能源产业全链条多方面布局，构建以清洁能源、装备制造、高新材料等多行业共生发展的低碳绿色现代产业体系，推动高耗能产业绿色转型，从而进一步降低碳排放强度，增加就业供给，为人口城镇化提供充足动力。青海省具有发展数据中心、承接东部地区算力需求的巨大潜力，应抢抓"东数西算""东数西储"战略机遇，提升现代化工业化水平，促进数字经济、循环经济发展，培育新的经济增长点和新的就业机会，推动经济社会发展实现巨大跨越。

5. 加快布局建设数字基础设施，以信息化推动工业化高质量发展

针对青海工业化滞后于城镇化进程的现状，青海应依托信息化技术进一步提升工业发展质量，以创新融合推动绿色发展，通过发展数字经济实现传统产业和信息技术的融合，推动传统产业转型升级，提高产业附加值。青海应充分挖掘数据资源作为关键战略资源的潜力，大力发展数字经济，以应对信息资源开发利用不足、信息产业层次整体偏低、数字化服务潜能尚未充分释放等问题，加快数字产业化和产业数字化进程，促进新一代信息技术与实体经济融合发展。随着青海积极融入"东数西算"的全国布局，青海应加快数字经济基础设施建设、改造传统基础设施、夯实算力基础设施，提高承接外省数据中心建设任务的数字基础设施水平。同时，青海要依托清洁能源优势，发挥低碳经济规模效应，积极推动全省大数据中心科学布局、有序发展，加快形成带动全省、辐射西北、服务全国的清洁能源绿色数据中心集群，着力推动数据中心与清洁能源、"双碳"工作融合发展。

第十章　城市群、都市圈视角下的
城镇化低碳发展策略

　　城市群和都市圈是城镇化的高级形态，是构建以国内大循环为主体、国内国际双循环相互促进新发展格局的重要载体，是经济发展到一定阶段后城镇化高质量发展的战略选择，也是通过发挥城镇化集聚效应实现低碳发展目标的重要抓手。中科院有关研究表明，我国城市群碳排放量约占全国的72%，是碳排放的主体区和碳中和的责任区。以新发展格局为背景，进一步增强城市群和都市圈综合承载能力，发挥其优化空间布局和集聚要素资源的重要作用，对推进国家新型城镇化进程，实现区域高质量发展，构建"双循环"新发展格局，引领推动2030年前实现碳达峰、2060年前实现碳中和都具有十分重要的战略意义。为此，本章通过梳理总结国内外典型城市群和都市圈城镇化低碳发展的经验，探究城市群、都市圈视角下的城镇化低碳发展路径，并针对发展过程所要面临的机遇与挑战提出相应的对策建议。

　　本章以发达国家较为成熟的城市群和都市圈先进经验为借鉴，以长三角城市群、成渝地区和深圳都市圈为典型案例，分析我国在城镇化进程中城市群和都市圈的低碳发展现状，以及未来发展中可能面临的机遇与挑战，从而探究我国城市群和都市圈视角下的城镇化绿色低碳发展路径，以期积极稳妥推动"双碳"目标的顺利实现。

第一节　发展城市群、都市圈的现实背景

　　城市群是指以中心城市为核心向周围辐射构成的多个城市的集合体(顾朝林，2011)，我国的新型城镇化发展规划和重点任务中多次强调要将城市群作为推进城镇化的主体形态。随着城镇化和工业化的发展，城市群由于内部经济联系紧密、分工协作明确、交通与生活相互影响，已成为城镇化高级阶段的

产物。

都市圈是新型城镇化发展过程中另一种十分重要的空间形态,具体指城市群内部以超大城市、特大城市或辐射带动能力强的大城市为中心,以 1 小时通勤圈为基本范围的一种城镇空间组合形式。都市圈是城市群的重要支撑和带动力量,是打造世界级城市群的必经阶段。一方面,都市圈的形成有利于加强中心城市的辐射力,增强城市的内生发展动力,提升城市与区域发展的质量、效率和可持续性(刘世锦,2021)。另一方面,培育发展现代化都市圈是提升城市群一体化发展水平的重要抓手,有利于推动都市圈内超大特大城市发挥辐射带动作用,协同周边中小城市发展,有利于着力破解"大城市病"。

"十四五"规划《纲要》明确提出,发展壮大城市群和都市圈,推动城市群一体化发展,分类引导大中小城市发展方向和建设重点,从而形成疏密有致、分工协作、功能完善的城镇化空间格局。进一步增强城市群和都市圈综合承载能力,率先打造成为高质量发展的增长极和动力源,对推进新型城镇化进程、实现经济社会高质量发展具有重要作用,而实现碳达峰、碳中和又是实现高质量发展的内在要求。根据世界银行的相关数据,我国目前是世界上碳排放量最多的国家之一,城市群和都市圈作为我国碳排放的集中区,是"双碳"目标实现的重点区和责任区。我国城市群和都市圈发展整体上还处于培育成长阶段,资源环境承载力远未饱和,产业进一步集聚的潜力仍然较大。城市群和都市圈通过产业集聚、空间布局、交通规划等优势,促进城镇化的集约高效发展,并在建设低碳城市的进程中发挥了重要引领作用,对推动实现"双碳"目标具有示范意义。

第二节　国际经验借鉴

发达国家成熟的城市群和都市圈,大多经历了从粗放的蔓延式发展到集约的可持续发展的过程,经济增长与碳排放逐渐脱钩,形成了各具特色的低碳城镇化发展模式。本节以美国大西洋沿岸城市群、东京都市圈和伦敦都市圈为例,从空间布局、交通建设、产业协同、生态共治、技术创新等方面梳理总结经验和做法,探究国际典型城市群和都市圈的低碳城镇化发展路径,为我国在城市群和都市圈视角下实现"双碳"目标提供借鉴参考。

一、美国大西洋沿岸城市群

1. 基本概况

作为世界六大城市群之首的美国大西洋沿岸城市群位于美国东北沿海地区，北起波士顿，南至华盛顿特区，以纽约为核心城市，包括波士顿、费城、巴尔的摩和华盛顿特区等中心城市及其周围的中小城市，又名波士华城市群。该城市群占地面积约为13.8万平方千米，占美国总面积的1.5%，根据美国人口普查局(U. S. Census Bureau)的人口普查结果显示，2020年城市群总人口达到5760万，占美国总人口的17%，人口密度是全国水平的10倍以上。根据美国经济分析局(Bureau of Economic Analysis)统计，2020年城市群GDP达4万亿美元，占美国GDP的20%以上，制造业产值占全国的30%，是美国最大的生产基地。早在20世纪90年代，该城市群城镇化率已经高达90%(魏达志等，2006)，是美国经济、政治、文化和社会的核心区域，也是世界上发育最成熟的城市群之一。

美国东北部大西洋沿岸城市群是全球最发达的城市群之一，碳排放总量高，而碳排放强度远低于其他国际大都市，其城市群已形成高度集约化的发展模式。城市群以仅占全美国约1.5%的面积，却集聚了全美国近20%的人口，实现了占全美国20%以上的GDP总量(国家发展和改革委员会，2016)，但其庞大经济体量相对应的是巨大的能源消耗。在国际大都市碳排放量的统计中，纽约的碳排放总量仅次于东京，但其碳排放强度远低于伦敦、巴黎、芝加哥等其他国际大都市(金昱，2022)。这得益于城市群内部高度集约化的发展模式，城市间依靠产业、交通、治理多领域高度合作带动城市群经济高速运行和城市低碳发展。根据纽约市长可持续发展办公室(Mayor´s Office of Sustainability，MOS)发布的纽约市温室气体排放清单可知，纽约市的碳排放总量于2005年左右达到峰值。截至2022年，美国东北部大西洋沿岸城市群已形成成熟的低碳发展模式，各地根据地方特色建设城市低碳发展方案，为全球低碳发展提供可借鉴的案例。

2. 城市群低碳发展路径

以纽约为中心的美国大西洋沿岸城市群是城市间分工协作的典范，为世界级城市群的城镇化推进提供了有益经验，也为从城市群发展的角度实现低碳发展提供先行思路。该城市群通过城市空间规划和综合交通规划，统筹绿色建设、产业分工协作和产业绿色转型推进低碳发展，多主体联动的区域协调机制实现了效果较优的低碳管理。

(1)城市空间规划

一般而言，城市群由若干规模和功能不同但联系紧密，并在空间上连续的都市圈构成，都市圈被认为是城市群的核心，发展都市圈是城市群建设的必经之路。由于城市群规划尺度过大，都市圈规划成为更合适的空间规划单元。以纽约都市圈规划为例，其空间规划对城市群低碳发展具有明显的促进作用。纽约都市圈由纽约市及纽约州、新泽西州与宾夕法尼亚州的部分区域(共 25 个县)共同组成，面积约为 3.3 万平方千米。

自 1920 年以来，针对纽约都市圈的现状和面临问题，纽约区域规划协会(RPA)先后对该地区做过 4 轮较大规模的区域规划，每一轮都有不同的规划目标和重点，如表 10-1 所示。

表 10-1　纽约都市圈四次规划比较

规划 (时间)	规划名称	针对问题	主要目标	主要内容
第一次 (1929 年)	《纽约及其周围地区区域规划》	中心城市的发展	克服地方城市规划的局限性，以更为广阔的、综合的视野来管理城市的土地利用	实现"再中心化"，借助环路系统建设城市景观，办公室从中心城市疏散出去；工业布置在沿郊区交通枢纽的工业园中；居住区向整个地区扩散
第二次 (1968 年)	《铺开的城市》	低人口密度的郊区在纽约都市圈迅速蔓延	针对城市蔓延，建立周边新城，通过再集聚以阻止市区人口爆炸	建立新的城市中心，为大量增长的新岗位做准备。提高老城区的服务设施水平。配套更好的公共交通规划等
第三次 (1996 年)	《风险中的区域》	城市核心区出现空洞化、公路交通拥塞、区域空气质量下降	实现"3E"目标，即经济(Economy)、公平(Equity)和环境(Environment)的平衡发展	提出植被、中心化、机动性、劳动力、管理 5 大战役来整合"3E"目标，提高地区的宜居质量，实现可持续发展
第四次 (2014 年)	《脆弱的成功》	收入差距大、种族隔离普遍、生活成本高、气候变化形势严峻	实现经济性、包容性和宜居性	通过改善经济机会、宜居性、可持续性、治理和财政实现区域转型

基于不同发展阶段，纽约都市圈的四次规划的关注重点各不相同。第一次规划阶段，核心是"再中心化"，仅注重中心城市的发展，未对城市碳减排过多关注。第二次规划阶段，都市圈形成了一种粗放式的城市扩张，较低的土地利用效率导致了大量土地消耗。针对城市蔓延，规划提出通过建立新城实现人口再集聚，阻止市区人口爆炸。第二次规划逐渐开始关注土地的集约开发，避免低密度土地消耗，提出在主要公共服务的提供场所周围建立居民区，这有利于减少通勤需求，降低通勤成本，达到碳减排的目的。第三次规划阶段，由于环境问题突出，规划旨在重建实现"3E"目标。其中，对环境目标的实现，更多关注都市圈绿色空间的建设，建议对公共水资源、河口与农田进行保护，建设区域绿色通道网络，在实现区域经济发展的同时保留更多的碳汇绿地。第四次规划阶段，气候变化已经成为纽约都市圈面临的主要问题。对此，第四次规划建议强化碳排放体系，将纽约都市圈与其他司法管辖区合并，从而形成一个更大、更强的碳排放总量控制与交易市场，以增强对气候变化的适应能力。

纵观纽约都市圈的规划历程可知，规划的主要目的是解决城市发展进程中所面临的一系列问题。规划对城市的核心思想是将中心城市和周边地区紧密联系起来，统筹安排，实现中心城市和周边城市区的良性互动。规划对城市的形态控制也是从郊区化扩张逐渐转变为紧凑型城市发展，旨在实现更加低碳的土地集约利用方式。

（2）综合交通规划

区域交通网络是城市群发展的基石，城市群的交通体系服务于城市群内部的经济联系和交通运输需求，城市间依靠综合交通体系实现互联互通。因此，综合交通规划是城市群规划发展的重要组成内容，其可为低碳出行奠定基础。

美国东北部大西洋沿岸城市群拥有纵横交错、四通八达的海陆空交通网络，其中公路交通和轨道交通是核心骨架。城市群内，几乎所有的城市都能通过高速公路到达，五个中心城市的轨道交通（地铁和轻轨）的客流量约占全美的80%（潘芳和田爽，2018）。东北走廊铁路线始于波士顿，终于华盛顿特区，连接了美国东北部城市群的主要城市。该走廊为美国最繁忙的铁路线，发车数量和发车频率均非常高，Amtrak官网数据显示，东北走廊铁路线（Northeast Corridor）10~20分钟就有一趟班列车发出。

基于此现实情况，该城市群的低碳出行规划包括两个主要方面：一是建设形成高度一体化的公共交通网络，为市民绿色出行奠定基础。纽约都市圈是全美公共交通最便利的城市群，其以曼哈顿地区为中心，分别在大都市区的西部、北部和东部引出11条、6条、11条线路，形成了城市群发达的通勤铁路网①。据华夏幸福产业研究院分析，在2017年，全美公交系统年客流排行中，美国东北部大西洋沿岸城市群有6个公交系统排名全美前十，有8条快速轨道交通系统排名全美前十五。二是从私家车的清洁化上落实可持续交通，减少交通碳排放量。2021年9月，纽约州政府签署法案表示，到2035年所有新的乘用车和轻型卡车都要实现零排放②。纽约市总体规划提出私家车清洁化的若干措施，如免除最清洁的机动车的销售税，与大都市交通署、港口局以及州交通署合作推广混合动力和其他清洁汽车，推广新技术、新燃料等（宋彦和彭科，2011）。由此看来，将低碳作为交通规划的主要目标，有利于系统地统筹交通系统，规避风险，减少中后期碳减排难度。

（3）产业分工协作和产业绿色转型

美国大西洋沿岸城市群具有分工明确的三级产业层级结构，各中心城市依据自身优势发展出不同的主导产业，形成错位发展、合作互补的模式，共同发挥着不可替代的城市功能。纽约作为该城市群的核心城市，地理位置位于城市带的中心，产业结构处于顶层其定位为经济和金融中心，是全球性跨国公司总部、专业管理机构和服务部门的集中地。该城市群产业层级结构的中间层包括华盛顿特区、波士顿、费城和巴尔的摩四个中心城市。华盛顿特区作为美国的首都，凭借其重要的政治地位和历史文化发展旅游业。波士顿是科技创新中心，大力发展高科技产业，以波士顿为中心的128号公路环形科技园区是世界知名的电子工业中心，公路两侧集聚了众多高科技公司，被称为"美国东海岸的硅谷"。波士顿也是世界级高等院校集聚地，包括哈佛大学、麻省理工学院等，世界一流院校科研成果的市场化成为波士顿产业集群诞生的主导力量。费城是历史名城和制造业中心。重工业发达，是美国重要的钢铁、造船基地和炼油中心。巴尔的摩是老工业中心，因临近华盛顿特区，大力发展国防工业。中心城市周围的中小城市是城市群产业层级结构的底层，其定位是中心城市的腹地，也是城市群的黏合剂。

---

① Regional Plan Association. The Fourth Regional Plan[EB/OL]. [2017-11]. https://rpa.org/about/our-region#transportation.

② Department of Environmental Conservation. Governor Hochul Announces Adoption of Regulation to Transition to Zero-Emission Trucks [EB/OL]. Governor Kathy Hochul, [2021-12-30]. https://www.governor.ny.gov/news/governor-hochul-announces-adoption-regulation-transition-zero-emission-trucks.

美国大西洋沿岸城市群通过产业分工协作和产业绿色转型两条途径来实现碳减排。首先，该城市群依靠产业分工和产业集群来避免区域内产业结构重复所造成的效率低下和资源浪费，以期减少能耗和碳排放。五大中心城市职能分明，优势互补，在错位发展中共同发挥集聚功能，既保证了城市自身发展活力和综合承载力的均衡分布，又促进了城市群经济的高速运行。在城市群一体化发展中，城市间彼此协同、支持、渗透和融合，实现生产要素的充分流动和资源的高效配置。其次，城市群内城市产业的成功转型是 21 世纪美国占据国际产业竞争绝对优势的重要支撑，也为该城市群在实现碳中和道路上稳步前行奠定了产业基础。以巴尔的摩的产业转型为例，20 世纪初，巴尔的摩由工业时代进入后工业经济时代，面临港口航运和工业的衰落，巴尔的摩经济亟待转型。巴尔的摩政府随之提出内港改造计划，在旧港码头重建市中心，形成集商业中心、休闲娱乐、展览、旅游观光于一体的功能区。改造后的巴尔的摩成为世界著名的旅游观光城市，产业的绿色转型明显减少了工业的碳排放，使城市进入了实现碳中和的快车道。

（4）多主体联动的区域协调机制

美国东北部大西洋沿岸城市群形成了"政府—非政府—市场"多主体联动的区域协调机制，城市群内部的协同是以政府制度为主导、社会和市场多方参与来完成的。针对特定问题，该城市群建立了职权明确、功能清晰的合作组织和协调机构。这种专门机构可能由城市群内的几个城市组成，也可能由整个都市圈内的城市联合建立。例如，1921 年由纽约州和新泽西州共同组建的跨州联合管理机构——纽约州港务局，其主要职能是建设区域的航空港、桥梁、隧道等基础设施；1922 年成立的纽约区域规划协会是一个非营利性的地方规划组织，主要职能是对纽约都市圈进行区域规划，实现区域资源优化配置，促进区域一体化。

在多主体联动的区域协调机制的基础上，美国东北部大西洋沿岸城市群从制定政策约束碳排放、形成碳排放交易市场、确保公共决策的有效性等方面切入，形成了多中心治理模式，推动城市群低碳发展。

首先，政府通过政策支持低碳经济，并出台相关法律对低碳发展进行保障，比如实施"总量控制和碳排放交易"计划，设立建筑物节能目标等。2021年，纽约州通过的《低碳混凝土领导法案》鼓励在州政府建设项目中使用低碳混凝土，并对碳排放最低的投标方案进行奖励。此外，在交通领域，纽约州对电动汽车的购车税费优惠力度居全美前列。同时政府还通过低碳政策、法规约束，以及激励企业和公众行为来引导低碳发展和低碳消费。

其次，区域通过形成统一的碳排放交易市场，促进城市群的减排协同治理。区域性温室气体倡议（The Regional Greenhouse Gas Initiative，RGGI）是美国第一个以市场为基础的强制性减排体系，由美国东北部及大西洋沿岸的10个州组成。RGGI针对电力部门设定了排放上限，并对配额交易、减排量购买等进行了规定，形成完善的限额交易机制。作为区域性合作组织，RGGI实现了区域减排的协调一致性和可操作性，同时保留了各州在制定规则上的灵活性，极大地提高了减排效率。

最后，城市群在多中心治理模式中允许并鼓励公众参与决策，从而保证决策的有效性，减少决策失误带来的成本损耗。美国东北部大西洋沿岸城市群在城市管理中实施ULURP（The Uniform Land Use Review Process）模式，这是一种城市土地利用审批程序，是由区行政长官、专家顾问和社区居民等各界人士对市规划委员会提出的规划草案进行表决的过程。ULURP模式充分表达了社区和公众的立场，大大降低了项目建设的负面影响，也使建设项目的规划更具有效性（张晓兰，2016）。经过ULURP模式决策的项目，既满足了城市的发展需求，也保障了社区的利益，同时还减少了有失民主性的决策导致的项目无法推进，甚至面临改建的额外成本，这为城市降低了能耗，节约了人力和物力，有助于城市低碳发展。

二、东京都市圈

1. 基本概况

东京都市圈是世界五大都市圈之一，也是日本太平洋沿岸城市群的核心组成部分。根据日本国家统计局的相关数据，东京都市圈以东京都23区为核心，形成了半径50千米左右环状空间结构，实际范围包括东京都、神奈川县、千叶县和埼玉县，即"一都三县"，面积约1.36万平方千米。随着空间结构的优化，东京都市圈逐步形成了"中心区—副中心—周边新城—邻县中心"的多中心集约型格局（刘波，2018）。2020年，东京都市圈GDP约为1.75万亿美元，是世界上经济规模最大的都市圈。从三次产业构成来看，以服务业为代表的第三产业占比已扩大到近80%。2020年，东京都市圈人口约为3691万，城镇化率超过90%，处于城镇化发展的后期阶段。东京都市圈以日本3.6%的土地面积承载了日本29.3%的人口，创造了日本三分之一的经济总量，是日本政治、经济、文化、交通等众多领域的核心枢纽区域。

东京都市圈在绿色低碳的城镇化建设过程中取得了显著成效，其碳减排水平在国际都市圈中处于前列（金昱，2022）。作为都市圈核心城市，东京在日本全国绿色低碳发展中更是走在前列，是全球首个建立与推行城市碳总量控制与排放交易体系的地区。从 2006 年出台《东京 CO_2 减排计划》起，东京一直践行低碳可持续战略。2021 年，东京碳排放总量为 6078 万吨 CO_2 当量，自 2012 年排放峰值以来减少 12.8%，碳排放强度约为 0.66 万吨 CO_2 当量/亿美元。东京创造了日本五分之一的 GDP，但碳排放量仅占 5%（东京都环境局，2023）。

2. 都市圈低碳发展路径

作为全球最具可持续竞争力的城市，东京在低碳策略制定、低碳交通出行、低碳产业体系等方面积累了宝贵经验，并成功将低碳发展的经验扩展到东京都市圈。东京都市圈以政府规划主导发展，多措并举推进都市圈生态环境联防共治：采用以公共交通为导向的开发（Transit-oriented Development，TOD）理念来构建轨道交通网络，带动土地开发利用，形成都市圈紧凑集约的多中心格局，以"空间紧凑、疏密有致、紧密协作"的产业集聚特点有效推动了都市圈的绿色低碳发展。

（1）规划引领的政府主导型发展模式

东京都市圈是以政府规划为主导的发展模式的典型案例。早在 1958 年，日本政府就将东京都市圈作为一个整体编制规划，截至 2022 年已制定 7 版区域规划，在不同历史时期都发挥了重要作用。前五版规划（1958 年、1968 年、1976 年、1986 年和 1999 年）重点解决了东京都市圈"一级集中"的问题，通过建立新城等方式疏解首都功能，基本形成了都市圈网络化、多中心的空间布局结构，并逐步开始关注碳减排。进入 21 世纪，为应对气候变化，最新的两版规划（2009 年、2016 年）将低碳可持续发展列为重要议题。但是，降低碳排放量、缓解温室效应等在局部地区无法单独治理，必须通过跨区域协作来解决。"首都圈峰会"①便是东京都市圈为通过磋商协作解决这些问题而举办的重要会议。"首都圈峰会"下设有特定主题的委员会，如废弃物审查委员会、环境问题对策委员会等，所开展的活动与全面建设低碳都市圈紧密相关。从 2006 年

---

① 九都县市首脑会议是东京都市圈内各区域进行磋商的重要会议，也被称为"首都圈峰会"（官方网站：http://www.9tokenshi-syunoukaigi.jp）。

起，各都县市合作打造"都市圈绿色走廊"，形成广域绿色网络，在改善生态环境的同时有利于中和人为碳排放；2007 年开始，各都县市一同开展"低碳生活方式实践""电动汽车普及""节能型家电更换"等社区推广活动，极大地提高了居民参与节能降碳的积极性；2008 年以来，各都县市定期合作调查东京湾环境情况，共计有一百多个机构和团体参与，协同治理污染，使跨区域生态环境问题得到了有效解决。2021 年，各都县市推进公共行政数字化，以实现数字化社会，协同数字化治理。此外，东京都市圈还共同制定了《创建资源循环型社会宣言》等文件，以期建立循环经济型社会。总体而言，东京都市圈在规划实施过程中，通过加强地方政府的主导，引导区域协作，制定统一的减污降碳措施，取得了较好的成效。

另外，东京都市圈的核心城市东京，多年来一直致力于低碳战略规划，并将经验推广到周边地区。低碳战略规划是区域低碳发展的重要依据与核心纲领，东京的低碳战略规划设定了清晰的目标愿景，并提出了具体实施路径。2006 年，东京都政府出台了《十年后的东京》计划，提出到 2020 年，东京的碳排放量在 2000 年基础上要减少 25%，并制定了一系列低碳城市建设措施（新华网，2016）。其中，《东京 CO_2 减排计划》明确提出了 2020 年东京碳排放量要比 2000 年减少 25% 的具体目标，东京以此为开端迈向打造绿色低碳城市的新阶段。此后，都政府陆续颁布了《东京绿色建筑计划》《碳排放总量控制与交易计划》等多项围绕低碳建设的实施计划（姜欢欢等，2022）。2015 年，东京都政府又发布了《创造未来——东京都长期展望》，以实现东京可持续发展为目标，展望至 2030 年东京碳排放总量及能源消耗总量较 2000 年下降 30%，并从能源、交通运输、住宅办公等方面给出了碳减排具体路径。2020 年，东京都政府更新了面向碳中和的白皮书《东京零排放战略》，明确了东京到 2030 年实现"碳减半"，到 2050 年实现碳中和的愿景目标，并提出了推进具体工作的 14 项政策和 94 项举措。在东京的影响下，都市圈内其他城市也相继颁布了相关计划，如《神奈川县温室气体控制实施计划》《千叶县全球变暖对策实施计划》《埼玉县全球变暖对策实施计划》等，它们共同推动了东京都市圈的低碳发展进程。

（2）集约高效、绿色清洁的交通低碳发展格局

都市圈中心城市的蔓延式扩张会导致交通出行量增加，进而加剧交通拥堵，不利于低碳发展。东京曾是蔓延式发展的代表，但其交通碳排放水平并不高。根据清华大学《2022 城市零碳交通白皮书》，交通领域碳排放约占全球碳排放总量的 1/4，而东京的交通碳排放占比近十年一直保持在 20% 以下（东京

都政府，2019）。这主要归功于，东京都市圈一直致力于发展低碳交通，一方面推动居民出行向低能耗、低排放交通方式转变，另一方面，以 TOD 理念来构建集约的多中心格局，从而最大限度减少交通需求量。

首先，东京都市圈建立了以轨道交通为主的多层次公共交通体系，形成了高效的绿色出行网络。发达的轨道交通网和快速道路网是城市密集区逐渐演变为大都市区和都市圈的重要基础（冯奎和郑明媚，2013）。东京都市圈构建了高密度、高运量的轨道交通网络，是世界上最为先进的轨道交通网络之一，轨道交通出行量占公共交通出行总量近 90%。地铁主要服务东京都区，市郊铁路主要服务郊区新城，国营铁路 JR 线主要承担都市圈内部及其城际间的交通出行，它们共同构成了东京都市圈发达的轨道交通系统（刘龙胜等，2013）。铁路、轻轨、地铁等轨道交通系统和分级明确的快速道路系统大幅提升了东京都市圈的通勤效率，形成了高效低碳的都市圈出行网络。据相关机构 2017 年测算，周边三县平均每天向东京都通勤的人口规模约 86 万人次，平均单程通勤时间约为 49 分钟（华夏幸福产业研究院，2019）。

其次，东京都市圈构建了紧凑集约的多中心型格局，减少居民交通需求量。在宏观层面，东京都市圈通过打造适度集约的多中心结构，建立起连接各地区的环形城市轴，促进了都市圈内人、物、信息的交流互通。在区域层面，东京都市圈致力于建设"步行生活城市"，依托以公共交通为导向的发展模式，以公共交通沿线等为轴，集约紧凑发展城市功能空间，推进周边街区的功能更新，并通过便利完善的基础设施串联各功能区，满足居民多元化生活需求，从而减少居民日常远距离出行的需要，有效地缓解交通拥堵，进而减少城市交通碳排放。

最后，东京都市圈致力发展和推广零排放汽车，从能源端减少交通碳排放。东京大力推广氢燃料电池汽车和电动汽车等零排放汽车（Zero Emission Vehicle，ZEV），引领新能源汽车发展。由于 ZEV 与燃油车的价格差异，政府大幅增加了对购买者的财政补贴。同时，东京积极倡导生物柴油应用，鼓励"生态驾驶"，并将经验模式推广到周边地区。根据国家能源局的相关报道，2020年东京销售的新车中，混合动力车、电动汽车等非汽油车约占四成。截至2021 年，东京都市圈共建有加氢站 49 座，其中东京都建有 21 座。东京都的发展目标是到 2030 年实现销售新车 100% 非汽油化，且 ZEV 占 50%，加氢站达到 150 座，公用充电设施达 5000 台，引进至少 300 辆零排放公交车，助力实现零碳目标（余柳，2021）。

（3）产业集聚驱动的低碳循环型发展模式

产业集聚是都市圈低碳空间组织的典型特征。东京都市圈顺应产业的发展规律，通过资源导向和政策牵引，促进中心城市产业向高端化发展，引导周边地区承接中心城市的产业转移，推动周边地区制造业集群化、专业化发展，共同构建以清洁生产为特征的低碳产业链，最终形成分工合理、优势互补、特色鲜明的发展格局。其中，东京都强化其政治、经济、文化和对外交往的核心定位，以总部经济、科技研发、金融服务等高端产业作为发展重点。埼玉县重点关注光学产业和医疗制造产业。千叶县重点发展先进制造业和临海工业。神奈川县产业以港口物流、机械制造和电子信息为主。东京都市圈这种"空间紧凑、疏密有致、紧密协作"的产业集聚特点有利于低碳产业集群式发展，其具体措施如下：

首先，东京通过适度的专业化集聚，发挥集聚经济效应和规模经济效应，提高生产效率，降低碳排放强度。东京都是沿海的港口城市，在依靠其区位优势促进自身经济发展的同时，不断辐射带动周边中小城市的发展，形成了大规模的产业集聚。东京都周边三县积极融入都市圈建设，并根据区域特色与优势推进制造业升级，把握机遇，做大做强产业集群。产业集群对专业化、相关性较强的产业进行适度集聚，有利于在一定区域范围内高效组织生产活动，促进基础设施共享，减少运输成本，降低生产所需能源，从而降低碳排放强度。1998 年成立的技术先进首都圈地域组织整合了东京都西部多摩地区、神奈川县中部和埼玉县西南部所构成的内陆工业地带，承接了自石油危机之后从京滨工业区内迁的制造业与众多高校，成为新兴的产业集群带（首都圈产业振兴协会，2023）。同时，专业化集聚也有利于企业之间交流的合作，促进绿色低碳技术的创新、应用和推广，从而提升生产和减排效率。东京都还将电力结构调整的技术外溢至周边地区，带动都市圈整体协同低碳化发展。

其次，东京通过形成区域产业链，发展循环经济，提高能源利用效率，减少碳排放量。都市圈各地区间产业分工协作的加强与产业链的形成，有利于推动都市圈内要素和资源的循环利用，进而减少碳排放量。东京都市圈周边地区在承接东京都产业转移的同时，与东京都形成了生产制造和生产服务分工体系。石油危机之后，东京都市圈更加注重可持续发展，在区域内形成了良好的低碳产业链。例如，神奈川县是东京都市圈内部仅次于东京都的重要产业聚集区，其发展内陆制造业时充分发挥自身区位优势，借力东京的产业资源，实现了大规模生产中心与研发机构并存，形成了低碳产业链，有利于都市圈绿色低碳循环发展。

三、伦敦都市圈

1. 基本概况

伦敦都市圈是世界五大都市圈之一，也是英伦城市群的重要组成部分。伦敦都市圈的范围广义上包括大伦敦、伯明翰、曼彻斯特、谢菲尔德、利物浦等城市和周边众多的小城镇，面积约 4.5 万平方千米，狭义上只包括大伦敦地区，也称大伦敦都市区，即由伦敦市区及其周边 32 个行政区共同组成，面积约 1579 平方千米。伦敦都市圈①特指大伦敦地区，空间结构上可分为伦敦市、内伦敦和外伦敦。随着空间格局的优化，伦敦都市圈逐渐形成了多核心、多发展轴带的集聚体系。英国国家统计局的相关数据显示，2021 年，伦敦都市圈 GDP 为 0.72 万亿美元，产业结构高度服务化，其中伦敦市服务业产值占比已超过 90%。2020 年，伦敦都市圈总人口达到 1441.91 万，人口再城市化现象较为明显。伦敦都市圈以英国 0.64% 的土地面积创造了英国近 1/4 的经济总量，是英国重要的经济核心区和产业基地②。

英国是最早提出并倡导"低碳经济"的国家，伦敦致力于成为第一个"零碳"城市。2020 年，伦敦市碳排放总量为 2813 万吨 CO_2 当量，自 2000 年排放峰值以来减少了 45%，碳排放强度约为 0.44 万吨 CO_2 当量/亿美元。尽管伦敦市人口 2000~2020 年增长了约 24%，且在此期间经济增长显著，但伦敦的人均碳排放量却减少了 56%③。与其他国际大都市相比，伦敦碳排放总量远低于纽约、东京和巴黎，而碳排放强度仅高于纽约（金昱，2022）。伦敦市的低碳发展成效举世瞩目，这与其带动都市圈形成集约高效的城镇化发展模式是分不开的。伦敦都市圈的发展经验对我国在都市圈视角下探索低碳城镇化发展路径具有重要启示意义。

2. 都市圈低碳发展路径

作为全球清洁技术创新和可持续发展综合解决方案的引领者，伦敦都市圈在空间布局、交通规划、绿色产业等重点领域探索实践低碳举措，实现协同减

---

① 此处伦敦都市圈数据均以大伦敦数据测算。
② 数据来源：英国国家统计局（Office for National Statistics），https：//www.ons.gov.uk/。
③ 大伦敦政府.伦敦能源和温室气体清单［EB/OL］.［2022-05-09］.https：//data.london.gov.uk/dataset/leggi.

排，其有益经验值得学习与借鉴。伦敦都市圈以集约低碳的土地利用模式，优化绿地空间格局，提升生态碳汇能力；将绿色低碳的出行理念贯彻到综合交通规划的各个环节，提高绿色出行效率；通过制度与技术的协同创新，带动了都市圈内部建筑、工业、能源和社会分工等各方面的低碳化转型。

（1）集约低碳的土地利用协同生态碳汇模式

英国政府将伦敦都市圈作为一个整体来规划布局，并始终秉持与时俱进、因地制宜、存量运用、集约高效的规划理念，积极探索土地可持续利用方式与空间布局。20世纪40年代，政府规划在距伦敦市中心半径48千米范围内划分城市内环、郊区环、绿带环和乡村外环四个同心圈，建成8个卫星城，以"组团式紧凑格局"推动都市圈的可持续发展（邢琰和成子怡，2018）。2004年版《大伦敦空间战略规划》强调加强保护都市区内绿色空间，实现都市圈的集约转型发展，不再扩大建成区规模，增加土地开发强度。2021年版《大伦敦空间发展战略》则强调要加强形成"多中心、组团式、集约型"的空间格局，并通过设立"机遇地区"，积极探索土地集约利用的潜力。这一阶段，高密度、混合用途、高服务能力成为其土地资源分配与利用的重要原则。土地的集约高效利用，一方面有助于形成集聚效应，减少碳汇用地向碳源用地的转换，从而降低土地粗放利用所造成的碳排放量，另一方面在一定程度上可以减少和控制居民出行碳排放，比如在与轨道交通车站距离相同时，高密度住宅区的公交出行比例比低密度住宅区高30%（刘长松，2016）。

伦敦都市圈通过优化土地利用布局，形成了由绿带、绿色廊道和都市区开放空间共同组成的生态格局，其不仅改善了伦敦都市圈的人居环境，还增强了都市圈生态系统的碳汇能力，有利于中和人为碳排放。具体而言，一方面，伦敦都市圈采用环形绿带控制城市蔓延式发展，同时在减轻城市热岛效应、提供休憩娱乐服务、提升碳汇能力等方面发挥着重要作用。伦敦都市圈的绿带由8个县郡规划和30个地方规划综合设计而成，被划定为绿带的地区之后将不会更改规划用地性质（吴之凌，2015）。目前，伦敦都市圈绿带占比达22%，在一定程度上控制了建成区的无序扩张，有助于推动现有绿地的再利用和集约化发展，优化碳汇和碳源用地格局。另一方面，伦敦都市圈推进绿色空间的布局低碳化与规模化发展，最大限度地吸收和减少二氧化碳。伦敦都市圈致力于建设"大伦敦国家公园"，截至2021年，其将300个公园，3万多块菜地，超过300万个花园整合成一个富有生机的生态旅游系统，通过融合城市景观、居民休闲、增加碳汇等多个目标，助力碳中和的实现（李沛霖，2021）。

（2）零碳导向的综合交通网络助推绿色出行

《大伦敦交通战略规划2018》提出了包含零碳排放在内的9项实施策略，其总目标是至2041年，80%的出行由步行、骑行和公交出行组成；至2050年，整个交通系统将实现净零碳。为实现这一长远目标，伦敦都市圈将绿色低碳的出行理念贯彻到综合交通规划的各个环节，大幅提升绿色出行比重，到2018年，伦敦都市圈交通碳排放量比2008年减少了18%。从规划引领、行动计划到具体实施，伦敦都市圈正推动交通体系朝着更集约、更低碳、更以人为本的方向发展。

首先，通过构建多层次、高集成、可达性强的公共交通网络，保障居民绿色出行。一方面，伦敦都市圈构建了以发达的轨道交通为主体的公共交通体系，地铁、轻轨、公共汽车等多层次公共交通工具连接成网，呈现空间立体、科技先进、布局合理、协同运作的特征。截至2021年，伦敦都市圈已建成16条市域铁路线路，总长3071千米，现已形成"放射+多支+穿城"线网体系。地铁与市郊铁路、轻轨、地面公交等互联互通，特别是郊区地铁站提供了完善的停车换乘功能，保障了都市圈的绿色通勤。伦敦都市圈市域铁路分担率随圈层外拓逐步降低，站点分布内密外疏，常以大型居民聚集点设站，近远郊区均采取较密的设站距离（2.5~3.6千米），这也为绿色出行提供了有力支撑（董思余，2022）。另一方面，伦敦都市圈通过引入公共交通可达性服务水平（Public Transport Access Level，PTAL）来以引导土地资源合理开发。伦敦都市圈互联互通的交通网络体系，为实现城市合理布局及资源优化集约配置提供了良好基础。通过逐步提高都市圈交通基础设施能力和可达性水平，降低居住区中出现服务盲区的可能性，保证公共交通出行者能够方便地进行经济社会活动，减少长距离出行需求。另外，政府在规划住房、办公、商业等用地时也会考虑各地块的公共交通可达性，以此来提升公共交通利用率，从而为居民绿色高效出行提供便利。

其次，提升公共交通服务的绿色、低碳、安全属性，提高整体出行效率。具体而言，一方面，推广低排放公交车和出租车，从能源端落实绿色交通。伦敦从2018年起逐步淘汰纯柴油双层巴士，设立12个低排放巴士区，并强制要求所有新注册的出租车具备零排放能力。根据伦敦发展促进署发布的交通战略规划，到2034年，伦敦所有的公交车和出租车都将实现零排放。另一方面，伦敦通过征收拥堵费、设立超低排放区，以收费限排缓解交通拥堵并减少交通碳排放量。从2003年开始，伦敦政府向所有进入市中心的车辆征收拥堵费，因其成效显著，逐步扩大收费范围。2007年，对使用替代能源的低污染车辆免费通行。2019 年，伦敦在市中心区施行"超低排放区"政策，对尾气排放量超标的机动车额外收费。政策实施以来，在管控区域内，道路 NO_2 排放量减少了 44%，CO_2 排放量减少了 6%，符合排放标准的车辆占比从 2017 年的 39% 提高到 80% 以上。2021 年 10 月，伦敦扩大"超低排放区"范围，将其进一步扩大至南北环路，覆盖内伦敦大部分区域（梁英竹，2021），成为世界上范围最大、覆盖人口最多的限排区。

最后，加强步行、自行车基础设施网络的建设，实现不同绿色出行方式之间的高效换乘与协同。伦敦都市圈积极推进慢行出行方式，陆续发布了《步行行动计划》和《骑行行动计划》，旨在鼓励更多的居民选择步行和骑行方式，减少对汽车的依赖性。《步行行动计划》提出将步行与公共交通进行充分整合，提升公交枢纽地区公共空间的步行环境品质和步行路径的可达性，计划至2024 年伦敦都市圈日均步行规模提高至 750 万人次。《骑行行动计划》提出对自行车基础设施网络进行优化，设计了自行车高速公路、自行车安静骑行道和市中心自行车优先道三种自行车道系统，并将自行车基础设施网络延伸至都市圈边界，计划至 2024 年伦敦都市圈骑行网络 400 米覆盖率提高到 28%，至2041 年增长到 70%（大伦敦地区议会，2021）。

（3）制度与技术协同创新带动低碳转型

英国是首个正式提出"低碳经济"概念并积极倡导落实的国家，伦敦更是在低碳建设方面起到了引领带动作用。2004 年发布的《伦敦能源策略》强调通过制定能源产业政策、发展低碳技术等措施落实节能减排。2007 年发布的《伦敦气候变化行动计划》提出了包括绿色家园、智慧交通等在内的更具体的减碳举措。随后，伦敦政府相应实施了一系列制度和技术的改革与协同创新，充分发挥了政府在低碳理念推广和政策落实上的引导作用，带动了整个都市圈的低碳转型。

在低碳制度创新方面，一是构建了伦敦都市圈协同治理机制。各地方政府依据《大伦敦政府法 1999》等法律法规和相关政策，在中央政府的调控下，通过举办地方政府峰会、建立政治领导小组和战略空间规划官员联络小组等，加强跨域协同事务的沟通和协调，必要时共同制定政策框架。例如，各地方政府对污染处理问题开展战略合作、讨论确定大伦敦边界地区的绿带更新范围、推动制定一体化政策以应对气候变化等[1]，有效促进了伦敦都市圈的可持续发

---

[1]　资料来源：伦敦市政府（London Government）. Policy and Infrastructure Collaboration Across Wider South East，https：//www. london. gov. uk/about-us/organisations-we-work/policy-and-infrastructure-collaboration-across-wider-south-east。

展。二是建立了科学的低碳规范与标准。以住宅和建筑方面为例，一直以来都是伦敦都市圈最重要的碳排放领域，政府为此制定并实施了绿色住宅计划、住宅改造碳减排项目、建筑能效提升项目等，颁布了"可持续住宅标准"，对住宅设计与建设提出了可持续的节能减碳新规范。根据《大伦敦规划 2021》，所有的新开发项目必须采用零排放技术建成，现存住宅要减少 40% 的能源消耗。按照低碳规范实施的项目成效十分显著，比如，建筑能效提升项目每年完成 200 个建筑的节能改造，实现年碳减排量 27 万吨。此外，伦敦都市圈还推行了气候变化税制度、碳基金制度、碳排放交易制度等，创新绿色金融服务机制，推动了低碳技术的发展。

在低碳技术创新方面，一是运用清洁技术推动产业绿色转型。伦敦都市圈聚集了英国最多的绿色企业，并着力推动绿色产业集群形成，已在伦敦西部的老橡树和皇家公园地区（Old Oak and Park Royal，OOPR）建立了"清洁技术创新集群"，共享低碳专业知识和技术方法，助推都市圈绿色产业转型[①]。大伦敦地区还通过将可再生能源部门、绿色商业部门、循环经济产业、高科技产业等融合形成新兴产业部门，促进都市圈产业绿色化，进而提高资源利用效率，有效降低碳排放强度。二是运用低碳技术推动能源绿色转型。伦敦都市圈大力加强相关低碳技术和清洁能源技术的研发，提高可再生能源的使用效率，加快建设低碳能源系统。由于输配过程中会损失大量能源，伦敦都市圈还实施了分布式能源供给战略，以保障绿色高效的能源供应。以智能电网建设为例，伦敦都市圈利用低碳及分布式供电系统、小型可再生能源装置减缓国家电网供应压力，降低因长距离输电导致的损耗，大力推进智能电表项目，为地区智能电网建设打下了坚实基础，推动了低碳能源转型。

四、经验借鉴与启示

随着全球气候变暖形势严峻，世界各国、各地区追求低碳发展的内在驱动力越发强烈。在城市群和都市圈层面，美国大西洋沿岸城市群、东京都市圈和伦敦都市圈都取得了较为丰富的实践成果，形成了各具特色、效果显著的低碳发展模式。深入剖析其低碳发展路径，能够为我国在城市群和都市圈视角下，

---

① 资料来源：London Sustainable Development Commission. Better Future：A Route Map to Creating a Cleantech Cluster in London，https：//www. london. gov. uk/about-us/organisations-we-work/london-sustainable-development-commission/our-current-work-and-priorities/our-cleantech-and-innovation-work。

推动实现"双碳"目标提供参考借鉴。通过对国际典型的城市群、都市圈低碳发展进行经验梳理，总结的有关经验与启示如下：

1. 重视区域规划，强化政府规划的引领作用

科学合理且具有前瞻性的区域规划是城市群和都市圈低碳发展的战略依据。其中，针对空间结构、产业定位和交通路网的规划为城市群和都市圈实现低碳集约的发展模式指明了方向。一是以美国东北部大西洋沿岸城市群为例，纽约区域规划协会对纽约大都市区做的4次规划为都市区的发展打下了坚实基础，成为低碳发展的重要遵循。从该城市群的发展历程来看，其发展方向并非沿着同一条轨迹，不同阶段低碳发展的侧重点是围绕规划主线动态开展阶段性优化调整的，这需要依托顶层设计，做好阶段性的回顾评价，以实现更加科学合理的低碳发展、可持续发展。二是东京都市圈截至2022年已制定7版区域规划，前5次规划重点解决了都市圈"一级集中"的问题，促进形成了都市圈网络化、多中心的空间结构，后2次规划则逐渐关注碳减排，将低碳发展可持续发展列为重要主题之一。三是伦敦都市圈通过的《大伦敦空间发展战略》始终践行着与时俱进、因地制宜、存量运用、集约高效的发展理念，积极探索都市圈可持续发展模式。因此，我国应在推动"双碳"工作和城镇化工作的过程中，坚持规划引领，结合城市群、都市圈不同发展阶段与特征情况，开展有针对性的低碳发展路径设计，以集约、高效的发展理念系统谋划，发挥城市群、都市圈跨行政区划的协同发展和辐射带动优势作用，强化政府引导、市场与社会公众共同参与的协作机制，阶段性回顾发展成效，总结存在的问题，围绕规划主线适时做好纠偏，以保障低碳发展目标的顺利实现。

2. 推行绿色交通，构建高效的公共交通网络

高效集约的多层次公共交通网络是城市群和都市圈低碳发展的重要基础。美国东北部大西洋沿岸城市群、东京都市圈和伦敦都市圈均构建了多层次、互联互通的公共交通网络体系，形成了高效便捷的低碳出行网络，有利于减少交通碳排放。其中，东京都市圈构建的高密度、高运量的轨道交通网络是世界上最为先进的轨道交通网络之一，轨道交通出行量占公共交通出行总量的近90%（TOD都市开发研究所，2022）。伦敦都市圈重视中心城市能级带动，利用城市更新、轨道TOD等方式聚合都市圈资源（董思余，2022）。此外，纽约、东京和伦敦都带动着周边地区大力发展和推广清洁能源交通工具，从能源消费端减少交通碳排放。例如，纽约免除了最清洁的机动车的销售税，东京对零排放汽车的购买者给予财政补贴，伦敦则设立低排放巴士区并强制要求所有新注册

的出租车具备零排放能力。因此，我国应进一步发挥城市群和都市圈人口与产业集聚化、高密度、多层次的优势特征，在交通领域鼓励和引导一体化发展，统筹推进绿色交通体系建设。一方面，要加快建设轨道上的城市群和都市圈，推进实现"四网融合"；另一方面，要积极推广新能源和清洁能源交通工具，实现交通领域的能源替代，逐步减少传统燃油汽车的销售与使用。

3. 注重错位发展，形成功能互补的产业格局

产业错位布局及产业绿色转型是城市群和都市圈低碳发展的重要支撑。首先，功能互补、特色鲜明的错位发展格局有利于形成高效集约的产业集群，减少同质竞争中的资源浪费和能源损耗。美国大西洋沿岸城市群的强大竞争力，不仅来源于核心城市纽约的经济基础和辐射能力，更是来源于百年发展历程中，费城、波士顿、华盛顿特区、巴尔的摩四大次中心城市都找到了自己的战略功能定位和特色优势产业，并依靠合理的产业分工在错位发展中发挥协同和集聚作用。东京都市圈同样顺应产业的发展规律，通过政府引领，对资源要素进行合理布局，不断增强周边地区吸纳东京都产业转移的承接能力，推动都市圈制造业的专业化、集群化发展，共同构建了以清洁生产为特征的低碳产业链。其次，通过城市群和都市圈规模化、系统化的产业绿色转型，有利于形成绿色、可持续的低碳产业生态圈。伦敦都市圈聚集了英国最多的绿色企业，通过建立"清洁技术创新集群"，共享低碳专业知识和技术，提高了资源利用效率。因此，我国应在当前城市群、都市圈的培育发展过程中，进一步关注其产业集群的错位发展、协同发展，积极践行新发展理念，以绿色低碳为重要导向，推动产业的绿色低碳转型，实现产业集群化、规模化发展。一方面应推动形成产业空间紧凑、功能互补、特色鲜明的错位发展格局，引导构建相对完整的产业生态；另一方面要加强低碳技术在城市群和都市圈的研发与应用，积极培育低碳产业、负碳产业应用典范，科学有序地推动高碳产业低碳转型。

4. 推进协同治理，健全多元主体协调机制

高效完善、跨行政区划的协调联动机制是城市群和都市圈实现低碳发展的重要途径。国际典型城市群和都市圈大多在节能减排协同治理、生态环境共保共治方面，建立起了成熟的多元主体协调机制。美国大西洋沿岸城市群构建了"政府—非政府—市场"多主体联动的跨区域协调机制，城市群内部的协同是以政府为主导，社会和市场多方参与的。美国纽约区域规划协会作为一个中介组织，将规划的利益相关主体（政府、企业和社会公众）聚集起来共同参与规划决策，保证了决策的公平性和有效性。在多主体跨域协调机制的基础上，美国大西洋沿岸城市群从政策约束碳排放、推行碳排放交易市场等方面切入，形成了多中心协同的治理模式，推动了城市群低碳发展。而东京都市圈和伦敦都市圈则通过举办地方政府峰会、建立政治领导小组等机制加强跨域交流与协作，各城市适时共同颁布条例、规划，并推动区域间协同落实，有效促进了都市圈的可持续发展。因此，应发挥我国政治体制优势，推动建立城市群和都市圈多层次协商协调制度，鼓励市场、社会等多主体参与，处理好碳达峰、碳中和工作中政府和市场的重要关系；同时，应进一步发挥区域重大战略协同高效的机制作用，推动城市群、都市圈范围内各地方单位共同谋划、和而不同，在城市群、都市圈的协同优势下，推进生态环境政策和标准的区域内统一，形成有利于生态共建环境共保的长效联动机制。

第三节　国内典型案例分析

党的二十大报告强调了城市群、都市圈在我国新型城镇化、区域协调发展工作中的重要作用。城市群是在特定地域内形成的内在功能紧密联系、具有较高网络联通度的城镇集合体。都市圈是城市群内部以超大城市、特大城市或辐射带动功能强的大城市为核心，以1小时通勤圈为基本范围的城镇化空间形态。中科院有关研究表明，我国城市群碳排放量约占全国的72%，是碳排放的主体区和碳中和的责任区，未来必将成为2030年实现碳达峰的重要着力点。当前，我国城市群和都市圈所处的发展阶段各有不同，总体来看，其资源环境承载力仍未饱和，集聚发展的潜力仍然较大，是未来推动城镇化低碳发展的重要载体。本节以长三角城市群、成渝地区和深圳都市圈为例，从产业、交通、治理等领域，分析国内典型城市群和都市圈的城镇化低碳发展模式，总结其经验做法和面临的挑战，并提出有针对性的对策建议，助力"双碳"工作积极稳妥有序推进。

一、长江三角洲城市群

1. 基本概况

长江三角洲城市群（以下简称"长三角城市群"），是世界六大城市群之一。根据《长江三角洲区域一体化发展规划纲要》，长三角城市群范围包括上海，江苏省的南京、无锡、常州、苏州、南通、盐城、扬州、镇江、泰州，浙江省的杭州、宁波、温州、嘉兴、湖州、绍兴、金华、舟山、台州，安徽省的合肥、芜湖、马鞍山、铜陵、安庆、滁州、池州、宣城 27 个城市。

　　长三角城市群位于"一带一路"沿线与长江经济带的重要交汇地带，主要分布于国家"两横三纵"城镇化格局的优化开发和重点开发区域，在中国式现代化建设大局和对外开放新格局中具有举足轻重的战略地位。芜湖统计局公布的数据显示，2020 年，长三角城市群平均城镇化率达到 75.01%，高于全国同期平均水平 11.12 个百分点，是我国城镇化基础最好的地区之一，其中城镇化率达到或超过 70% 的城市有 17 个，整体达到了高度城镇化的水平。根据 2020 年长三角地区 41 个城市经济增长报告，长三角地区区域面积为 21.17 万平方千米，总人口为 1.5 亿，以全国 2.2% 的土地面积供养了全国 11% 的人口，并创造了我国近 25% 的经济总量，进出口水平占全国 30% 以上（张明等，2021），成为了我国经济最具活力、开放程度最高、创新能力最强的城市群之一，被视为中国经济发展的重要引擎，如表 10-2 所示。

表 10-2　2020 年长三角城市群各省市经济指标

指标	上海	江苏	浙江	安徽	全国
城镇化率(%)	89.30	73.44	72.17	58.33	63.89
GDP(亿元)	38700.58	102718.98	64613.34	38680.63	1015986.20
GDP 增长率(%)	1.70	3.70	3.60	3.90	2.30
常住人口(万人)	2488.00	8477.00	6468.00	6105.00	141212.00
人均 GDP(万元)	15.58	12.12	10.06	6.34	7.20
第二产业占比(%)	26.60	43.10	40.90	40.50	37.80

资料来源：《中国统计年鉴（2021）》及各省 2020 年国民经济和社会发展统计公报。

　　虽然长三角地区碳排放总量处于较高水平，但是碳排放集聚效应明显，已经形成以上海市、南京市、苏州市、常州市、合肥市、杭州市等超大、特大、大型城市为核心的碳排放聚集区。依据《2006 年 IPCC 国家温室气体清单指南》测算，2019 年长三角碳排放总量占到全国的 15% 左右。在"双碳"目标的指引下，长三角地区依托自身优势，积极探索各领域减排路径和城市群低碳发展模式，节能减排成效显著。国际环保组织 Green Peace[①] 发布了中国 30 个省（市）

①　Green Peace 是一个旨在保护地球环境与世界和平的国际环保组织，致力于阻止污染、保护自然生物多样性及大气层，其总部设在荷兰阿姆斯特丹。

样本的 2015~2019 年碳排放情况追踪报告，结果显示在京津冀、长三角、粤港澳大湾区三大区域内，长三角地区的减碳成效最为显著，碳排放强度降幅最大，人均碳排放量增幅最小。整体而言，长三角集约高效的发展模式已初见成效，经济增长与碳排放量脱钩效应相对明显，这得益于长三角在实现低碳路径上的不懈探索。

2018 年，习近平总书记在首届中国国际进口博览会上宣布，支持长江三角洲区域一体化发展并上升为国家战略。《长江三角洲区域一体化发展规划纲要》《关于支持长三角生态绿色一体化发展示范区高质量发展的若干政策措施》等政策文件陆续出台，计划于 2030 年将长三角打造为具有全球影响力的世界级城市群。长三角区域一体化自提出以来，受到了政府和学界的高度关注，沪苏皖浙三省一市分别出台地方政策响应落实，组成了长三角区域合作办公室，制定了长三角一体化发展行动计划，在科技产业、基础建设、交通网络、污染防治等多个领域开展合作，推进区域一体化。特别是在"双碳"领域，长三角也探索开展深度合作，力争打造低碳示范区。2022 年，《长三角生态绿色一体化发展示范区碳达峰实施方案》正式印发，这是我国首个跨省碳达峰方案，通过划分碳达峰工作重点片区打造长三角低碳零碳引领区，为落实长三角一体化和实现"双碳"目标提供有力支撑。

2. 城市群低碳发展路径

长三角城市群城镇化基础较好，经济和产业规模较大，虽然碳排放总量较高，但碳排放强度较优，依托长三角生态绿色一体化发展示范区的打造，长三角城市群成为有可能尽早推动实现"双碳"目标的重要潜力区域。通过区域一体化发展，长三角城市群在区域布局、产业发展、交通出行等方面积累了丰富的低碳转型发展经验。

（1）空间一体化，夯实绿色发展

长三角是我国城市层级结构最为合理的城市群之一，也是新型城镇化空间布局的先行探索区域。在《长江三角洲城市群发展规划》的指引下，长三角城市群依托上海的核心带动作用和区域中心城市的辐射带动作用，形成"一核五圈四带"的网络化空间格局，"一核"为上海，"五圈"包括南京都市圈、杭州都市圈、合肥都市圈、苏锡常都市圈、宁波都市圈，"四带"为沿海发展带、沿江发展带、沪宁合杭甬发展带，以及沪杭金发展带。空间布局一体化是引领长三角区域一体化的基本内容，也是长三角实现产业一体化和交通一体化的基础和前提。

长三角地区人多地少，土地利用高度集约，这有效地推动了城市群的能源资源高效集约利用。根据《中国地理国情蓝皮书（2017 版）》，长三角的人均建设用地约为 167 平方米，低于 226 平方米的全国水平，人均耕地面积为 699 平方米，也远低于 1160 平方米的全国水平，人口密度是全国平均水平的 4.5 倍。在人多地少的情况下，土地集约利用是必然趋势。土地利用方式的改变，将通过影响碳汇和碳源用地格局来影响碳排放。在城镇化发展的快速阶段，大量农用地被转为建设用地，导致植被碳储量减少和碳排放量增加，土地的集约利用可以有效地减少这类用地转换，从而实现减碳（曲福田等，2011）。目前，长三角地区已基本形成集约紧凑、疏密有致的空间格局，城市开发边界、永久基本农田和生态保护红线制度得到有效实施，推进建设用地规模减量化发展。

打造长三角生态绿色一体化发展示范区，是长三角空间一体化夯实绿色发展的重要抓手。为探索长三角区域一体化以生态优先、绿色发展为导向的空间总体规划，党中央、国务院在《长江三角洲区域一体化发展规划纲要》中提出，要在上海青浦、江苏吴江、浙江嘉善三地建立长三角生态绿色一体化发展示范区（以下简称"示范区"）。示范区的空间布局深刻体现了我国新发展阶段下国土空间规划的新理念，为长三角空间一体化起到示范引领作用。2023 年发布的《长三角生态绿色一体化发展示范区先行启动区国土空间总体规划（2021—2035 年）》指出，示范区将构建"两核、四带、五片"的空间结构，充分发挥设施、城镇、功能、要素和产业空间集聚的辐射带动作用，形成"多中心、网络化、融合式"的空间格局。

从低碳发展的视角来看示范区空间规划，可以发现其具有两大亮点：一是基于本底的空间规划更有利于保留绿色碳汇空间，节约改造成本，减少建设能耗。示范区在规划中秉承着"重历史，应保尽保"的原则，在原本水镇相融的空间特征基础上，整合已有的江南水乡古镇资源，打造江南水乡古镇生态文化旅游圈，发展低碳排量的旅游业，合理规划城镇空间的功能布局，推进中小城镇和乡村协同发展。二是集约紧凑的组团式布局有利于实现土地的集约高效利用，减少粗放式土地利用造成的碳排放量。示范区在国土空间整治中采取先存量后增量的模式，减少低效工业用地，引导建设用地紧凑布局，实施"大分散、小集中"的开发模式。根据用地功能限制道路宽高比，比如商业街道宽高比采取不超过 1∶3 的紧凑设计。此外，鼓励土地垂直混合利用和地块复合开发，在保证各类用地均衡的前提下提升用地兼容性。

（2）产业一体化提高能效

长三角目前已形成以上海为龙头、苏浙皖各扬所长、区域协调互动的产业一体化格局，推进高端制造业、现代服务业、战略新兴产业三大产业，集群式发展，加速城市群一体化。上海通过发挥龙头作用，率先发展高精尖制造业和现代服务业，以自由贸易试验区为抓手，实施"上海扩大开放100条"，在金融、汽车等领域与其他三地开放合作。江苏传统制造业优势明显，以苏州工业园区为窗口，重点培育人工智能、生物医药、纳米技术应用等未来主导产业集群。浙江以数字经济为发展的新引擎，联合沪苏皖共同建设长三角数据中心，培育长三角数字产业集群。安徽一方面向沪苏浙输送生源、劳动力和粮食；另一方面依托皖江城市带承接沪苏浙产业，壮大产业集群，加速长三角的产业外溢，在承接生物、电子信息、节能环保等战略性新兴产业过程中，大力发展循环经济，实现绿色承接和创新承接的新模式。长三角城市群在青浦西岑科创中心、吴江高铁科创新城、嘉善祥符荡创新中心等示范区开展绿色低碳产业一体化行动，将绿色低碳理念和技术融入产业发展的每个环节，形成相对集聚的绿色制造体系。

科技创新是长三角一体化的重要引擎，长三角产业一体化中最为典型的举措便是建立G60科创走廊。2016年，松江创造性提出沿G60沪昆高速构建一个产城融合的科创走廊，2021年4月，在科技部、国家发展改革委、工业和信息化部等部门的共同努力下，《长三角G60科创走廊建设方案》应运而生，科创走廊融入了江浙沪皖4省9市（区），覆盖面积约7.62万平方千米。《长三角G60科创走廊建设方案》指出，要通过G60科创走廊加强区域协同创新，共同打造科技创新策源地。这条跨省市的科创产业带集聚了40多个重点园区，包括张江高科技园区、苏州工业园区、杭州高新区（滨江）等。为更好地开展产业协同，G60科创走廊聚焦集成电路、人工智能和生物医药等制造业产业集群，根据中国政府网公开报道，截至2023年9月，已建立了10余个产业（园区）联盟、10多个产业合作示范区，实现了资源整合和优势互补（谢卫群，2023）。

产业集聚程度可以通过经济密度（区域国民生产总值与区域面积之比）来衡量。根据统计局的相关数据，2021年，长三角单位土地面积GDP为全国水平的6.6倍，区域内部产业高度集聚。有学者分析指出，产业集聚程度每提高1%，城市碳排放强度下降8%~10%（王桂新和武俊奎，2012）。产业集聚主要通过规模经济效应、技术溢出效应和市场竞争效应三方面影响碳排放。

首先，业务关联的产业在空间上的集聚会引起资金、资源、设备和技术等要素的相对集中。企业之间通过共享信息、基础设施、劳动力和市场资源，从而降低生产、交易和运输等成本，减少能源消耗，实现分工协作和资源配置的优化（路正南和朱新朗，2018）。

其次，产业集聚有利于促进企业近距离、高频率的交流，吸收先进的减排技术，加速自身新技术和新知识的溢出，从而实现整个产业生产技术的提升和生产效率的提高。长三角 G60 科创走廊成立了新材料产业技术创新联盟（位于浙江金华）、机器人产业联盟（位于安徽芜湖）、智能驾驶产业联盟（位于江苏苏州）等平台机构，通过产业联盟打造全国的技术策源地，加快绿色低碳技术的革新。江苏大学在 2021 年发布的首个长三角绿色专利发展报告显示，长三角的绿色技术专利数量占全国的 1/3，占整个长江经济带的 60% 以上，并且在长江经济带专利申请量排名前 20 位的城市中，有 15 个城市来自长三角。

最后，产业集聚意味着企业有机会扩大域外市场规模。处于激烈市场竞争中的企业为降低成本、占据竞争优势和获取更多的经济效益，有动机加大技术创新投入，促进低碳技术的产生和应用（吴玉鸣和何建坤，2008）。

（3）交通一体化，助力低碳出行

交通运输行业碳排放是仅次于工业、建筑领域的第三大碳排放源，《长江三角洲地区交通运输更高质量一体化发展规划》《长江三角洲地区多层次轨道交通规划》都先后明确，到 2025 年，要加快构建长三角地区现代化综合交通运输体系，基本建成"轨道上的长三角"，并建成一批多种轨道交通一体衔接、高效换乘的综合交通枢纽。长三角城市群主要通过以下三个方面实现交通领域碳减排。

首先，长三角城市群通过优化交通枢纽统筹布局，形成交通枢纽与重点区域相互结合的交通枢纽网络体系。长三角建成上海虹桥、南京南站、杭州东站等综合客运枢纽，城市内重要枢纽间基本实现半小时通达，"航空+高铁"等多式联运工程提升了区域交通运输的能级，这有利于缩短物流距离，降低运输成本。城市间以沪宁、沪杭、苏沪之间高速公路、多条铁路互通为纽带，形成较为完善的城市群交通网络。根据国家发展和改革委员会的公开报道，截至2020 年底，长三角地区铁路营业里程超 1.3 万千米，占全国近 9.0%，其中高速铁路通车里程超 6000 千米，占全国的 16%，铁路网密度、高铁网密度分别是全国的 2.4 倍、4.3 倍。随着长三角都市圈 1 小时通勤圈的建设，上海、南京、杭州等城市间基本实现城际客运高频次 1 小时至 1.5 小时快速通达。合理的交通布局不仅有利于提升运输效率，减少能源消耗，也避免了城市群交通碳源空间的局部集聚，分散了各区域的降碳压力。

其次，长三角城市群通过优化交通运输结构，采用更节能的货运和出行方式。货运结构中，水运占比每提高1%，公路运输占比相应每降低1%，能源消费将降低1.3%；铁路运输占比每提高1%，公路运输占比相应每降低1%，能源消费将降低1.6%（傅志寰，2011）。可见，水运和铁路运输都是相比公路运输能耗成本更低的运输方式。一方面，长三角把货运重心放在铁路和水运，通过"陆改水""陆改铁"重塑物流方式，增加海铁联运班次，在一定程度上减少了货运能耗。传统铁水联运模式仅仅将铁路和水路两套系统实现简单的连接，而长三角所探索的新型铁水联运模式将铁路货场功能前移至港口，一站式服务大大降低了物流成本。另一方面，长三角以城市轨道交通为交通公交化赋能，从排放端实现碳减排。根据恒大研究院发布的2019年中国城市群发展潜力排名，长三角城市群是国内获准修建城市轨道交通最多的城市群，截至2019年底，长三角的上海、杭州、宁波、温州、合肥、南京、苏州、无锡、徐州、常州10个城市已经实现轨道交通互联互通，任何一城的市民只需使用本地城轨官方APP，即可畅行其余9城轨道交通（徐晓风，2021）。这大大提高了长三角城市群内部异地出行的便利度，也使城市轨道交通成为更受市民青睐的出行方式，一定程度上减少了市民选择私家车出行造成的碳排放量。

最后，长三角致力于联合促进新能源交通工具的推广和使用，从能源端实现碳减排。长三角作为新能源汽车行业的领头羊，占全国新能源汽车市场的1/3。长三角城市群联合建设新能源产业联盟，依靠产业集聚促进资源共享，人才互补和技术合作，同时积极推进充电桩标准统一，并在支付方式和服务方面实现互联互通，提升用户体验，拓展电动车市场。2021年5月，长三角新能源产业链联盟成立大会在杭州举办，三省一市共73家新能源汽车产业链企业共同响应成立。《长三角新能源汽车产业链联盟倡议书》提出，要整合政府、企业、科研机构、大学、海归高层次人才等各方面资源，形成研发合力，在共性技术等领域取得突破。在船舶减排方面，长三角设立"岸电应用试点港区"推动靠港船舶使用岸电减少能耗，并推进液化天然气（LNG）等清洁能源的应用，是全国船舶减排道路的先行者。截至2018年底，在长江江苏段及江苏内河干线航道上已建成10座内河船用LNG加注站，其中5座已投入试运营，数量居全国第一，投入运营的LNG船舶每月航行可减少20%的能耗，减少21%的二氧化碳排放量（乔雪峰，2019）。

二、成渝地区①

1. 基本概况

成渝地区(早先为成渝城市群,后演变为成渝地区双城经济圈)处于长江经济带和"一带一路"交会处,是西部大开发的重要平台。成渝地区双城经济圈以重庆、成都为中心,具体范围包括重庆市的中心城区及万州、涪陵、綦江等 27 个区(县)以及开州、云阳的部分地区;四川省的成都、自贡、泸州、德阳等 15 个市。根据 2021 年中共中央、国务院印发的《成渝地区双城经济圈建设规划纲要》,其规划总面积 18.5 万平方千米,2019 年,常住人口 9600 万,地区生产总值近 6.3 万亿元,分别占全国的 1.9%、6.9% 和 6.3%,常住人口城镇化率预计 2025 年达到 66% 左右。当前,成渝地区步入了快速发展阶段,是我国西部人口最密集、产业基础最雄厚、开放程度最高的区域。根据统计局的相关数据,成渝地区在全国十大主要城市群中,是近年来经济总量、人口总量占全国比重唯一保持双增长的地区。成渝处于全国"两横三纵"城镇化战略格局沿长江通道横轴和包昆通道纵轴的交会地带,具有承东启西、连接南北的区位优势。

作为全国高质量发展的重要增长极,成渝城市群自得到国家批复后城镇化发展迅速,已实现内部高度融合和区域一体化。2016 年,国家正式批复《成渝城市群发展规划》,将其定位为西部开发开放的国家级城市群;2020 年,"成渝地区双城经济圈"的概念首次被提出,一年后,国家印发了《成渝地区双城经济圈建设规划纲要》,将成渝地区双城经济圈定位为打造带动全国高质量发展的重要增长极和新的动力源,并在同年印发的《国家综合立体交通网规划纲要》中确定京津冀、长三角、粤港澳大湾区和成渝地区双城经济圈 4 个地区作为"极",建设面向世界的四大国际性综合交通枢纽集群,这是成渝地区双城经济圈首次在国家重大规划中与其他 3 个城市群处于同一等级。自成渝地区双城经济圈建设在 2020 年上升成为国家战略后的两年内,成渝地区在道路交通、公共服务、产业创新等合作领域取得了重大突破,两省市共同编制了 13 个规划,规划建设了 10 个区域合作功能平台,达成了 270 余个合作协议,具备了

---

① 由于区域发展政策演变,"成渝城市群"后演变为"成渝地区双城经济圈"。本节将重点围绕城镇化视角下的低碳发展展开分析,不细化讨论两者概念的具体差异。为实现语境协调统一,本书将更多以"成渝地区"来代指该城市区域。

210项"川渝通办"事项，2021年川渝合作共建重大项目67个等。

成渝地区碳排放量总体较低，具备绿色高质量发展的自然和经济条件，且初步形成"统筹共建，协同联动"推动碳达峰、碳中和的工作格局。在我国四大城市群中，成渝地区的碳排放总量和人均碳排放量均为最低，单位GDP碳排放量高于珠三角，且低于京津冀，与长三角持平，碳排放强度相对较低（翟丙英等，2022）。当前成渝地区仍有较大发展空间，其城镇化和碳排放水平仍处于快速增长阶段。对此，成渝地区在新型城镇化发展进程中，积极推动技术改造和城市更新，探索后发地区实现环境和经济协同发展的道路。为推进成渝地区绿色低碳发展，2022年2月川渝两地联合印发了《成渝地区双城经济圈碳达峰碳中和联合行动方案》，主要目标是到2025年，成渝地区二氧化碳排放增速放缓，非化石能源消费比重进一步提高，单位地区生产总值能耗和二氧化碳排放强度持续降低。该方案明确了成渝地区打造全国低碳示范区的任务，并提出区域能源绿色低碳转型行动、区域产业绿色低碳转型行动等10项联合行动，从产业、能源、交通、建筑和金融等多领域协同推进成渝地区的碳达峰、碳中和工作。

2. 成渝地区低碳发展路径

为成渝地区在新型城镇化道路下的低碳发展路径提供了新的方向，成为成渝地区联合开展碳达峰、碳中和行动的重要指引。根据该方案中的十项联合行动，成渝地区低碳合作发展大致分成三个方面：一是从能源、产业和交通三个方面实现绿色低碳转型，减少碳源排放；二是从空间布局上打造绿色生态空间，提升碳汇能力；三是从金融、市场、科技等领域健全创新机制，支持低碳发展。

（1）绿色转型推进区域减污降碳

"双碳"目标下，成渝地区着力推动将清洁能源资源优势变为绿色产业优势，实现能源绿色转型。成渝地区清洁能源资源优势较为明显，根据四川省官方报道，截至2020年底，四川省水电年发电量和天然气（页岩气）年产量分别占全国的25.9%和22.9%，相关指标均居全国第一位①。成渝地区致力于协同开发油气资源，加快川渝电网一体化建设，推动能源绿色转型；利用特高压输电线路和高压输电线路将四川省丰富的风能、太阳能和水利资源发电并网，输

---

① 资料来源：《中共四川省委关于以实现碳达峰碳中和目标为引领推动绿色低碳优势产业高质量发展的决定》。

送至人口稠密的成渝地区双城经济圈，加速区域电网的互联互通，由此大幅提升输电能力、节约土地资源，并降低输电损耗。成渝地区利用清洁能源优势，已将绿氢作为产业发展的重点方向，四川和重庆两地携手打造"成渝氢走廊"，推动氢燃料电池汽车示范应用。

成渝地区通过打造低碳产业集群推动乡村绿色低碳产业协同发展，实现产业绿色低碳转型。电子信息、汽车和装备制造是川渝两地均具备基础条件、比较优势，且市场潜力巨大的三大产业。成渝地区从三大产业入手打造世界级万亿产业集群，不仅通过完整的产业链降低生产成本，减少碳排放，而且注重发展清洁产业集群，实现产业绿色化转型。《成渝地区双城经济圈共建世界级装备制造产业集群实施方案》首次提出建设"两核一带"产业生态圈，"两核"指成都德阳地区和重庆中心城区两个核心区，"一带"指 G93 成渝环线高速产业协作发展示范带。依托成渝装备制造业的基础，加快建设成渝地区双城经济圈装备制造产业协同发展新格局，发展能源装备、航空航天装备、轨道交通装备、智能制造装备等高端装备制造产业。在清洁能源装备产业方面，川渝两地围绕风电、太阳能、水电、地热等能源装备制造产业开展合作。例如，明月山绿色发展示范带是川渝合作共建区域发展功能平台中唯一以绿色发展为主题的平台，涉及重庆市和四川省的 7 个区县，面积约 7200 平方千米。该示范带是跨区域联动发展和绿色发展的一块宝地，其定位是建成相对成熟的绿色产业链，打造重庆主城都市圈汽车产业转移承接区、功能配套区，建成重庆近郊优质农产品供应基地、五华山康养休闲旅游度假区等，实现毗邻区县农旅文产业协同发展、融合发展。

成渝地区将低碳理念用于交通基础设施建设和物流体系建设的各方面，推动交通绿色转型。首先，将低碳理念应用于交通基础设施建设。成渝高速公路复线重庆段是国内首条低碳高速公路，且是首批采用 BOT(建设、运营、转让)＋EPC(设计、施工、采购一体总承包)模式的项目，于 2013 年 12 月 25 日建成通车。中国政府网的报道显示，成渝高速复线将低碳理念贯彻到规划设计、建设施工和运营管理的全过程，采用了水资源循环利用、温拌沥青技术、LED 节能灯照明，路域碳汇建设等多项环保措施。其中，温拌沥青技术比传统生产技术节能40%，LED 灯每年可节约电费超过 200 万元，成渝复线高速公路的建设不仅取得了显著的环境效益和经济效益，也为我国西部基础设施建设的环保节能技术应用提供了一定的示范参考。其次，发展低碳物流，节约能耗。成渝地区通过展开较为深入的物流协作，统筹物流枢纽布局建设，形成"货畅其流，人畅其行"

的物流配送格局。成渝两地共同制定的《共建成渝地区双城经济圈口岸物流体系实施方案》中，明确了成渝双城经济圈将合力打造"两极核、四通道、五区、三带"的物流体系①。集约高效的物流格局将大幅提高物流效率，降低物流成本，减少重复运输和交错运输带来的能源消耗与浪费。此外，成渝两地通过共建货运班列，进一步优化资源配置，搭建物流新通道。2022年5月19日，首列成渝地区双城经济圈货运班列(重庆江津—成都青白江)在重庆江津小南垭铁路物流中心顺利发出。成渝班列的开通，为两地搭建了稳定畅通的物流通道，有助于企业优化产能和降低物流成本。这是成渝地区推进"公转铁"运输结构调整的阶段性成果，也是助力实现碳达峰、碳中和的重要举措。

（2）绿色布局共筑碳汇生态屏障

成渝地区位于长江上游，地处四川盆地，区域绿色发展本底较好，生态质量总体向好。为推进生态环境质量持续改善，建设高品质生活宜居地，成渝地区实施了区域空间布局绿色低碳行动。

首先，巩固提升生态碳汇能力。2022年2月，生态环境部联合国家发展改革委、重庆市人民政府、四川省人民政府印发的《成渝地区双城经济圈生态环境保护规划》中明确提出成渝共同构建长江上游生态保护带，共筑"四屏六廊"生态格局，这是一项两地共建的区域生态屏障体系，"四屏"包括以岷山—邛崃山—凉山为主体的西部生态屏障，以米仓山—大巴山为主体的东北部生态屏障，以大娄山为主体的东南部生态屏障和以武陵山为主体的东部生态屏障。"六廊"指以长江、嘉陵江、乌江、岷江、沱江、涪江为主体，其他支流、湖泊、水库、渠系为支撑的江河水系绿色生态廊道。结合两省市国土空间规划编制，统筹成渝地区山水林田湖草沙冰系统修复治理，通过生态屏障体系建设提升生态系统的连通性和稳定性，充分发挥了森林、草地、湿地等的固碳作用。

其次，打造城市绿色生态空间。绿色生态空间是城市重要的绿色基础设施，也是保障城市生态安全的基础。以成都为例，龙泉山城市森林公园作为城市绿心，是成都市绿色生态空间的重要组成部分，其生态保护的首要任务是植被恢复。根据《成都市龙泉山城市森林公园保护条例》规定，确保公园开发强度控制

---

① 以成渝双城为极核，全面优化区域协同发展环境，畅通西部陆海、亚欧、沿江、航空四个国际物流大通道，共建重庆主城都市区、成都都市圈、万达开、成渝中部、川南渝西五大枢纽经济发展区。依托成渝中线高铁，共同打造成渝特色口岸物流发展带；充分发挥长江黄金水道优势，打造港产城联动的沿江口岸物流发展带；发挥成昆、西成等铁路大通道运力优势，打造便捷高效的成绵乐口岸物流发展带。

在15%以下，蓝绿空间占比稳定在85%以上；计划2030年前结合国家储备林建设实现增绿增景56.6万亩。为保证适度开发，龙泉山城市森林公园以多元场景营造为路径进行规划，将自然风景与农业旅游相结合，打造丹景台景区、云顶牧场、我的田园等多个景区，成为兼具生态价值和经济价值的示范样板。龙泉山城市森林公园管委会的数据显示，2017~2020年，龙泉山城市森林公园已累计实现增绿增景14万亩，植被覆盖率稳步提升，待全面建成后，全市人均将增加10平方米净森林，每年固碳31万吨。同时，龙泉山城市森林公园拥有四川首个会议碳中和林，据中国质量认证中心出具的审定报告，碳中和林自2018年底未来20年的森林碳汇将抵消论坛产生的1387吨二氧化碳当量气体排放，实现会议"零排放"目标。

最后，探索公园城市发展路径。随着"公园城市"这一新理念深入人心，成都和重庆两大城市都在积极探索公园城市的转型发展路径。成都更是被国家确定为践行新发展理念的公园城市示范区，万园相连、布局均衡、功能完善、全龄友好的全域公园体系。成都倾力打造的天府锦城项目是"公园城市"理念的首提之地，其按照"八街九坊十景"的总体布局，针对街、坊、景进行功能业态植入，实现景观有机更新。八街包括寻香道街区、春熙路街区、宽窄巷子街区、华兴街区、枣子巷街区、四圣祠街区、祠堂街区和耿家巷街区，九坊包括锦里、皇城坝、华西坝、音乐坊、水井坊、望江坊、大慈坊、文殊坊和猛追湾，十景包括青羊宫、杜甫草堂、散花楼、武侯祠、皇城遗址、望江楼、合江亭、大慈寺、天府熊猫塔和文殊院。既让历史文化在新场景中得以呈现，又建设了蓝绿交织的公园体系。2020年，成都市住房和城乡建设局发布《天府锦城街巷游线体系策划规划方案》，规划了"两环八线十三片"的街巷游线体系，这把天府锦城"八街九坊十景"串联起来，改变其分散的布局，形成一个整体场景。16930千米的天府绿道是成都打造的全球最长绿道慢行系统，被称为"世界最长绿道"，成为成都建设公园城市的重要样板支撑。根据《中国城市建设统计年鉴》，1990年，成都人均公共绿地面积仅为2.08平方米，到2020年，成都人均公园绿地面积已达到14.9平方米。重庆也通过公园城市建设，让绿色低碳的理念逐步融入居民生活的点点滴滴，提高了居民对低碳生活的认知，进一步畅通了低碳发展道路。

(3) 绿色创新助力区域低碳发展

成渝地区作为国家区域发展的重要增长极，创新驱动发展尤为重要。近几年，重庆和成都的城市科技创新生态持续优化，加之拥有多所科研高校，创新基础良好，从技术角度为低碳发展保驾护航。成渝地区从三方面入手，以绿色创新助力区域低碳发展，实现数字化与绿色化相结合。

首先，开通"川渝通办"绿色通道。截至 2021 年，重庆、四川之间已经有 210 项政务服务事项实现了跨省通办，涵盖创业、交通、就业、医疗、生育等多个领域，办件总量超过 589 万件，且推动线上线下同频服务，线上可通过重庆市"渝快办"和四川省"天府通办"开设的"川渝通办"专区办理，线下可通过两地的实体政务服务大厅"川渝通办"综合窗口办理。优质高效的人社服务业务使办理材料能减就减、办理时间能快则快，"两地跑"变为"一地办"，满足了川渝群众异地办事的需求，通过政务服务的绿色创新，实现了一定程度的集约高效，成为川渝协作绿色低碳发展的有效举措。

其次，推动绿色低碳关键技术合作研发。科技创新是实现绿色低碳发展的根本之路。成渝地区积极开展低碳技术合作研发，联合建设绿色低碳科技创新平台。2022 年 10 月，"成渝双城·双碳论坛 2022"在成都举办，成渝双碳创新共同体正式成立。成渝双碳创新共同体由成渝地区关注"双碳"工作的科研院所、工业企业、服务机构等共同发起，旨在推动成渝地区实现碳达峰碳中和，加强低碳协同创新，推动资源有效整合。四川省广安市与重庆市渝北区合作共建的川渝高竹新区(共建成渝地区双城经济圈 2022 年重大项目)是川渝两省市唯一的跨省域共建新区，在批准设立后成效显著。川渝高竹新区科技创新基地是新区的核心项目，也是成渝地区的科技创新示范样板，于 2022 年全面开工建设，总投资约 23 亿元，总用地面积约 567 亩，包括四川省汽车产业技术研究院高竹分院、重庆大学碳中和研究院等多个合作参与单位的低碳技术项目已签约落户。川渝高竹新区科技创新基地聚焦新能源汽车、智能装备制造、电子信息等产业，加快创新合作，全力打造川渝合作统筹发展示范区。这有利于成渝城市群在实现全产业链、跨产业低碳技术集成耦合、低碳工业流程再造、重点领域效率提升等过程减排关键技术开发上展开深度合作。

最后，推动碳普惠联合建设。为推进碳普惠，重庆和成都分别推出了"碳惠天府"机制和"碳惠通"平台。目前，成渝地区正在有序推动川渝碳普惠机制建设和互认对接，探索相互认可的核证减排量。成都市于 2020 年 3 月创新提出的"碳惠天府"机制是国内首个以"公众碳减排积分奖励、项目碳减排量开发运营"为双路径的碳普惠机制，旨在调动全社会的低碳生活积极性，构建低碳生活圈。党政机关、企事业单位、金融机构、社会公众都可以通过购买并注册 CCER(国家核证自愿减排量)或 CDCER(成都"碳惠天府"机制碳减排量)来参与碳中和。目前，"碳惠天府"机制成效显著，公众积分场景不断丰富，绿色公益平台逐步建成，相关网站、小程序和 APP 的功能都相继完善。"碳惠天府"机制是国内碳普惠机制建设的有益样板，对成渝地区形成成熟的碳普惠生态圈具有重要的现实意义。

三、深圳都市圈①

1. 基本概况

深圳都市圈是我国六大成熟型都市圈之一，也是粤港澳大湾区的核心组成部分，在大湾区的新时代改革开放探索中发挥着重要的引领作用（清华大学中国新型城镇化研究院，2021）。根据广东省"十四五"规划，深圳都市圈包括深圳、东莞、惠州全域和河源、汕尾两市的都市区部分，面积约为 1.7 万平方千米②。统计局的相关数据显示，深圳市"十四五"规划中进一步明确深圳都市圈以深莞惠大都市区为主中心，以深汕特别合作区、汕尾都市区、河源都市区为副中心，形成中心引领、轴带支撑、圈层联动的发展格局。2021 年，深圳都市圈地区生产总值约为 4.7 万亿元，从三次产业构成来看，第三产业占比超过 55%。2021 年常住人口超过 3500 万，城镇化率超过 92%，处于城镇化发展的稳定阶段。深圳都市圈以广东省 9.5% 的土地面积创造了广东省近 38.0% 的经济总量③，发挥了重要引擎功能。

该都市圈的核心城市深圳，其碳减排水平在全国名列前茅，碳排放强度已经达到世界先进水平，碳交易市场流动率连续多年位居全国第一。《中国净零碳城市发展报告（2022）》中评估了全国 30 个样本城市净零碳发展水平，深圳以较大优势高居榜首。根据中国环境科学研究院和公众环境研究中心发布的《中国城市双碳指数 2021—2022 研究报告》，深圳能耗强度、碳排放强度已降至全国平均水平的 1/3 和 1/5。2021 年深圳都市圈各城市经济指标及广东省经

---

① 2021 年广东省"十四五"规划首次以政策形式提出建设深圳都市圈，将深圳都市圈范围定义为深圳、东莞、惠州全域和河源、汕尾等两市的都市区部分。2022 年 8 月，广东省自然资源厅发布《广东省都市圈国土空间规划协调指引》，进一步对深圳都市圈国土空间规划提供了协调指引，深圳都市圈范围调整聚焦至深圳市（含深汕合作区），东莞市全域，以及惠州市的惠城区、惠阳区、惠东县、博罗县。

② 中国城市规划设计研究院深圳分院 . 深圳都市圈一体化 2021 年度报告 [R]. 深圳：中国城市规划设计研究院，2021.

③ 根据《广东统计年鉴（2022）》显示，2021 年广东省土地面积约为 17.97 万平方千米，地区生产总值为 12.44 万亿元。

济指标如表 10-3 所示。深圳作为国家第一批低碳试点城市及国家可持续发展议程创新示范区，初步探索出了一条兼顾碳达峰目标与经济社会高质量发展的协同路径，减污降碳取得了显著成效，对辐射带动深圳都市圈及粤港澳大湾区在全国率先实现"双碳"目标，起到了样板示范作用。

表 10-3　2021 年深圳都市圈各城市及广东省经济指标

指标	深圳市	东莞市	惠州市	河源都市区	汕尾都市区	深圳都市圈	广东省
GDP（万亿元）	3.06	1.09	0.50	0.05	0.03	4.73	12.44
人均 GDP（万元）	17.36	10.33	8.21	7.39	8.05	13.37	9.83
第三产业占比（%）	62.90	41.50	42.00	52.31	60.69	55.63	55.60
常住人口（万人）	1768.16	1053.68	606.60	70.75	39.67	3538.86	12684.00
城镇化率（%）	99.80	92.24	72.90	95.51	82.01	92.65	74.63

资料来源：广东省及各市《2021 年国民经济和社会发展统计公报》《统计年鉴》。

2. 都市圈低碳发展路径

作为粤港澳大湾区核心引擎城市，以及中国特色社会主义先行示范区，深圳已经确立了建设全球标杆城市的目标。在粤港澳大湾区世界级城市群的区域背景下，深圳都市圈一体化发展，是深圳在新发展阶段下，积极应对发展挑战，再担先锋使命的关键。为此，深圳都市圈在交通规划、产业协作、生态共治等重点领域先行探索，形成了独具特色的低碳发展模式，积累了丰富的发展经验，有助于其尽早实现碳达峰、碳中和的任务目标。

（1）综合交通规划引导建立绿色交通体系

深圳都市圈内部联系紧密度较高，位列全国第三，仅次于北京都市圈和广州都市圈（清华大学中国新型城镇化研究院，2021）。在通勤联系方面，都市圈内各城市之间形成了大规模稳定的通勤流，其中深圳和东莞之间每天有超过 100 万人次的通勤需求（杨家文和林雄斌，2021）。在通勤需求日益增加的情况下，绿色出行对深圳都市圈低碳发展尤为重要。深圳都市圈综合交通规划引导绿色出行，具体体现在以下三个方面：

首先，深圳都市圈践行了以轨道交通为主体的公共交通优先发展理念，发达的公共交通网络是实现绿色出行的基本保障。为打造"轨道上的都市圈"，深圳市牵头规划都市圈轨道交通网络布局，推动干线铁路、城际铁路、市域（郊）铁路、城市轨道"四网融合"，优化临深地区铁路枢纽规划布局，协调跨市城市轨道对接方案。《深圳市国土空间总体规划（2020—2035年）》《深圳市综合交通"十四五"规划》先后提出"共建互联互通的都市圈交通网络，大力推动深圳都市圈城际铁路建设"，明确"积极推动都市圈轨道一体化融合发展，构建1小时交通圈"的发展规划。《深圳市轨道交通线网规划（2016—2030）》共规划了10条轨道与东莞和惠州临深片区轨道对接，加强了深圳都市圈轨道交通一体化建设。新一轮规划都体现出集约高效的发展特点。《深圳市干线道路网规划（2020—2035年）》中提出了构建网络开放、空间均衡、集约高效、绿色低碳的干线道路体系，实现了从传统发展阶段的规模扩张型规划，到存量主导阶段的集约高效型规划的转变（周军和邓琪，2021）。目前，深圳都市圈已经建设和运营多条高速铁路和城际轨道交通系统，城际铁路线网架构初步形成，能够较好地满足跨市交通需求。中心城市深圳已初步建成海陆空铁一体、资源配置集约、辐射国际国内的综合立体交通网。深圳市轨道办的数据显示，截至2021年，深圳城市轨道交通线网运营里程达431千米，线网密度位列全国第一。

其次，深圳都市圈从优化城市空间布局和城市设计方面促进绿色出行。一方面，通过城市空间优化扩展城市功能，引导职住平衡。深莞惠三地通过以"轨道交通+产业园区+人才小镇+公共配套"为要素的都市圈城际住房合作，打造产城融合、职住平衡、功能完备、生活便利的人才特色小镇，从而缩短居民日常出行距离，减少机动车使用。另一方面，在城市设计上体现以人为本，将建筑物功能、公共空间和居民出行有机结合，构建了舒适的、与轨道交通站点高效衔接的步行系统。《深圳市综合交通"十四五"规划》中明确要求"强化轨道枢纽与城市功能耦合"。以深圳市中心区的地下高铁枢纽站为例，它连接了东西向和南北向的城市轨道，提高了轨道交通的可达性，还克服了因长距离换乘导致的通勤交通负担和能源消耗，具有高效低碳的特点，有助于提升中央商务区的土地效益（张一成和樊行，2015）。

最后，深圳都市圈致力于发展和推广新能源交通工具，从能源端推动绿色出行。深圳作为我国首批节能与新能源汽车示范推广试点城市，发挥着示范先导的作用。《深圳市综合交通"十四五"规划》中提出，要加大新能源车辆推广和普及力度，计划到2025年新能源机动车保有量达到100万辆。深圳积极推进公共交通领域新能源汽车及其他清洁燃料汽车的推广发展，深圳市交通运输局的数据显示，2017年全市已率先实现公交车100%纯电动化①。深圳市人民政府公开报道显示，截至2020年底，全市新能源汽车保有量超过48万辆，位居全国第一。深圳巴士集团负责人表示，公交车和出租车纯电动化给深圳带来的减碳贡献非常显著，每年可节约能源消耗约20万吨标准煤，减少二氧化碳排放约57万吨，减少各类污染物排放合计约2309吨。都市圈其他城市也将新能源汽车发展作为交通减碳重点，如东莞市"十四五"规划中明确将新能源汽车产业作为七大板块之一，并相应成立东莞市新能源汽车产业协会，通过开展新能源产业资源对接，助力提升行业发展综合实力。惠州市在"十四五"规划中，要求加快新能源环卫车、新能源物流车等公共服务领域新能源汽车推广，计划到2025年实现公共服务领域新能源汽车占比达80%。

（2）产业协作共建推动低碳发展

深圳都市圈的产业分工协作和转型再构，不仅推动了各城市自身产业结构的演化，还有助于城市间形成有效合力以应对经济全球化及气候变化，促进都市圈低碳发展。《粤港澳大湾区发展规划纲要》中提出，要发挥深圳创新研发能力强、运营总部密集，以及惠州、东莞等地产业链齐全的优势，加强都市圈内产业对接，提高协作发展水平。深圳发挥引领辐射作用，加快建成现代化、国际化城市，依托科研资源优势和高新技术产业基础，打造一批产业链条完善、辐射带动能力强、具有国际竞争力的战略性新兴产业集群。东莞、惠州等市推动传统产业转型升级，重点推进传统制造业绿色改造，开发绿色产品，打造绿色供应链。

深圳都市圈在共建产业集群、产业链分工协作等方面积极探索实践，通过产业协同共建实现更多项目落地，助推低碳发展。首先，深圳都市圈坚持产业互补与协同发展，发挥比较优势，以深圳现代产业体系为核心，共建产业集群。中国城市和小城镇改革发展中心研究显示，产业集群以区域网络为基础，通过专业化分工，最大限度地发挥了产业关联和协作效应，提高生产效率，降低碳排放强度。2000~2015年，深圳都市圈的制造业新增企业布局，逐渐从原深圳特区向深莞交界转移，再向深惠交界地区扩散，东莞和惠州近年来持续承接来自深圳的产业转移。深圳都市圈的服务业企业布局一直以深圳为中心，保

---

① 深圳市交通运输局（深圳市港务管理局）. 深圳公交车出租车电动化实现绿色交通全球领先［EB/OL］. 深圳市交通运输局（深圳市港务管理局）官网，［2021-02-20］. http：//jtys. sz. gov. cn/gkmlpt/content/8/8558/mpost_ 8558971. html#1514.

持高度集聚和垂直分工的态势。随着制造业的辐射扩散和服务业的进一步集聚，深圳都市圈总体上形成了"深圳总部—莞惠河汕基地""深圳研发—莞惠河汕生产"的分工格局，例如以深圳现代物流为核心，在河源等地共建深圳国际物流分拨中心。其次，深圳都市圈产业链配套日益齐全，在区域内布局合理，形成了良好的低碳产业链。产业链的形成不仅有利于循环经济发展，提高能源利用效率，还有助于区域创新成果共享、转化与应用，实现创新驱动下的都市圈产业低碳化。此外，深圳都市圈充分发挥中心城市的辐射带动作用，促进多地共建产业合作示范园区，积累了较多的先行先试经验，推动都市圈产业同城化发展。例如，深汕特别合作区规划建设先进制造业集中承载区和深圳港东部拓展区，主动承接深圳临港产业转移和先进技术转化，统筹推进产业协同发展（贾宝胜，2021）。

都市圈中心城市——深圳采用创新驱动发展战略，加快产业结构的优化升级，促进结构性脱碳，并将先进经验推广到周边地区。第一，通过高强度研发绿色技术，助力绿色产业发展。"十三五"期间，深圳加大了对节能、非化石能源、碳捕集利用与封存技术等领域的研发扶持力度，并建立了对新能源汽车、节能环保产业项目的绿色低碳扶持计划。第二，深圳通过加快产业低碳化转型，推动产业发展提质增效。深圳针对传统产业开展企业技术改造扶持计划和工业强基工程扶持计划，先后出台互联网、生物医药、新能源和新一代信息技术等六大战略性新兴产业规划和政策，大力推动产业转型升级。第三，通过推进一批近零碳排放区示范工程，努力打造近零碳样板。深圳在全市启动近零碳排放区试点工作，绿色工厂、绿色园区、绿色企业等项目已粗具规模，总结形成可复制推广的经验。

（3）跨域协同推进减污降碳治理

"十四五"时期，深圳都市圈生态环境保护进入了减污降碳协同治理的新阶段。《深圳市生态环境保护"十四五"规划》中强调，要强化都市圈生态环境共保共治，共同营造生态环境优美的都市圈，并提出加强都市圈协同立法实践探索，促进都市圈生态环保政策衔接，推动建立都市圈生态环境合作交流机制及重大项目实施常态化会商机制。

深圳都市圈建立了以党政主要领导联席会议与专责小组为核心的协作制度框架，通过联合制定生态环境治理有关方案并协作落实，共建协同发展试验区，推动了都市圈的低碳可持续发展。2009年，深莞惠三市首次召开党政主要领导联席会议。2014年，汕尾和河源加入党政主要领导联席会议。截至

2022年，深圳都市圈已成功举办了十一次党政主要领导联席会议，形成了一系列共识框架，积极推动深圳都市圈在基础设施、交通运输、产业发展、城乡规划、生态环境治理等方面的合作事项。为推进低碳发展，深圳都市圈在生态环境共治、协同减污降碳方面做了诸多探索，都市圈内各城市联合制定了有关方案，比如《深莞惠大气污染防治合作协议》《深莞惠生态环境联合交叉执法三年行动方案（2021—2023年）》等，为深入推进都市圈生态环境共治奠定了坚实基础。其中，深莞惠三市生态环境部门实施的《深莞惠生态环境联合交叉执法三年行动方案（2021—2023年）》，以区域生态环境高水平保护推动了都市圈绿色发展。在该方案指导下，深莞惠三市每季度开展一次联合交叉执法行动，促使"散乱污"企业探索绿色转型之路，工业污染源排放减少，空气质量显著改善，跨域河流水质稳定达标，跨域生态环境问题得到有效解决。此外，深莞惠三市建立了协同发展试验区，通过扩展区域协同联动，构建节能环保、绿色产业发展体系，共同打造绿色发展综合示范区，助力深圳都市圈探索跨域协同新模式。

四、面临的挑战与对策建议

1. 面临的挑战

城市群和都市圈的建设发展是我国新型城镇化领域的重点任务，也是实现"双碳"目标的主要阵地之一。长三角城市群、成渝地区和深圳都市圈在区域一体化上取得了显著的成就，城镇化低碳发展道路已取得较多成效。但是，当前一些城市群、都市圈也面临诸多挑战，如跨行政区划的联动降碳顶层设计不足、产业同构现象明显、科技创新能力相对不足和协同治理机制尚不成熟等。

（1）城市群和都市圈层面的低碳战略顶层设计不足

城市群和都市圈是能源消费和碳排放高度集中的区域。随着我国城市群和都市圈发展战略的深入实施，预计到2030年，城市群和都市圈所需的能源资源供应规模将进一步扩大，对城市群、都市圈的综合承载力，特别是绿色低碳可持续发展能力构成艰巨的挑战。目前，我国各地碳达峰、碳中和规划方案、行动路线等顶层设计相继出台，但其更多从城市自身条件出发，城市群和都市圈层面的系统谋划仍然不足。除长三角城市群、成渝双城经济圈等地制定了碳达峰、碳中和联合行动方案外，跨行政区划的城市群和都市圈的碳达峰、碳中和实施方案仍然较为缺乏。如何发挥城市群、都市圈的统筹协同作用，实现效率更优的产业布局、分工和碳减排，进而推动区域内联动合作达成碳中和，值得在今后的发展中加强研究。

（2）产业同构现象明显，集聚水平不足

当前，城市群和都市圈在发展过程中仍然存在产业结构雷同、低水平同质竞争等情况，从而导致城市间产业的重复建设，资源配置效率不足，影响区域合作。长三角城市群的产业同构现象在冶金、石化等资本密集型产业和新兴产业较为突出，据中科院南京地理所分析，23个长三角沿海沿江城市中，分别有13个和12个城市在"十三五"规划纲要中明确提到要发展石化和冶金产业，并展开大规模规划建设各类冶金工业园和石化产业园。深莞惠三市均以电子信息制造业为主，成渝地区在承接沿海地区产业转移的同时，吸纳了电子信息产业，也存在比较严重的产业同构。据海关数据统计，川渝之间的出口产品相似度高达95%（何建武，2021）。部分地方的主导产业仍未形成较为完整的产业链上下游集群，缺少合理有效的分工合作，导致部分城市的特色功能不够鲜明，城市群和都市圈在碳减排过程的规模集聚、协同联动效应没有得到充分发挥。

（3）低碳科技创新能力不足，产学研转化不充分

国际能源机构认为，绿色技术应用理论上将为60%以上的碳减排目标做出贡献，可见低碳技术是低碳发展的核心和关键。目前，国内城市群和都市圈的科技创新能力与发达国家仍有较大差距。虽然长三角城市群、成渝地区双城经济圈、深圳都市圈实施了一系列政策以吸引国内外人才、提升地区创新能力，但是面对艰巨的国内外竞争与合作环境，以及不断增长的新兴产业发展需求，科技转化率和创新跨区域协同仍有不足，重大科研平台载体和高端人才仍显供不应求。根据上海市社科院研究统计分析，1985~2018年，长三角城市群节能环保专利合作总次数为2548次，城市间合作占比仅37.91%。截至2020年，深圳国家重点实验室的数量仅为北京的6%、上海的18%（杨婉琼，2021）。

（4）低碳治理一体化机制尚不成熟

虽然国内城市群和都市圈在低碳治理中有探索合作协同治理的经验，如长三角城市群成立绿色低碳发展行动共同体等，但不少城市群、都市圈由于受到行政区划的制约影响，低碳治理一体化的推进仍面临较大挑战。国内一些城市群和都市圈在节能减排协同治理、生态环境共保共治方面尚未建立起完善、高效、制度化的协调机制，而且尚未形成具有权威性的低碳协同治理机构，基本上仍以地方政府之间"一事一议"的方式完成。另一些城市群已经建立的区域环境协调机构，由于缺少工作抓手，实质协调权力不足，一些工作仍然局限于

本地行政区划范围内，跨区域的统筹协调能力明显相对不足。此外，已有的城市群和都市圈层面的生态环境治理一体化的探索经验并不能完全应用于"双碳"目标的实现，生态环境部门多年来在污染物管理过程中形成的环境影响评估、监管和执法等相对成熟的手段，并不一定适用于控制温室气体排放工作。跨区域协调不畅是城市群和都市圈可持续发展面临的重要挑战，区域合作的协商协调机制还需要进一步细化。

2. 对策及建议

城市群和都市圈低碳发展的关键在于一体化建设与发展上的突破。一些城市群、都市圈在低碳发展领域，面临着顶层设计、产业集聚、技术创新和协同治理等方面的挑战和问题。结合我国城市群和都市圈的发展实际，借鉴国际典型城市群和都市圈低碳发展的有益经验，本书提出以下对策建议：

(1)制定城市群和都市圈层面的碳达峰、碳中和联合行动方案

政府应充分考虑我国各区域发展特点、资源禀赋、阶段特征、能源与碳排放结构特征的差异，制定与各城市群和都市圈发展实际相适应的碳达峰、碳中和联合行动方案。方案的设计应当注意两点：首先，要充分尊重城市群和都市圈内外差异，考虑不同城市群、都市圈之间和其内部不同城市之间的产业分布、资源分布与技术水平，实现差异化脱碳，进一步发挥产业集聚的优势，加强低碳技术合作。其次，应注重城市间低碳基础设施和低碳技术的共建共享，例如科学谋划好城市群和都市圈零碳负碳领域基础设施的共建共享，开展新型能源系统集约化管理，支持电气化技术研发与推广等。"双碳"目标的行动方案应以低碳为核心理念，以集约高效为实现路径，确立以人为本这一核心，并提出明确的碳减排目标和路线图，发挥"双碳"目标的引领和倒逼作用，推动能源、产业、交通等重点领域协同减排。

(2)政府与市场有机协调，促进生产要素自由流动

产业同构现象可能与宏观层面缺乏合理引导有关，各地在土地、税收、人才、创新领域出台的一系列相似政策导致产业政策的扁平化。中科院南京地理所的研究成果也表明，为避免产业同构造成的内耗，城市群和都市圈要充分发挥市场配置资源的决定性作用，适度的竞争有利于提升产业创造力和市场竞争力，产业同构会在企业竞争过程中通过倒闭、转型、并购等方式动态调整。以长三角为例，上海的产业结构与纽约类似，但其集聚能力和纽约还有一定差距。在长三角城市群的产业重构中，上海应继续发挥龙头带动作用，进一步调整产业结构，将工业和制造业外迁，打造以金融业和服务业为代表的现代化产

业体系，促进产业要素的合理流动和城市群内不同城市的优势互补。政府层面应建立重大产业建设协调机制，加大城市群内各成员单位的统筹协调力度，合理布局冶金、石化、能源等自然垄断行业，避免各地无序建设造成的浪费。

（3）加强低碳技术创新合作和产学研融合

城市群和都市圈应当发挥城镇化进程优势，加强低碳技术的研发与应用，促进产业绿色转型。在清洁能源、资源高效利用、零碳与负碳等方面，做好技术储备，开展绿色技术联合攻关，构筑全球低碳技术创新高地，科学有序地推动高碳产业脱碳升级改造与转型发展。政府应当注重打通高校和产业间的对接，推动相关技术应用产业化，不能只停留在专利上。长三角城市群、成渝地区和深圳都市圈均具有较为丰富的教育资源，聚集了国内多所重点高校和科研机构。应借鉴美国东北部大西洋沿岸城市群的波士顿128公路的产学研转化的经验模式，将产业改革和教育改革相结合，通过教育改革加快科研人员和企业之间的交流，实行低碳技术人才梯度培育；通过产业改革推进中小型企业与高等院校的科研设施与仪器的开放共享，发挥市场活力，助力低碳产业的技术研发与产业应用。

（4）建立健全低碳发展跨区域、多主体协同治理体制

在"双碳"目标提出的背景下，城市群和都市圈通过合作实施跨域治理，将获得超过预期的低碳收益，实现低碳发展双赢局面。我国城市群和都市圈可借鉴美国大西洋沿岸城市群的多中心治理模式，协同政府、企业和公众等低碳发展利益相关方，实施多主体联动的区域协调机制。政府可通过中央财政转移支付等方式，设立低碳治理的专项基金促进生态补偿机制运行。企业可通过排污市场和绿色信贷参与碳排放治理。公众可通过低碳消费、低碳出行等生活方式参与排污减碳的各个环节。

第四节　本章小结

本章主要从城市群和都市圈的视角探究城镇化低碳发展策略。首先，在"双碳"目标下，梳理总结发达国家较为典型的城市群和都市圈先进经验与启示，包括美国大西洋沿岸城市群、东京都市圈和伦敦都市圈。其次，以国内典型的长三角城市群、成渝地区和深圳都市圈为案例，分析国内城市群和都市圈的发展现状、成效，以及未来发展中面临的机遇与挑战。最后，结合发达国家城市群和都市圈发展经验，提出相关对策建议。

第十一章　城市低碳决策治理展望

第一节　发展要求和现实意义

一、碳达峰碳中和顶层设计对各地科学决策提出了明确要求

推动实现碳达峰碳中和，是党中央统筹国内国际两个大局作出的重大战略决策，对加快促进生态文明建设、着力解决资源环境约束突出问题、推动经济转型升级具有重大意义。2021年，中共中央、国务院印发的《中共中央　国务院关于完整准确全面贯彻新发展理念做好碳达峰碳中和工作的意见》《2030年前碳达峰行动方案》明确指出，在推动"双碳"工作的过程中，要坚持系统观念，处理好发展和减排、整体和局部、短期和中长期的关系，统筹稳增长和调结构，把碳达峰碳中和纳入经济社会发展全局；要明确各地区、各领域、各行业目标任务，加快实现生产生活方式绿色变革，推动经济社会发展建立在资源高效利用和绿色低碳发展的基础上；要坚持全国一盘棋，强化顶层设计和各方统筹，因地制宜、分类施策，明确既符合自身实际又满足总体要求的目标任务；要加强政策的系统性、协同性，抓住碳达峰碳中和工作的主要矛盾和矛盾的主要方面，推动重点领域、重点行业和有条件的地方率先实现碳达峰；要稳妥有序、安全降碳，坚持先立后破，切实保障国家能源安全、产业链供应链安全、粮食安全和群众正常生产生活，着力化解各类风险隐患，防止过度反应，稳妥有序、循序渐进推进"双碳"工作。

在"碳达峰十大行动"的国家顶层设计中，又进一步强调了要加快构建清洁低碳安全高效的能源体系推动能源绿色低碳转型、完善能源消费强度和总量"双控"制度践行节能降碳增效决策管理、优化产业结构推动工业领域绿色低碳转型和高质量发展、科学确定建设规模推动城市组团式发展、构建绿色高效

交通运输体系加快形成绿色低碳运输方式、依托循环经济着力提高资源利用效率、强化创新能力加快绿色低碳科技革命、立足生态系统质量和稳定性提升生态系统碳汇增量、倡导绿色低碳生产生活方式引导企业履行社会责任、各地区准确把握自身发展定位梯次有序推动实现碳达峰。

特别是在"各地区梯次有序碳达峰行动"任务中，《2030 年前碳达峰行动方案》(以下简称《行动方案》)要求我国各地区结合经济社会发展实际和资源环境禀赋，坚持分类施策、因地制宜、上下联动，梯次有序推进碳达峰。

第一，《行动方案》强调，各地要科学合理确定有序达峰目标。对于碳排放已经基本稳定的地区要巩固减排成果，在率先实现碳达峰的基础上进一步降低碳排放。对于产业结构较轻、能源结构较优的地区要坚持绿色低碳发展，坚决不走依靠"两高"项目拉动经济增长的老路，力争率先实现碳达峰。对于产业结构偏重、能源结构偏煤的地区和资源型地区要把节能降碳摆在突出位置，大力优化调整产业结构和能源结构，逐步实现碳排放增长与经济增长脱钩，力争与全国同步实现碳达峰。

第二，《行动方案》强调，各地要因地制宜推进绿色低碳发展。应结合区域重大战略、区域协调发展战略和主体功能区战略，从实际出发推进本地区绿色低碳发展。对于京津冀、长三角、粤港澳大湾区等区域，应发挥高质量发展动力源和增长极作用，率先推动经济社会发展全面绿色转型。对于长江经济带、黄河流域和国家生态文明试验区，应严格落实生态优先、绿色发展战略导向，在绿色低碳发展方面走在全国前列。对于中西部和东北地区，应着力优化能源结构，按照产业政策和能耗"双控"要求，有序推动高耗能行业向清洁能源优势地区集中，积极培育绿色发展动能。

第三，《行动方案》强调，各地要上下联动制定地方达峰方案。各省、自治区、直辖市人民政府要按照国家总体部署，结合本地区资源环境禀赋、产业布局、发展阶段等，坚持全国一盘棋，不抢跑，科学制定本地区碳达峰行动方案，提出符合实际、切实可行的碳达峰时间表、路线图、施工图，避免"一刀切"限电限产或运动式"减碳"。

与此同时，《行动方案》也提出要发挥先行先试重要作用，开展碳达峰试点建设的任务要求。2023 年 10 月，国家发展和改革委员会发布的《国家碳达峰试点建设方案》指出，要在全国范围内选择 100 个具有典型代表性的城市和园区开展碳达峰试点建设，聚焦破解绿色低碳发展面临的瓶颈制约，激发地方主动性和创造性，通过推进试点任务、实施重点工程、创新政策机制，加快发展方式绿色转型，探索不同资源禀赋和发展基础的城市和园区碳达峰路径，为全国提供可操作、可复制、可推广的经验做法，助力实现碳达峰碳中和目标。

《国家碳达峰试点建设方案》明确了四项重要工作原则。一是坚持积极稳妥。聚焦碳达峰碳中和重点领域和关键环节，将探索有效做法、典型经验、政策机制以及不同地区碳达峰路径作为重点，尊重客观规律，科学把握节奏，不简单以达峰时间早晚或峰值高低来衡量工作成效。二是坚持因地制宜。充分考虑不同试点的区位特点、功能定位、资源禀赋和发展基础，因地制宜确定试点建设目标和任务，探索多元化绿色低碳转型路径。三是坚持改革创新。牢固树立绿水青山就是金山银山的理念，持续深化改革、开展制度创新、加强政策供给，不断完善有利于绿色低碳发展的政策机制。四是坚持安全降碳。统筹发展与安全，坚持先立后破，妥善防范和化解探索中可能出现的风险挑战，切实保障国家能源安全、产业链供应链安全、粮食安全和群众正常生产生活。

二、一些地方在碳达峰碳中和工作中仍然面临决策难点

我国各地发展阶段、自然条件、人口规模、资源禀赋、产业模式、功能定位等情况特征各不相同，一些地方在推动碳达峰碳中和工作中仍然面临发展和减排、整体和局部、短期和中长期等方面的诸多决策难点。特别是当前由能耗"双控"逐步向碳排放"双控"转变的过程中，如何更好地科学分析、精准研判、分类施策，积极有序稳妥推进碳达峰碳中和工作，以特色化、差异化的发展路径推动实现"双碳"目标，成为各地治理能力现代化的重要考验。

面对碳达峰碳中和工作系统且艰巨的任务目标，若科学控碳的决策能力不足，一些地方很可能会出现盲目决策、决策滞后、决策精准度不高等现象，较难围绕碳数据开展高效的统筹、监督、分析、预警、规划、处置和决策优化工作。例如：

1. 运动式减碳

一些地方若将碳减排当作短期内的政治任务，以"运动"式减碳来推动碳达峰碳中和工作，盲目限制能源消费，将对正常的生产生活造成一定影响，不利于经济的发展，更不利于社会的稳定。在碳减排工作的热情背后，由于科学控碳的决策能力不足，很容易出现管理缺位、层层下放、一放了之、流于形式的误区现象。

2. 急压峰

一些地方若对碳达峰碳中和战略目标的科学认识不足，也可能会出现好大喜功、盲目攀比的现象，违背经济社会发展的客观规律，制定不切实际的碳达峰目标，以牺牲自身发展权利为代价，刻意追求提前实现碳达峰，以此塑造所谓的碳减排成效。如若制定明显过低的碳排放峰值预期目标，其在未来的碳排放考核中，将可以预见地履步为艰。

3. 碳冲锋

一些地方如若仅仅为了经济指标的增长而不顾绿色低碳转型的战略要求，可能也会制定不负责任的碳达峰目标，以虚高不合理的碳排放峰值来掩盖自身经济社会发展粗放高碳的事实，以缓解未来节能降碳压力。这既不符合高质量发展的目标导向，也将造成各地碳减排的不公平现象，不利于统筹全国"一盘棋"推进"双碳"工作，在国际社会也或将产生严重负面影响。

4. 一刀切

各地在制定碳减排考核目标的过程中，不应齐步走，也无法齐步走。如若采取简单粗放的决策治理方式，不顾及各地自身发展实际，将不同发展阶段、资源禀赋、产业模式、战略定位、空间布局的地方（或行业）采取无差别的碳减排约束方法，将给各地因地制宜探索碳减排路径造成困扰，使其无法践行科学、有效、精准、各具特色的碳达峰。

5. 决策滞后

一些地方由于碳数据填报采集过程过于传统，数据分析严重滞后于碳排放行为。一方面，过度依赖行业自律和碳排放核查，对于碳数据获取和验证的途径有限，容易滋生碳排放数据造假的碳市场乱象；另一方面，以已发生且较长周期的碳排放统计数据来应对短周期且高频率的碳排放行为，容易造成碳排放决策效率过低，决策严重滞后于碳排放治理现实需求。同时，也无法实现实时或近实时的碳排放动态监测、预警，以及定期的能耗形势分析，无法积极开展必要的行业引导。

6. 规划乏力

由于各地不掌握相对准确的碳排放动态变化数据，也不具备对所辖区域开展碳排放总量和结构趋势的精准有效分析能力，难以进行碳排放约束下的发展规划制定，较多根据以往能耗经验粗略测算决定，其中可能不乏"拍脑门"现象。在推动实现"双碳"目标的时间表、路线图方面，一些地方也处于"摸着石头过河"阶段，较难开展常态化、周期性的决策评估分析，无法较好定量、精细化捕捉碳减排的重点和难点，统筹碳排放异常行为的干预和处置则更为艰难。

本书认为，各地之所以面临这些碳排放决策治理的痛点和难点，究其原因：可能是由于碳达峰碳中和工作本身具有较高的复杂性和系统性，而各地又缺少科学、精准、及时、有效的低碳决策治理工具抓手，以支撑开展城市（或园区）维度的碳减排规划、碳达峰目标评估、碳达峰时点预测、控碳关键因素识别、碳排放要素关联分析、碳数据实时（或近实时）监测、碳决策成效模拟分析、碳减排考核目标制定、阶段性路径优化纠偏、碳决策有效性评估，城市低碳决策治理的能力水平未来仍有一定提升空间。

第二节　碳排放决策能力提升的展望构想

一、数字赋能碳排放决策治理或将成为重要突破口

当前，数字化等新兴技术在城市决策治理中的作用越发凸显，新型智慧城市建设已经成为惠民、兴业、善政目标的重要实现路径。中共中央政治局第三十六次集体学习时，也强调要紧紧抓住新一轮科技革命和产业变革的机遇，推动互联网、大数据、人工智能、第五代移动通信（5G）等新兴技术与绿色低碳产业深度融合；要狠抓绿色低碳技术攻关，加快先进适用技术研发和推广应用，加快绿色低碳科技革命等。在科研攻关领域中，数字技术对于碳减排、碳监测、碳规划等方面的技术研发和实践应用越发受到关注。科技部更是将"面向碳中和的脱碳模型构建与决策支持系统"作为2022年度国家重点研发计划的重点专项。

现阶段，部分地方认识到科学开展"双碳"决策和管理的重要性，取得了部分有益成果，但研究深度、系统化程度、政策契合度仍明显不足。一是未能建立较为科学系统的碳排放决策方法学与监测分析指标库。二是尚未建立贯通不同决策主体部门、各地统一规范的碳排放数据库。三是缺少具有学理性支撑的碳排放决策治理分析模块。四是未能实现物联网监测与数字化分析的有机融合。五是已有项目案例呈现的功能单一、功能碎片化、兼容性不强等问题较为突出。六是有的已开发运行的项目案例甚至饮鸩止渴，不乏以"大屏"代替"大

脑",科学精准有效决策收效甚微。

因此,本书认为,有必要围绕国家碳达峰碳中和宏观战略导向的任务需要,聚焦地方低碳决策治理中面临的多目标与重难点挑战,依托互联网、大数据、物联网等新兴技术优势,加大力度开展低碳决策治理技术研发,结合各地发展实际,分级分类推动数字赋能的城市(或园区)碳排放决策支撑体系探索研究与样板培育工作,以实现各地碳排放决策能力的跨越式提升。

二、技术路径设想与功能预期展望

为实现科学、精准、及时、有效的碳排放决策,本书认为,应依托互联网、物联网等技术手段,构建系统、全面、规范、统一的碳数据库模块,形成碳排放决策治理的坚实底座;借助大数据算法、机器学习等数字化新兴技术,构建科学、有效、定量、可循的决策算法库模块,形成碳排放决策治理的思维中枢。

1. 碳数据库底座

碳数据库底座拟由碳排放计量监测体系和多源异构数据融合体系构成,重点解决碳排放决策治理过程中有关数据的获取、整合与监测问题。设想在城市(或园区)碳排放监测边界内,依据碳排放核算模型,利用物联网、互联网、遥感卫星、5G等新兴技术,依托部分计量和监测传感器设备,对可计量、可监测的能源、环境、碳汇系统开展动态测算、实时监测以及多源异构数据融合。

第一,可以通过数字赋能的计量手段,取代以往碳排放主体手动填报的传统方式,大幅提高碳排放统计核算效率,减少由于手动填报而造成的错漏,甚至较大程度避免用能单位可能的碳数据造假现象。

第二,在规范统一的数字化计量核算方法下,也能进一步提高碳排放数据的统计边界、口径标准与处理方法,为未来各级行政单元碳数据统计的有机衔接打下坚实基础,对碎片化的碳数据进行有序整合,形成规范化、模块化的碳数据库,也将成为下一步开展碳排放特征与趋势分析的重要抓手。

第三,通过部署具有区块链技术的监测系统,将核心数据上链,通过综合观测、数值模拟、统计分析等手段直接或间接获取二氧化碳排放总量及强度、环境浓度、生态系统碳汇等信息,既有利于实现碳数据的安全存储,也有利于决策部门对可能的碳排放异常行为进行及时预警和有效干预。

第四，多源异构碳数据融合也可将来自不同数据源、类型、格式的数据进行筛选、整合、处理，以实现数据的标准化、规范化，提升用于分析决策数据的有效性和准确性，通过建立数据逻辑模型等方式，确立多源异构数据交换的标准格式，实现碳排放数据的统一化抽象描述以及数据接口的统一规范。

2. 决策算法分析中枢

决策算法分析中枢是数字化低碳治理体系的核心组成部分，重点解决地方城市决策目标与决策路径的科学性、精准性、有效性、差异化、特色化等问题。设想依托碳数据库底座的有益基础，借助大数据机器学习、嵌入式 AI、数字孪生、数据编织等数字化手段，叠加 LEAP 模型、决策树模型、决策优化模型等理论方法，辅助地方城市开展相对精准的控碳关键因素识别、碳排放要素关联分析，进而推动有据可依的碳减排规划、碳排放趋势预测、碳减排潜力分析、碳达峰目标评估、碳达峰时点预测、碳决策效果模拟、阶段性路径优化纠偏、碳决策有效性评估等，从而实现各地在不同发展阶段、自然条件、人口规模、资源禀赋、产业模式、功能定位背景下，积极稳妥、因地制宜、因时而异开展碳排放决策工作。

碳画像总体特征分析。通过对城市碳排放指标进行总量、强度、结构、分项、对比分析，以及对能耗与碳排放指标的规律性变化趋势比较，刻画地方城市的碳排放基本特征，进而形成各排放源与碳排放关键影响因素相对应的知识图谱，辅助决策机构对碳排放形成更加清晰、直观的科学认识。

碳排放时空演变规律分析。对城市各重点领域碳排放进行周期性对比分析和反演分析，识别碳排放管理的薄弱点与重难点，分析城市经济社会运行情况与碳排放各项指标的变化规律，并开展一定的碳减排路径模拟，为科学制定降碳目标、实施降碳行动提供决策依据。

智能碳排放预测。结合城市发展战略目标，对其碳排放总量、强度和达峰时点等关键指标，分场景、分阶段、分类型进行模拟预测和阶段性纠偏，通过大数据机器学习技术方法，对预测模型进行超参数调优，不断提高碳排放分析和预测精度，以期实现"一城一策"碳排放精细化治理，同时也为能耗"双控"向碳排放"双控"平稳过渡提供减排考核依据。

低碳发展路径规划。依托各地发展阶段、资源禀赋、人口规模、产业模式、碳排放水平等现状特征，参考其经济社会发展的多重约束性目标，借助决策论、博弈论等运筹学相关模型算法，通过情景模拟，分析出不同政策目标出发点约束下，各地积极稳妥推进碳减排的最优路径，为地方政府将低碳发展科学化、精细化融入经济社会发展规划体系提供辅助参考。

三、有望实现的战略目标

1. 为全国一盘棋实现碳达峰碳中和目标筑牢"底座根基"

推动碳达峰碳中和工作具有较高的系统性和复杂性，涉及经济社会发展的方方面面，每一项决策都是在多目标约束下的艰难博弈，在我国幅员辽阔、人口众多、经济社会多元因素交织的大背景下，积极稳妥推动各地实现碳达峰碳中和更是需要规范、统一、清晰的碳排放数据库作为有力的决策支撑。探索构建可复制、可推广的碳数据库底座，规范碳数据统计核算方法，提高碳数据填报可靠程度和工作效率，及时掌握各地碳排放水平与特征，动态监测碳排放趋势走向，将为地方政府从"盲人摸象"向"心中有数"的低碳决策治理模式转变，大幅提高地方决策的科学性、精准性、时效性。

2. 为国家宏观目标向地方工作实践政策传导打通"最后一公里"

推动实现碳达峰碳中和战略目标，是对我国城市转变发展方式的一次大考，涉及能源、工业、建筑、交通等经济社会发展全面绿色转型。《2030 年前碳达峰行动方案》强调，要坚持全国一盘棋，强化顶层设计和各方统筹，因地制宜、分类施策；加强政策的系统性、协同性，抓住主要矛盾和矛盾的主要方面，推动重点领域、重点行业和有条件的地方率先达峰，这就要求各地应科学决策、主动作为。通过探索实践数字赋能的碳排放决策支撑体系，将有助于各地盘点排放家底、分析优势短板、识别主要矛盾、规划可循路径、强化监测能力，为国家宏观目标向地方工作实践政策传导打通"最后一公里"，逐步实现地方政府低碳决策由"摸着石头过河"向"运筹帷幄"转变。

3. 为能耗"双控"向碳排放"双控"平稳过渡提供决策依据

党的二十大报告明确，要完善能源消耗总量和强度调控，重点控制化石能源消费，逐步转向碳排放总量和强度"双控"制度。中央全面深化改革委员会第二次会议审议通过《关于推动能耗双控逐步转向碳排放双控的意见》，也强调要立足我国生态文明建设已进入以降碳为重点战略方向的关键时期，完善能源消耗总量和强度调控，逐步转向碳排放总量和强度"双控"制度。考核制度的转变是一项复杂且系统的工程，牵涉到全国各地碳达峰碳中和工作的平稳有序推进，要兼顾科学、公平、有效。在考核标准的制定过程，既不能因过于严苛而导致地方碳减排的蛮干作为，甚至是碳数据造假；也不能因有所放任而导致地方懈于攻坚、躺平过关,起不到应有的绿色低碳转型效果;更不能在各地功能定位、资源禀赋、发展阶段、规模体量差异较大的背景下,简单粗放地采用同一考核标尺,从而产生碳排放考核的不公平现象。通过探索数字赋能的碳排放决策支撑体系,将有助于相对准确地分析各地碳减排潜力、碳排放规律性特征,帮助各地制订切实有效的碳减排实施路径,为当前的能耗"双控"向碳排放"双控"平稳过渡提供决策依据。

第三节 本章小结

本章通过梳理国家宏观层面对碳达峰碳中和工作的总体要求,根据城市低碳决策治理的实际需要,分析了各地碳减排工作可能面临的痛点难点,创新提出了对数字赋能的碳排放决策支撑体系的未来展望,从必要性、可行性等不同角度分析了其探索与实践的现实意义,进而简要阐述了技术路径设想与功能预期展望,并对未来有望实现的战略目标做了一定设想,以期借助数字新兴技术实现各地碳排放决策能力的跨越式提升。

参考文献

［1］Northam R M. Urban Geography［M］. New York：John Wiley & Sons,1979.

［2］TOD 都市开发研究所 . TOD 全球城市实践——东京轨道交通及城市发展［EB/OL］.［2022－07－27］. https：//mp. weixin. qq. com/s/D1－vVZNmdcg-VO2m2W636WA.

［3］陈斌开,林毅夫 . 重工业优先发展战略、城市化和城乡工资差距［J］. 南开经济研究,2010(1)：3-18.

［4］陈吉宁 . 在城市转型中实现高质量发展［N］. 北京青年报,2019-01-17(A5).

［5］陈瑞峰 . 青海:生态系统固碳总量全国排第一,是巨大的碳汇盈余地［EB/OL］.［2022-10-21］. https：//www. thepaper. cn/newsDetail_forward_20393600.

［6］陈小卉,胡剑双 . 新中国成立以来江苏城镇化和城乡规划的回顾与展望［J］. 规划师,2019,35(19)：25-31.

［7］陈晓东,梁泳梅 . 资源型地区技术创新发展路径研究——以内蒙古为例［J］. 区域经济评论,2017(3)：117-126.

［8］陈雨康 . 清华大学教授李政:走上深度脱碳发展路径是现代化国家的重要标志［N/OL］上海证券报,［2022-12-15］. https：//news. cnstock. com/industry,rdjj-202212-4994388. htm.

［9］丛亮 . 长三角一体化发展上升为国家战略三年成果丰硕［J］. 宏观经济管理,2021(12)：1-2+9.

［10］丛亮 . 前所未有的发展奇迹经济史册的壮丽篇章——改革开放 40 年来我国经济社会发展成就［J］. 宏观经济管理,2018(11)：6-17+32.

［11］崔曙平,罗震东,李红波,等 . 大变局中的小城镇:2021 江苏省小城镇调查报告［M］. 江苏:江苏人民出版社,伦敦:大伦敦地区议会,2021.

［12］大伦敦地区议会 . 大伦敦空间发展战略［R］. 伦敦:大伦敦地区议会,2021.

[13] 丁式江. 坚持绿色低碳发展　助力海南自贸港建设[J]. 今日海南, 2022(10):34-36.

[14] 丁仲礼. 破解光伏风电产业发展难题 为低碳绿色发展贡献力量[EB/OL].[2021-07-19]. http://www. npc. gov. cn/npc/c2/kgfb/202107/t20210719_312446. html.

[15] 丁仲礼. 实现碳中和重在构建"三端发力"体系[J]. 中国石油企业, 2021(6):10-11+111.

[16] 丁仲礼. 碳中和对中国的挑战和机遇[J]. 中国新闻发布(实务版), 2022(1):16-23.

[17] 丁仲礼. 中国碳中和框架路线图研究[J]. 中国工业和信息化,2021 (8):54-61.

[18] 东京都环境局. 东京的温室气体排放量数据(2021)[EB/OL].[2023-06-29]. https://www. kankyo. metro. tokyo. lg. jp/climate/zenpan/emissions_tokyo. html.

[19] 东京都政府. 东京零排放战略(Zero Emission Tokoy Strategy)[R]. 东京:东京都政府,2019.

[20] 董思余. 伦敦都市圈市域铁路布局与发展经验[J]. 规划和自然资源前言观察,2022(16).

[21] 范恒山,郝华勇. 低碳城乡[M]. 北京:人民出版社,2016.

[22] 范恒山. 中国区域合作的理论、政策与操作[M]. 湖北:中国财政经济出版社,2022.

[23] 费孝通. 小城镇 再探索(之三)[J]. 瞭望周刊,1984(22):23-24.

[24] 冯奎,郑明媚. 中外都市圈与中小城市发展[M]. 北京:中国发展出版社,2013.

[25] 傅志寰. 中国交通运输中长期节能问题研究[M]. 北京:人民交通出版社,2011.

[26] 高国力,文扬,王丽,等. 基于碳排放影响因素的城市群碳达峰研究[J]. 经济管理,2023,45(2):39-58.

[27] 高国力. 持续深入实施区域重大战略[EB/OL].[2023-04-12]. http://www. nopss. gov. cn/n1/2023/0412/c219544-32662573. html.

[28] 高国力. 面向中国式现代化的新型城市高质量发展战略方向[J]. 城市问题,2023(1):12-14.

[29] 顾朝林. 城市群研究进展与展望[J]. 地理研究,2011,30(5):771-784.

［30］国家发展和改革委员会．更加注重高质量发展 推动城镇化行稳致远［EB/OL］．［2022a-07-28］．https：//www.ndrc.gov.cn/xwdt/ztzl/xxczhjs/ghzc/202207/t20220728_1332060.html.

［31］国家发展和改革委员会．关于印发长江三角洲城市群发展规划的通知［EB/OL］．［2016-06-01］．https：//www.ndrc.gov.cn/xxgk/zcfb/ghwb/201606/t20160603_962187.html？code=&state=123.

［32］国家发展和改革委员会．海南建设自由贸易港有何意义？国家发改委从四方面总结［EB/OL］．［2020-06-08］．https：//m.gmw.cn/2020-06/08/content_1301271105.htm.

［33］国家发展和改革委员会．人口和社会发展报告 2014 人口变动与公共服务［R］．2014.

［34］国家发展和改革委员会．优化城镇化空间布局和形态 推动"十四五"新型城镇化高质量发展［EB/OL］．［2022b-07-18］．https：//www.ndrc.gov.cn/fggz/fgzy/xmtjd/202207/t20220718_1330878_ext.html.

［35］国家发展和改革委员会综合司．成渝地区双城经济圈建设取得阶段性成果［EB/OL］．国家发展和改革委员会网，［2021-11-30］．https：//www.ndrc.gov.cn/fzggw/jgsj/zhs/sijudt/202111/t20211130_1306540.html？code=&state=123.

［36］国家统计局．国家统计局发布 2010 年全国房地产市场运行情况［EB/OL］．［2011-01-17］．https：//www.gov.cn/gzdt/2011-01/17/content_1785894.htm.

［37］国务院．国务院关于推动内蒙古高质量发展奋力书写中国式现代化新篇章的意见［EB/OL］．［2022-10-16］．https：//www.gov.cn/zhengce/zhengceku/202310/content_6909412.htm.

［38］海南省国民经济和社会发展"六五"至"十四五"规划纲要以及"十四五"各专项规划．1981—2021.

［39］海南省绿色金融研究院．海南自贸港碳达峰的挑战和路径选择［EB/OL］．［2022-07-29］．https：//m.thepaper.cn/baijiahao_19241490.

［40］海南史志网．海南省志人口志［EB/OL］．http：//www.hnszw.org.cn/xiangqing.php？ID=47280.

［41］韩子睿，魏晶，张雯，等．产业科技创新中心建设的战略路径研究［J］．技术经济与管理研究，2017（6）：125-128.

［42］何建武．成渝地区一体化的突出问题和政策建议［EB/OL］．［2021-05-17］．https：//www.thepaper.cn/newsDetail_forward_12655054.

[43] 何立峰.完整准确全面贯彻新发展理念　扎实做好碳达峰碳中和工作[J].旗帜,2022(3):8-11.

[44] 何立峰.以新发展理念引领碳达峰碳中和工作[J].当代电力文化,2021(10):14-15.

[45] 洪冬梅,洪冬梅委员:建议建设国家绿色清洁新能源基地[EB/OL].[2022-01-23].https://www.nmgtakungpao.com/archives/9620.html.

[46] 华夏幸福产业研究院.中国都市圈极限通勤研究[M].北京:清华大学出版社,2019.

[47] 黄群慧,李芳芳.工业化蓝皮书:中国工业化进程报告(1995～2020)[M].北京:社会科学文献出版社,2020.

[48] 贾宝胜.城市崛起:新时代都市圈发展观察[M].重庆:重庆出版社,2021.

[49] 江苏省邓小平理论研究会课题组,王霞林,高峰,等.江苏城镇化在持续发展中突破城乡分离走新路[J].群众,2011(3):14-16.

[50] 江苏省国民经济和社会发展"六五"至"十四五"规划纲要以及"十四五"各专项规划.1981—2021.

[51] 江苏省住房城乡建设厅.改革开放40年江苏城市发展报告[R].江苏:江苏省住房和城乡建设厅,2018.

[52] 江小涓.数字全球化提供发展新动能[J].经济导刊,2022(7):80-83.

[53] 姜欢欢,李媛媛,李丽平,等.国际典型城市减污降碳协同增效的做法及对我国的建议[J].环境与可持续发展,2022,47(4):66-70.

[54] 蒋永穆,李善越.新中国70年工业化城镇化互动发展思想演进:历程、主线及动力[J].政治经济学报,2019,16(3):19-33.

[55] 界面新闻.上海市委书记李强:努力把上海建设成为新兴产业发展的策源地[EB/OL].[2018-04-24].https://www.jiemian.com/article/2084594.html.

[56] 金昱.国际大城市交通碳排放特征及减碳策略比较研究[J].国际城市规划,2022,37(2):25-33.

[57] 康艳兵.发挥国家碳达峰试点示范引领作用 推动绿色低碳高质量发展[EB/OL].[2023-11-07].http://www.eesia.cn/contents/34/4841.html.

[58] 康艳兵.碳达峰碳中和的热度怎样转化为高质量发展强劲动能[EB/OL].[2021-12-31].https://www.ndrc.gov.cn/wsdwhfz/202112/t20211231_1311188.html.

[59] 康义.锚定高质量发展首要任务不动摇[N].学习时报,2023-09-27(A1).

[60] 孔翠芳,王大伟,张璇,闫浩楠. 代表性发达国家城镇化历程及启示[J]. 宏观经济管理,2021(11):39-48.

[61] 李春临:加快建设人与自然和谐共生的中国式现代化[N]. 上海证券报,2023-08-29(5).

[62] 李沛霖. 伦敦都市圈生活功能建设经验及对我国都市圈发展的启示[J]. 中国经贸导刊,2021(31):59-62.

[63] 李强. 在大变局中牢牢把握发展主动权 以特殊作为和担当育先机开新局[N]. 解放日报,2020-12-24(1).

[64] 李晓超. 近十年我国城镇化发展最快但区域不平衡[EB/OL]. [2021-11-06]. http://www. stcn. com/article/detail/467490. html.

[65] 李政. 能源转型是巨大的风口[EB/OL]. [2022-07-14]. https://t. ynet. cn/baijia/33060709. html.

[66] 李政. 实现碳中和目标,到2060年非化石能源占比应达到80%[EB/OL]. [2023-04-15]. http://app. myzaker. com/news/article. php? pk = 643a52a6b15ec06d0b4a0491.

[67] 李政. 碳达峰和碳中和战略是倒逼中国经济走高质量发展道路[EB/OL]. [2021-03-21]. https://www. jiemian. com/article/5838632. html.

[68] 梁施婷. 清华大学李政:实现碳中和不能一窝蜂发展绿色能源,要看结构和全貌[N/OL]. 时代周报,[2021-04-12]. https://www. time-weekly. com/post/280091.

[69] 梁英竹. 引导绿色低碳的出行方式:伦敦交通战略与行动[EB/OL]. [2021-07-13]. https://sghexport. shobserver. com/html/baijiahao/2021/07/13/484692. html.

[70] 林森. 城乡发展新格局背景下海南省"十四五"行政区划设置优化分析[J]. 中国名城,2022,36(3):16-21.

[71] 刘秉镰,朱俊丰.新中国70年城镇化发展:历程、问题与展望[J]. 经济与管理研究,2019,40(11):3-14.

[72] 刘波. 国外特大城市人口调控的"减肥瘦身法"及启示[J]. 城市观察,2018(3):99-108.

[73] 刘长松. 城镇化低碳发展的国际经验[J]. 中国发展观察,2016(Z1):112-117.

[74] 刘德春. 积极稳妥推进碳达峰碳中和[J]. 中国领导科学,2022(6):

63-69.

[75] 刘德春. 为什么要打碳达峰碳中和这场硬仗[J]. 中国环境监察, 2021(6):47-48.

[76] 刘龙胜,杜建华,张道海. 轨道上的世界——东京都市圈城市和交通研究[M]. 北京:人民交通出版社,2013.

[77] 刘世锦. 实现碳达峰碳中和目标起步期要做好打基础、利长远的事情[J]. 环境与可持续发展,2022,47(1):14-17.

[78] 刘世锦. 碳中和目标推动下的绿色转型[J]. 经济导刊,2021(5):57-59.

[79] 刘世锦. 提升城市发展的空间和可持续性[J]. 中国经济报告,2021(4):74-77.

[80] 刘小明. 地产新闻联播丨刘小明:海南已基本摆脱房地产依赖症[EB/OL]. 澎湃网,[2023-04-12]. https://m. thepaper. cn/baijiahao_22680855.

[81] 陆铭. 上海建设国际经济中心升级版的战略思路研究[J]. 科学发展,2023(3):39-47.

[82] 路正南,朱新朗. 政府干预视角下产业集聚对碳排放强度的影响分析[J]. 工业技术经济,2018,37(2):121-127.

[83] 毛志华. 海南省志总述大事记1991—2010[M]. 北京:方志出版社,2020.

[84] 那小红. 青海省城镇化问题研究[D]. 兰州:兰州大学,2008.

[85] 南财城市通,21世纪经济研究院碳中和课题组. 中国净零碳城市发展报告(2022)[R]. 广州:21世纪经济研究院,2022.

[86] 南方能源监管局. 以有力监管助推海南自贸港能源行业高质量发展[EB/OL]. [2022-12-02]. http://www. nea. gov. cn/2022-12/02/c_1310681355. htm.

[87] 内蒙古自治区国民经济和社会发展"六五"至"十四五"规划纲要以及"十四五"各专项规划. 1981—2021.

[88] 内蒙古自治区统计局. "十三五"内蒙古城市发展浅析[EB/OL]. [2022-01-28]. http://tj. nmg. gov. cn/tjdt/fbyjd_11654/202201/t20220128_2001683. html.

[89] 潘芳,田爽. 美国东北部大西洋沿岸城市群发展的经验与启示[J]. 前线,2018(2):74-76.

[90] 潘家华,孙天弘. 关于碳中和的几个基本问题的分析与思考[J]. 中国地质大学学报(社会科学版),2022,22(5):45-59.

[91] 潘家华,张坤. 碳中和进程中经济社会能源系统性变革的多赢动能研

究[J].经济体制改革,2023(3):5-14.

[92] 潘家华.建设美丽城市要突出碳中和取向[J].智慧中国,2022(12):64-66.

[93] 潘家华.碳中和引领城市高质量发展[J].城市问题,2023(1):4-6.

[94] 旗帜网.郑栅洁:牢牢把握高质量发展这个首要任务[EB/OL].[2023-05-05].http://www.qizhiwang.org.cn/n1/2023/0505/c452692-32679547.html.

[95] 乔雪峰."中国方案"为全球航运减排贡献中国智慧[EB/OL].[2019-06-06].http://news.china.com.cn/live/2019-06/06/content_434473.htm.

[96] 青海省国民经济和社会发展"六五"至"十四五"规划纲要以及"十四五"各专项规划.1981—2021.

[97] 青海省人民政府.青海省加快融入"东数西算"国家布局工作方案[EB/OL].[2022-09-09].http://www.haidong.gov.cn/html/217/106911.html.

[98] 青海省人民政府.青海省碳达峰实施方案[EB/OL].[2022-12-18].http://www.haidong.gov.cn/html/217/107777.html.

[99] 青海省人民政府.清洁能源装机占比超九成[EB/OL].[2021-10-29].http://www.qinghai.gov.cn/zwgk/system/2021/10/29/010395820.shtml.

[100] 青海省人民政府.一组组能源数据彰显"青海分量"[EB/OL].[2023-03-14].http://www.qinghai.gov.cn/dmqh/system/2023/03/14/030012282.shtml.

[101] 青海省统计局.百年峥嵘岁月城镇化展新颜[EB/OL].[2021-07-02].http://tjj.qinghai.gov.cn/infoAnalysis/tjMessage/202107/t20210702_73867.html.

[102] 清华大学中国新型城镇化研究院.中国都市圈发展报告(2021)[M].北京:清华大学出版社,2021.

[103] 曲福田,卢娜,冯淑怡.土地利用变化对碳排放的影响[J].中国人口·资源与环境,2011,21(10):76-83.

[104] 沙涛,李群,于法稳.低碳发展蓝皮书:中国碳中和发展报告(2022)[M].北京:社会科学文献出版社,2022.

[105] 上海市国民经济和社会发展"六五"至"十四五"规划纲要以及"十四五"各专项规划.1981—2021.

[106] 上海市交通委员会.2021年上海绿色交通发展年度报告[R].上海:上海市交通委员会,2021.

[107] 上海市人民政府.关于加快推进南北转型发展的实施意见[EB/OL].[2022-06-13].https://www.shanghai.gov.cn/202213zfwj/20220715/32eb4fffe22148f4

bde3f9c25603e4b6. html.

［108］上海市人民政府发展研究中心．上海 2025 年实现碳排放达峰的前景、难点和关键举措研究［EB/OL］．［2022-08-08］. https://www. fzzx. sh. gov. cn/zdkt_2021/20220808/991a6d8244734ff9807e2d9267e1a549. html.

［109］上海市商务委员会．2023 上海外商投资环境白皮书［R］．上海：上海市商务委员会,2023.

［110］深圳可持续发展研究院．双碳科普系列 08｜中国碳排放的基本特征［EB/OL］．［2022-01-04］. https://baijiahao. baidu. com/s？ id = 1720995536490848693&wfr = spider&for = pc.

［111］沈正平．建设具有世界聚合力的双向开放枢纽［J］．群众,2021（24）:44-45.

［112］史育龙,郭巍．高质量推进我国城镇化与碳达峰的国际经验镜鉴——基于 OECD 数据考察［J］．生态经济,2022,38（4）:29-34.

［113］史育龙．把握南北分化趋势,致力区域协调发展［EB/OL］．［2021-09-28］. https://www. ndrc. gov. cn/wsdwhfz/202109/t20210928_1297991. html.

［114］史育龙．先行先试加快转型升级［N］．经济日报,2022-10-13（11）.

［115］首都圈产业振兴协会．协会概要［EB/OL］. https://www. tamaweb. or. jp/about/overview.

［116］宋彦,彭科．城市总体规划促进低碳城市实现途径探讨——以美国纽约市为例［J］．规划师,2011,27（4）:94-99.

［117］孙绍骋．在全面建设社会主义现代化国家新征程上书写内蒙古发展新篇章［N］．学习时报,2022-09-21（A1）.

［118］索端智,孙发平.2022 年青海经济社会形势分析与预测［M］．北京：社会科学文献出版社,2022.

［119］汤春峰,胡剑双,王婧．关于新型城镇化江苏路径的探索思考［N］．新华日报,2023-08-03（6）.

［120］汤茂林．对小城镇合理用地的思考——以江苏省为例［J］．城市规划,2003（7）:32-35.

［121］唐启国．江苏新型城镇化面临的主要问题及对策思考［J］．江南论坛,2014（6）:4-6.

［122］田成川,柴麒敏．日本建设低碳社会的经验及借鉴［J］．宏观经济管理,2016（1）:89-92.

［123］拓俊杰．当前内蒙古城镇化发展现状与驱动实现［J］．内蒙古师范大学学报（哲学社会科学版），2018,47(5):60-63.

［124］王丹,彭颖,柴慧等．上海实现碳达峰须关注的重大问题及对策建议［J］．科学发展,2022(6):93-100.

［125］王桂新,武俊奎．产业集聚、城市规模与碳排放［J］．工业技术经济,2012,31(6):68-80.

［126］王培琳．海南国际碳排放权交易中心获批设立［EB/OL］．海南日报．2022-03-19(A01).

［127］王勇,王玉芳．基于PCA的江苏省资源环境承载力分析评价［J］．现代测绘,2021,44(4):15-20.

［128］魏达志,邓雪丽,曾祥炎,等．城市群与城市国际化［M］．深圳:海天出版社,2006.

［129］芜湖市统计局．长三角城市群人口状况及芜湖市人口状况的比较分析［EB/OL］．［2022-01-10］.https://tjj.wuhu.gov.cn/openness/public/6596741/33383961.html.

［130］吴士存．海南自由贸易港未来及全球定位［M］．广州:广东人民出版社,2021b.

［131］吴士存．南海缘何再度成为大国角逐的舞台［J］．人民论坛·学术前沿,2021a(3):16-27.

［132］吴玉鸣,何建坤．研发溢出、区域创新集群的空间计量经济分析［J］．管理科学学报,2008,11(4):59-66.

［133］吴之凌．城市生态功能区规划与实施的国际经验及启示——以大伦敦地区和兰斯塔德地区为例［J］．国际城市规划,2015,30(1):95-100.

［134］习近平．高举中国特色社会主义伟大旗帜 为全面建设社会主义现代化国家而团结奋斗——在中国共产党第二十次全国代表大会上的报告［EB/OL］．［2022-10-25］.http://www.gov.cn/xinwen/2022-10/25/content_5721685.htm.

［135］习近平．共谋绿色生活,共建美丽家园［N］．人民日报,2019-04-29(1).

［136］习近平．坚持以创新、协调、绿色、开放、共享的发展理念为引领 促进中国特色新型城镇化持续健康发展［N］．人民日报,2016-02-24(4).

［137］习近平．建设更高水平开放型经济新体制 推动能耗双控逐步转向碳排放双控［N］．人民日报,2023-07-12(01).

［138］习近平．努力建设人与自然和谐共生的现代化［N］．人民日报,2022-

06-01(1).

[139] 习近平. 全面推进美丽中国建设　加快推进人与自然和谐共生的现代化[N]. 人民日报,2023-07-19(01).

[140] 习近平. 全社会行动起来做绿水青山就是金山银山理念的积极传播者和模范践行者[N]. 人民日报,2023-08-16(1).

[141] 习近平. 推动平台经济规范健康持续发展　把碳达峰碳中和纳入生态文明建设整体布局[N]. 人民日报,2021-03-16(1).

[142] 习近平. 完整准确全面贯彻新发展理念　铸牢中华民族共同体意识[N]. 人民日报,2021-03-06(1).

[143] 习近平. 正确认识和把握我国发展重大理论和实践问题[N]. 人民日报,2022-05-16(1).

[144] 习近平. 中共中央关于党的百年奋斗重大成就和历史经验的决议[N]. 人民日报,2021-11-17(1).

[145] 肖睿. 创新生物质高值化利用途径[J]. 群众·决策资讯,2023-06-27.

[146] 谢笛,田颖琳,王光谦,等. 青海省碳中和路径及实现途径研究[J]. 应用基础与工程科学学报,2022,30(6):1331-1345.

[147] 谢卫群. 一条路,探索区域协同发展路径[N]. 人民日报,2023-09-07(1).

[148] 谢志成. 建设具有国际竞争力的先进制造业基地[J]. 群众,2022(19):4-5.

[149] 解振华:中国推动绿色低碳转型成效显著[EB/OL]. [2023-08-30]. http://www.cnenergynews.cn/huizhan/2023/08/30/detail_20230830136481.html.

[150] 解振华. 低碳转型创新将促进经济社会的高质量可持续发展[J]. 中国环保产业,2023(6):8.

[151] 解振华. 坚持积极应对气候变化战略定力　继续做全球生态文明建设的重要参与者、贡献者和引领者——纪念《巴黎协定》达成五周年[J]. 环境与可持续发展,2021,46(1):3-10.

[152] 解振华. 深入学习贯彻党的"十八大"精神 加快落实生态文明建设战略部署[J]. 中国科学院院刊,2013,28(2):132-138.

[153] 解振华. 推动绿色低碳发展　参与全球气候治理[J]. 中国经贸导刊,2016(9):59.

[154] 解振华. 推动绿色低碳发展　加快生态文明建设[C]//《工业节能

与清洁生产》编辑部．工业节能与清洁生产 2012 年 12 月第 6 期(总第 6 期)．工业节能与清洁生产 2012 年 12 月第 6 期(总第 6 期),2012:12-15.

[155] 解振华．我国生态文明建设的国家战略[J]．行政管理改革,2013(6):9-15.

[156] 解振华．携手应对气候变化　共建全球生态文明[J]．节能与环保,2023(4):1.

[157] 解振华．以建设低碳生态城市为契机推动绿色低碳发展[J]．再生资源与循环经济,2011,4(10):4-5.

[158] 忻平,吴静,陶雪松,等．上海城市建设与工业布局研究(1949—2019年)——以卫星城为中心[M]．上海:上海人民出版社,2019.

[159] 新华网．以日本 0.6% 土地面积承载 10% 人口,但通勤高峰时段鲜见长距离拥堵"人满"不为"患",东京如何破解"堵局"[EB/OL]．[2016-04-16]. http://news. youth. cn/gn/201604/t20160416_7868306. htm.

[160] 邢琰,成子怡．伦敦都市圈规划管理经验[J]．前线,2018(3):76-78.

[161] 徐林．城市绿色低碳转型发展和智慧城市建设[J]．经济导刊,2022(1):78-83.

[162] 徐晓风．地铁互联互通实现 15 城 长三角一体化便民又添新举措[N/OL]．扬子晚报,[2021-05-26]. https://www.yangtse. com/zncontent/1366892. html.

[163] 许昆林．能源领域深层次变革,需要"有效市场"和"有为政府"协同发力[EB/OL]．[2023-09-06]. https://news. cnstock. com/news,bwkx-202309-5118854. htm.

[164] 许昆林．有序推进碳达峰碳中和,加强绿色低碳重大科技攻关和推广应用[EB/OL]．[2022-01-26]. http://cenews. com. cn/news. html? aid=223960.

[165] 许昆林．扎实推进新型工业化新型城镇化 在高质量发展轨道上行稳致远[EB/OL]．[2022-11-18]. http://www. jiangsu. gov. cn/art/2022/11/18/art_84356_10669675. html.

[166] 严维青．青海数字经济培育发展面临的困境与对策[N]．青海日报,2022-10-25(8).

[167] 杨刚强,王海森,范恒山,等．数字经济的碳减排效应:理论分析与经验证据[J]．中国工业经济,2023(5):80-98.

[168] 杨家文,林雄斌．"双循环"新发展格局下深圳都市圈建设的思考[J]．特区实践与理论,2021(1):13-21.

［169］杨开忠．构建高质量发展的区域经济布局［J］．中国国情国力,2023
(5):1.

［170］杨开忠．深刻理解人与自然和谐共生的现代化［J］．世界环境,2023
(3):39-41.

［171］杨开忠．中国式生态文明建设道路［J］．城市与环境研究,2022(4):3-7.

［172］杨开忠．中国自主生态文明知识体系建构［J］．城市与环境研究,
2023(2):3-6.

［173］杨婉琼．北上深科技创新比较:谁能执中国创新之牛耳?［EB/OL].
［2021 - 07 - 05］．http://www.chinahightech.com/html/yb/yjbg/2021/0705/
5599287.html.

［174］杨晓东,林文．中国城镇化道路的战略选择［J］．中国农业大学学报
(社会科学版),2002(2):10-16.

［175］杨荫凯．促进我国区域协调发展的政策建议［J］．中国经贸导刊,
2007(6):44-45.

［176］杨荫凯．科学把握促进区域协调发展的新要求［J］．宏观经济管理,
2013(1):10-12.

［177］杨荫凯．推进以人为核心的新型城镇化［J］．新型城镇化,2023(7):
8-13.

［178］杨政．海南实现"双碳目标"的机遇、挑战与路径建议［EB/OL］．北
极星大气网,［2021 - 06 - 17］．https://huanbao.bjx.com.cn/news/20210617/
1158641.shtml.

［179］于光军,李莹．新起点上的内蒙古城市化发展［J］．实践(思想理论
版),2011(7):37-39.

［180］余柳．迈向碳中和:东京零排放与车辆能源转型策略［J］．中国道路
运输,2021(7):3.

［181］翟丙英,陈婷,秦维．成渝城市群碳排放问题及对策分析［J］．城市
建筑,2022,19(4):5.

［182］张傲,青海新型城镇化高质量发展路在何方［N/OL］．海东日报,
［2021-02-03］．http://www.dbcsq.com/shengnei/202102/165280.html.

［183］张魁,廖宝超,许友伟,等．基于渔业统计数据的南海区渔业资源可
捕量评估［J］．海洋学报,2017,39(8):25-33.

［184］张丽峰,潘家华．中国区域碳达峰预测与"双碳"目标实现策略研究

[J].中国能源,2021,43(7):54-62+80.

[185]张明,魏伟,陈骁.五大增长极:双循环格局下的城市群与一体化[J].中国图书评论,2021(7):129.

[186]张晓兰.纽约都市圈演化机制与发展经验的启示[EB/OL].[2016-03-04].http://www.sic.gov.cn/News/456/6041.htm.

[187]张一成,樊行.高密度城市低碳生态规划建设的探索与实践——兼谈深圳低碳生态示范市建设[J].建设科技,2015(16):20-25.

[188]赵辰昕.坚持不懈推进节能和提高能效[N].人民日报,2023-07-12(11).

[189]赵辰昕.扎实推进节能工作 促进经济社会发展全面绿色转型[J].宏观经济管理,2022(07):4-5.

[190]赵鹏高.凝聚企业力量 积极稳妥推进碳达峰碳中和[J].中国环保产业,2023(5):9-10.

[191]赵鹏高.深入学习贯彻习近平生态文明思想加快推进美丽中国建设[J].环境与可持续发展,2020,45(6):22-24.

[192]郑栅洁.加快建设以实体经济为支撑的现代化产业体系[J].宏观经济管理,2023(9):1-3+10.

[193]郑栅洁.以高质量发展扎实推进中国式现代化建设[J].中国产经,2023(15):26-31.

[194]郑栅洁.制定促进经济社会发展全面绿色转型的政策举措[EB/OL].[2023-08-15].https://www.ndrc.gov.cn/xwdt/xwfb/202308/t20230815_1359837.html.

[195]中国(深圳)综合开发研究院,英国Z/Yen集团.全球金融中心指数(第32期)[R].深圳:中国(深圳)综合开发研究院,2022.

[196]中国地质调查局.南海油气资源丰富 将成新的经济增长极[EB/OL].[2012-07-10].https://www.cgs.gov.cn/gzdt/dzhy/201603/t20160309_284076.html.

[197]中国信息通信研究院.中国数字经济发展白皮书(2021)[R].北京:中国信息通信研究院,2021.

[198]钟文.亲历海南省[M].海南:海南出版社,2010.

[199]周军,邓琪.从增量规模扩张到存量集约高效——新时期深圳干线道路网转型规划的思考与实践[J].城市交通,2021,19(6):46-52.

[200]朱建江,杨传开.上海"五个新城"差别化发展政策研究[J].科学发展,2022(2):57-65.

后　记

　　为贯彻落实《中共中央　国务院关于完整准确全面贯彻新发展理念做好碳达峰碳中和工作的意见》《2030 年前碳达峰行动方案》科学谋划、分类施策的有关精神和要求，国家发展和改革委员会组织力量分析重大问题，为各地积极稳妥推进碳达峰碳中和做政策研究储备。中国城市和小城镇改革发展中心、清华大学气候变化与可持续发展研究院等研究机构，长期以来围绕城市、园区和碳排放重点领域开展低碳决策科研攻关，积累了较为丰富的研究经验，以期为国家和地方推动"双碳"工作提供助力支撑，本书的设计定位即是开展低碳决策治理相关研究的阶段性成果。

　　本书从构思谋划到交稿付梓历时一年多，由衷感谢各位领导专家在写作过程中给予的指导和帮助，以及多位研究人员的辛勤付出。感谢解振华主任对丛书编写工作的大力支持，感谢我的博士导师李政教授在研究工作中的悉心指导。感谢国家发展和改革委员会高国力、史育龙、叶辅靖、吕文斌、刘强、赵坤、康艳兵、熊哲、王浩、楼鹏康、赵怡凡、余建希、许欣、曹原、丁佟、荣西武、张新民、胡天新、潘昭宇、白玮、王有为、吴斌、陈琦、姚明涛等领导和专家的支持与指导。感谢孙炘、郑业鹭、祁晓红、冯奎、魏文栋、木其坚、刘瀚斌、徐晓明、杨军、王聘玺、周瑜芳、王哲、刘红、李伟起、宋伟泽、洪毅、何巍楠、杨楠、胡润聪、杨乐、步超、吴展昭、李晶、徐唯燊、刘长安、黄曦颖、李庆、彭璐等领导和专家提出大量富有建设性的宝贵意见和研究建议。在研究过程中，彭欣协助了部分资料和数据的搜集与分析工作；李诗婕、孙上斐、隆楚月、郭辰萌、孙淑伟、卿怡婷、尹思予、戴宜畅、王爽等主要协助了部分背景、意义、重点任务、影响因素分析的资料搜集与整理；白勋、江杰华、常文治、朱伟望、张文娟、王瑾媛、李晓、魏姗姗、薛佳依、王疏雨等协助提供了部分重点问题识别的资料整理；彭欣、孙上斐、马国栋、秦宇、苏雨琦等协助了国际经验比较和国内总体形势部分的资料搜集与数据分析；彭欣、唐澜、王朔、李诗婕、戴宜畅、金泊翰、王回茵等分别协助了上海、江苏、内蒙古、海南、青海等重点省份案例分析的资料搜集、数据分析和汇总整理；魏婵娟、吴英迪、彭欣等协助了城市群、都市圈低碳发展部分的资料搜集整理与文稿修改工作；张劼怡、赵栖泽、陈何、朱寅康、潘欢欢等在数字化低碳决策方面提供了有益支持；胡华清、秦添续、江雪颖、吴晨璇、何朋羽、龚庆宇、吴清扬、曹高航、黄腾飞、王聪、朱绘霖、李梓轩、陈俊宇、杨竣皓、张元世男、刘学敏等也协助了部分基础性工作。特别感谢经济管理出版社多位老师在书稿出版过程中提供的指导和帮助，他们细致、严谨的工作态度，以及为读者和作者高度负责的精神令人钦佩。此外，在本书行文过程中，参阅了许多专家学者的文献成果，在此向所有参考文献的作者们一并表示感谢。再次向各位表示诚挚的谢意！

由于笔者水平有限，书中失当之处在所难免，恳请学界前辈同仁和广大读者批评指正。

郭　巍

2023 年 11 月